Isabelle SOULARD

LES FEMMES DE L'OUEST SOUS L'OCCUPATION

Bretagne, Basse-Normandie, Pays de loire, Poitou-Charentes-Vendée

Geste éditions

du même auteur

1996. *Les femmes du Poitou au Moyen Âge*, 1996. Geste éditions, La Crèche, 176 p. 2e édition 1998.

Grand prix du livre des écrivains de Vendée, prix du Salon des Antiquaires de Thouars, 1997.

1998. *Poitevines et Vendéennes sous l'Occupation*. Geste éditions, La Crèche, 224 p.

2001. *Guide de généalogie en Anjou, Poitou, Charentes, Vendée*, Geste éditions, La Crèche, 190 p.

2002. *Maires et communes de Vendée au XXe siècle*. AMV éditions, La Roche-sur-Yon, 218 p.

ISBN : 2-84561-063-7

À toutes les femmes du Grand-Ouest
qui ont payé de leur vie notre liberté,
À toutes celles qui ne sont pas revenues,
À toutes celles qui ont accepté de témoigner
pour que la mémoire demeure.

Simone Levêque devant l'église de Cahagnes.
Coll. André Lévêque.

Avant-propos

À Taillebourg, le 25 octobre 1944, lors d'une conférence donnée devant un public où domine l'élément féminin, Jacqueline Bouchet s'interroge sur le rôle de la femme dans la guerre « à titre d'ouvrières des champs, de l'atelier ou du bureau, comme dans son rôle de mère, d'épouse, de sœur ou de fille de ceux partis pour le sacrifice du sang ».

Depuis cette date, en Charente comme en Normandie, en Bretagne, dans les Pays de la Loire ou en Poitou, de multiples ouvrages ont été consacrés à la Seconde Guerre mondiale : des chronologies, des livres explicatifs, des monographies. Sur le plan national, quelques ouvrages de qualité évoquent les femmes dans la guerre.

Mais un sujet n'a jamais été abordé : la vie quotidienne des femmes de l'Ouest sous l'Occupation.

À la Libération, les femmes se sont tues. Aujourd'hui, peut-être parce qu'elles souhaitent témoigner de leur vécu, de la peur ressentie, des privations, des trahisons et des actes de résistance aux Allemands, elles s'expriment enfin.

Des témoignages constituent la trame de ce livre. Plus de deux-cent cinquante femmes ont accepté d'évoquer parfois en une phrase, d'autres fois en détail leur existence pendant la guerre.

Des tranches de vie surgissent ainsi au gré des pages permettant aux lecteurs les plus âgés de revivre leur jeunesse au temps des topinambours et des rutabagas et aux plus jeunes de découvrir les angoisses, les espoirs, les difficultés matérielles, les situations désespérées ou héroïques vécues par nos mères et grands-mères.

Une recherche historique menée dans les bibliothèques et auprès des services des Archives départementales du Grand-Ouest complète ces témoignages.

Cet ouvrage raconte la Seconde Guerre mondiale au féminin. Une histoire faite d'émotions, de souffrances, de rares bonheurs, de Résistance. Une histoire qui s'achève par la victoire. Celle-ci est aussi l'œuvre des femmes de l'Ouest qui tout au long des années d'Occupation font preuve d'un courage extraordinaire et qui offrent aux générations futures un magnifique exemple.

Première partie

vivre avec la peur

Attention à ce que tu dis !
Les pots ont des oreilles

1

La guerre fait peur

La guerre est là !

La mobilisation générale est décrétée le 1er septembre 1939.

« J'avais 17 ans. Je m'en souviens comme si c'était hier. Mon père est entré en courant dans la maison. "La guerre ! c'est la guerre !". Ma mère s'est mise à pleurer. Il nous a serrées dans ses bras. Il avait un télégramme dans les mains. "Je vais chez le maire, je suis juste passé vous avertir". Et il est parti ».

Le 1er septembre, chaque maire reçoit un télégramme : « Le ministre de la guerre à M. le maire de la commune de... Ordre de Mobilisation. Le premier jour de la mobilisation est le samedi 2 septembre 1939 à zéro heure ».

La nouvelle se répand comme une traînée de poudre. « À Evron, les cloches se sont mises en branle. Nous avons compris ». « Ma voisine s'est précipitée à la maison dès qu'elle a su ». « Je n'ai jamais oublié le bruit du tocsin. Toutes les cloches de Poitiers se sont mises à sonner en même temps. Les gens sortaient sur le pas de leur porte. Des femmes pleuraient. Quelques-unes, désemparées, écoutaient sans vouloir comprendre ». « J'habitais Loudéac à l'époque. Il devait être 4 heures quand un monsieur très bien mis est entré dans la boutique où je me trouvais : "Ça y est, c'est la guerre". Il y a eu un grand silence. On s'y attendait. Mais ça nous a quand même fait un choc ». « Je tenais un bar pas très loin de l'hôtel de ville, se souvient Odette. Il n'y avait que des habitués. Un type est entré. "Ça y est les gars, c'est pour demain". Et il a commandé un cognac. On en a bu deux bouteilles ». « Quand le tocsin a sonné, maman s'est assise. Je la revois encore récitant son chapelet ». Toutes les femmes de l'Ouest semblent avoir appris la mobilisation en même temps, vers 16 heures.

Quelques heures plus tard, de grandes affiches réglementaires sont placardées sur les murs : « Ordre de mobilisation générale... ». Chacun se presse pour lire le texte jusque dans ses moindres détails. Dans les villes, les devantures des sièges des journaux sont prises d'assaut. Tout le monde veut connaître les dernières nouvelles. « Mon kiosque a été dévalisé en quelques minutes le 2 septembre au matin », affirme Augustine qui se souvient encore de la réaction de ses clients : « Tous avaient peur mais tous étaient résignés. Il fallait y aller et cette fois-ci les empêcher de recommencer définitivement. On allait leur f... une raclée. Ils allaient voir ce qu'ils allaient voir ! »

Les femmes de l'Ouest sont unanimes. « Nous n'avons pas été surprises. Nous nous y attendions ». « Hitler s'en était pris à la Tchécoslovaquie. Il venait d'envahir la Pologne. On n'allait pas le laisser faire ». En revoyant une photographie de la signature du pacte germano-soviétique en août 1939 au Mémorial de Caen, Eugénie s'exclame : « Ça je m'en rappelle, cela signifiait le début de la guerre. »

La peur prend les femmes au ventre. Pendant cinq longues années, elle ne les quittera pas. « Dans chaque famille, il y avait un mobilisé, un mari, un frère ou un fiancé. Nous étions toutes concernées ».

La guerre qui s'annonce les effraie. « Nous avions tellement été bercées par les souvenirs de la Première Guerre mondiale que nous connaissions les horreurs d'un conflit », explique Germaine. La guerre de 1914-1918 a marqué de nombreuses familles dans leur chair et dans leur sang. Pour s'en persuader, il n'est besoin que de parcourir les listes des noms et des prénoms gravés pour l'éternité sur les monuments aux morts de nos communes. Plusieurs milliers d'hommes de l'Ouest, des pères, des frères, des oncles de ces femmes de 1939 sont fauchés souvent au seuil de leur vie d'adulte. Cent trente mille Bretons périssent. La petite commune de Saint-Thégonnec voit disparaître cent trente des siens. Près de vingt mille Vendéens ne rentreront jamais. Toutes les communes payent un lourd tribut à ce premier conflit mondial à l'image de Saint-Pierre-du-Chemin où sur les quatre cents mobilisés, cent cinq ne revoient jamais leur terre natale, soit un habitant sur vingt contre une moyenne en France d'un sur trente. Les départements de l'Ouest, notamment de Normandie, de Bretagne, des Pays de la Loire, telles la Sarthe et la Mayenne mais aussi du Poitou, sont particulièrement touchés. Les mobilisés sont des ruraux moins rappelés que les ouvriers nécessaires à la bonne marche des usines. Andrée, Anne, Maryvonne, Germaine, Huberte, Marie et bien d'autres n'ont pas revu leur père.

Les récits de 14-18 entendus aux veillées hantent leur mémoire en ce jour de mobilisation : l'enfer des tranchées, la fièvre espagnole, les rats, la boue, les obus, les corps déchiquetés, les morceaux de chair que l'on découvre parfois deux ou trois jours après une attaque,... et l'espoir longtemps vain que cesse un jour le cauchemar.

Pourtant, les hommes sont confiants : « La guerre sera courte. » Une chanson est sur toutes les lèvres : *Sur la ligne Siegfried* de Ray Ventura.

Du jour au lendemain, le temps s'accélère, l'atmosphère change. Tous les événements festifs, culturels ou religieux, publics ou privés sont supprimés. Les grandes fêtes de septembre, les comices agricoles si importants dans l'Ouest rural sont annulés, la foire exposition de Cholet également. Le tour cycliste de l'Ouest s'arrête à Lorient au terme de la 5e étape. Des multiples mariages sont reportés. « J'étais fiancée avant guerre. Nous parlions de nous marier en mai-juin 1940. Quand nous avons su qu'il y allait avoir la guerre, on a hésité. Eugène, dont le père était mort en 1915, a été catégorique : « Je ne veux pas qu'on se marie. S'il m'arrive quelque chose, il vaut mieux que tu sois célibataire. Et pense que si on avait un petit, qu'est-ce qu'il deviendrait ? Eugène est parti le 10 septembre. Je l'ai revu pour la Noël 1939 et encore en avril 1940. Il a été tué du côté de Dunkerque ».

Un départ résigné pour le front

Quand on interroge les femmes sur l'ambiance qui règne au moment du départ, les réponses divergent. « Les hommes sont partis dans une atmosphère de joie », affirme Georgette aussitôt contestée par Germaine et Huberte : « Nos maris, lancent-elles en chœur, n'étaient pas du tout contents à l'idée de quitter leur famille. À part quelques fanfarons – il y en a toujours –, les hommes sont partis sans enthousiasme. Ils faisaient leur devoir, c'était tout. » Tristesse et résignation caractérisent plutôt ces départs. Tous ont le cœur serré à l'idée de laisser qui une épouse, qui une mère, qui des enfants en bas âge sans autres ressources bien souvent qu'une maigre allocation. Tous aussi partent avec l'idée qu'ils doivent « défendre leur patrie » comme l'ont fait leurs pères avant eux.

« Il y avait quand même une bonne dose d'insouciance chez nos hommes. Ils partaient au combat, ils allaient "en découdre avec les Boches" comme ils disaient, mais, il faut bien le reconnaître, ils ne pensaient pas beaucoup à nous. Bien sûr, à Sillé-le-Guillaume, on était loin du front mais il fallait bien continuer à vivre. Et avec quoi ? Avec un salaire de misère. Moi, j'étais journalière agricole. Je ne gagnais pas gros et on était trois à vivre dessus ! ». « De toute façon, quelles que soient les circonstances, guerre ou veuvage, c'est toujours pénible pour l'épouse. Les femmes sont d'un naturel plus réaliste que les hommes. En septembre 1939, nous avons tout de suite compris que nous devions désormais faire face à tout. Nous devions surveiller l'éducation des enfants mais aussi trouver des moyens de subsistance, gérer l'argent de la famille, travailler la terre, ouvrir la boutique, nous occuper des papiers. Il nous fallait remplacer notre époux absent tout en continuant à assumer notre rôle de mère. Cela nous faisait peur ».

Certaines préfèrent au contraire la solitude à une promiscuité dérangeante. « Je me suis vue rester chez ma belle-mère ! Quelle horreur ! » confie Marcelle sous le regard mi-amusé, mi-compréhensif de ses amies du foyer René Crozet de Poitiers.

Pourtant, rares sont celles qui incitent leurs compagnons à se soustraire à leurs obligations militaires. Les cas de désertion sont rares, si rares que la presse signale les quelques arrestations de déserteurs qui se produisent dans l'Ouest, comme à Mamers en janvier 1940. En revanche, les femmes de l'Ouest sont hargneuses à l'égard des planqués. « Ma cousine a dénoncé un gars qui se planquait chez ses parents à Soyaux. Y'avait pas de raison qu'il n'y aille pas ! ». Une institutrice de Dives-sur-Mer s'en prend au malheureux chauffeur du car qui relie Dives à Mezidon et qui conduit sont mari au front. « Embusqué ! », lui crie-t-elle alors que le pauvre homme, âgé de 51 ans, n'est pas mobilisable.

C'est aussi le temps du balluchon que les mères ou les épouses confectionnent avec soin et amour. Que glissent-elles dans le maigre bagage autorisé par l'Administration ? « Essentiellement des chaussettes, du linge de corps et un ou deux chandails ». Certaines ajoutent également quelques mouchoirs, un cache-col ou une écharpe car beaucoup ont en mémoire le froid mordant qui sévissait dans les tranchées lors de la Première Guerre mondiale. « J'ai fait faire une photo de moi et de notre fille, se souvient Albertine. Marcel l'a gardée avec lui pendant cinq ans. Elle ne l'a jamais quitté ». « Nous n'avions pas d'argent pour faire faire des photos. Pensez donc, nous n'en avions même pas de notre mariage. Alors je lui ai donné une mèche de cheveux... nouée avec le ruban de ma jarretière », ajoute Andrée coquine. « Il a emporté ma photo et un petit poème que j'avais composé pour son anniversaire en juillet ». « Georges n'était pas un grand sentimental mais il a quand même emmené un mouchoir sur lequel j'avais versé quelques gouttes de mon parfum ».

Il est arrivé ce jour de septembre 1939 où l'être aimé doit s'en aller. Que lui réserve l'avenir ? Beaucoup s'attendent à une guerre de position comme en 1914. Aucun ne pense que la jeune femme qu'il laisse sur le quai d'une gare ou près d'un dépôt d'autobus l'attendra parfois pendant cinq longues années. Tous espèrent que le voyage qu'ils entreprennent ne sera pas un voyage sans retour.

Les adieux sont déchirants. « J'ai accompagné mon mari jusqu'à la caserne Charner. Nous nous sommes embrassés longuement. Il m'a suppliée de ne pas pleurer et m'a dit d'avoir confiance, qu'il reviendrait bientôt et que nous serions de nouveau heureux. Puis il est allé rejoindre ses camarades. Je l'ai revu quand le 71e RI a défilé dans les rues de Saint-Brieuc. Puis, ça a été fini. Après, je me suis mise à compter les jours entre deux permissions ».

Parfois, le mari s'oppose à ce que son épouse l'accompagne à la gare. « Gaston a refusé que j'aille le voir partir. Il avait peur que je sois bousculée. J'étais enceinte de huit mois ». « Je vous l'ai dit, mon mari a toujours caché ses sentiments. Il m'a embrassée sur le pas de la porte. Il m'a dit "porte-toi bien ! " et il est parti sans se retourner ».

Huit mois de « drôle de guerre »

La « drôle de guerre » dure jusqu'en mai 1940. « Huit mois de mensonges, de bourrage de crâne comme on dit aujourd'hui. On était les plus forts, on allait les repousser, tu parles ! En un mois ils nous ont balayés », lance Andrée. Cantonnées derrière la ligne Maginot qui s'étire de Bâle à Longwy et qui est censée contenir une éventuelle invasion allemande, les troupes françaises s'installent dans une stratégie défensive qui tourne vite à l'inaction, à l'ennui, à la démoralisation des soldats. Cet attentisme lié à l'indécision politique des gouvernements Daladier puis Reynaud démobilise le front et l'arrière.

« J'ai reçu la première lettre de mon mari le 28 septembre. Cela ne faisait que cinq jours qu'il avait quitté Angoulême. Voilà ce qu'il m'écrit : " Ma chère petite femme. Quand tu liras ces lignes, je serai peut-être déjà mort mais je veux que tu saches que je t'ai aimée dès que je t'ai vue. Jamais tu ne m'as déçue. J'ai été très heureux, au-delà de ce que tu peux imaginer. Prends soin de nos deux petits mignons. Dis-leur bien que leur papa les adore. Je t'aime. Charles". Ensuite, il m'a écrit à peu près tous les huit jours : " Nous sommes à Saint-Dizier. La population nous a bien accueillis ". " Hier, je suis passé à Verdun. Cela fait bizarre de savoir qu'ici tant d'hommes sont morts pour sauver la France et qu'aujourd'hui, il faut recommencer ". "Nous voici à Sedan. Je me porte bien quoique la nourriture ne soit pas abondante.

Mon camarade Joseph est atteint de dysenterie. J'ai peur qu'il ne passe pas la semaine..." et encore, en avril 1940 "Petite femme chérie, songe au bonheur que nous aurons à nous retrouver en juillet lors de ma prochaine permission. Nous irons courir sur la plage comme nous le faisions autrefois. Cela me semble si loin mais, courage ! la fin est proche". Il ne croyait pas si bien dire. C'est par la Croix-Rouge que j'ai su qu'il était sain et sauf en Allemagne quatre mois jour pour jour après sa dernière lettre ».

À l'arrière, la vie s'organise. Les femmes suivent les événements. « En Mayenne, on pouvait capter Radio Paris-Tour Eiffel. Le poste marchait en permanence ». « Moi qui n'aimais pas beaucoup lire, j'achetais le journal tous les matins, *Ouest-Éclair*, pour avoir des nouvelles du front ».

Certaines en revanche n'ont pas le moral. Alors qu'elle se trouve au lavoir d'Octeville, une femme tient des propos défaitistes. Aussitôt signalée à la gendarmerie, elle est traduite devant le tribunal de Cherbourg qui la condamne à quinze jours de prison avec sursis. D'autres au contraire sont confiantes.

« On se réunissait entre nous. Les réfugiés venaient nous demander ce qui se passait. Jusqu'au dernier moment, on a gardé espoir. Et puis, quand les Allemands ont pénétré en France, on a suivi leur avancée. Il y en avait même qui avaient punaisé une carte de France sur le mur de leur cuisine et chaque jour, elles inscrivaient au crayon les villes qui étaient tombées ».

Les premières mesures de rationnement font leur apparition. « On ne pouvait plus trouver de pain frais le dimanche ni de viande certains jours de la semaine », affirme Germaine qui avoue pourtant ne pas avoir été gênée par ces restrictions : « On faisait les courses en conséquence ! Le plus embêtant, c'était le charbon parce qu'en hiver, cette année-là comme les deux suivantes d'ailleurs, il a fait un froid de loup ».

Malgré ces désagréments, les femmes de l'Ouest n'oublient jamais ceux qui sont au front. Les premiers « Foyers du soldat » font leur apparition. Celui de Granville ouvre le 24 mars 1940. Les femmes n'attendent pas l'ouverture de ces structures pour organiser des collectes. Blanche de Preyval de l'Association des Amis de l'École laïque d'Avranches organise une soirée au bénéfice des soldats. Un peu partout dans l'Ouest, au moment des fêtes de Noël 1939, des goûters sont organisés pour les enfants et les épouses des mobilisés. Des cadeaux leur sont offerts : une orange, un kilo de sucre, un gâteau, parfois un jouet.

Heureusement, il y a les permissions. C'est l'occasion de retrouvailles intimes, de moments de tendresse dans les bras de l'être aimé, d'instants privilégiés avec les enfants. Les bébés de septembre 1940 doivent leur existence à ces tendres instants.

L'angoisse

Hitler met fin à l'attentisme en lançant sa grande offensive du 10 mai 1940. Les armées allemandes occupent les Pays-Bas, la Belgique et le Luxembourg.

Pour nos soldats, la guerre commence enfin. C'est la campagne de France. L'armée allemande, la *Wehrmacht,* lance le gros de ses troupes dans les Ardennes le 12 mai. L'offensive que l'on attendait ailleurs tourne à l'avantage des Allemands. Ils contournent puis encerclent une grande partie des forces alliées le 21 mai. L'étau se resserre jusqu'à Dunkerque où les soldats alliés tentent parfois en vain d'embarquer sur des navires britanniques. L'opération Dynamo qui dure du 28 mai au 4 juin 1940 permet d'évacuer trois cent cinquante mille hommes, dont cent trente mille français. Mais la majeure partie de l'armée française reste sur la grève et nos soldats sont faits prisonniers.

Dans l'Ouest, c'est l'angoisse. Les dancings et les maisons de jeux sont fermés sur décision de Georges Mandel. Les fêtes sont de nouveau annulées comme la procession de la Saint Yves à Tréguier. Le courrier ne fonctionne plus. Les mères et les épouses des soldats vivent dans l'incertitude : « Où est-il ? Est-il encore vivant ? Est-il mort ? » Le moral des femmes tombe au plus bas. Les morts sont nombreux. Georges Frinault de l'Aigle meurt au champ d'honneur à vingt-cinq ans. Marthe Fléau de Secondigny perd son mari Joseph le 13 juin 1940. Le frère d'Hélène Venot meurt au combat. Madame Nativelle dont le mari a été tué lors de la Première Guerre mondiale perd son fils.

Aucun espoir de victoire ne subsiste. « Nous avons compris que c'était la fin quand les Allemands sont entrés dans Paris ». Le 14 juin 1940, des soldats de la *Wehrmacht* pénètrent dans la capitale tandis que le reste des troupes allemandes continue sa progression sur le sol français.

Lorsque l'armistice est signé le 22 juin 1940, les Allemands occupent les deux tiers de la France.

La France est profondément marquée : l'Est, le Nord et l'Ouest demeurent occupés, le Centre et le Sud formant une zone libre réduite aux 2/5 du territoire. L'entretien des troupes d'occupation est à la charge des vaincus et représente une somme de quatre cent mille millions de francs par jour. L'armée française est démobilisée et désarmée.

Lorsque la nouvelle est connue, les femmes de l'Ouest ressentent un immense soulagement, mais un soulagement souvent teinté d'appréhension.

« J'ai entendu sonner les cloches de Combourg. J'ai tout de suite compris que la guerre était finie. Mais est-ce que Pierre était encore vivant ? Je n'avais pas de nouvelles depuis le 9 mai ». Comme Alphonsine, Claire s'inquiète mais pour des raisons tout autres : « Bien sûr, c'était la fin mais qu'est-ce qu'on allait devenir ? Avant guerre, j'étais allée jouer à Berlin et ce que j'avais vu ne me disait rien qui vaille ».

Léone au contraire est enthousiaste : « Nos maris allaient enfin revenir. Le cauchemar était fini. Nous n'avons pas pensé à l'avenir, encore moins que tout était perdu. Nos maris seraient bientôt parmi nous. Cela seul comptait ». Rolande abonde dans le même sens : « Lorsque j'ai eu connaissance de l'armistice, j'ai tout de suite pensé à mes frères. On était sans nouvelles d'eux depuis longtemps. Ils allaient revenir ». « Nous hébergions des réfugiés lorrains. Ils ont chanté des chants de chez eux toute la nuit tellement ils étaient heureux à l'idée de rentrer chez eux. Ils ont vite déchanté car ils ont dû rester là toute la guerre et quand ils sont rentrés ils n'ont rien retrouvé ».

Mais, passé l'euphorie des premières heures, les femmes de l'Ouest prennent conscience de la triste réalité. La France a perdu la guerre. Les hommes sont prisonniers. Le pays est occupé.

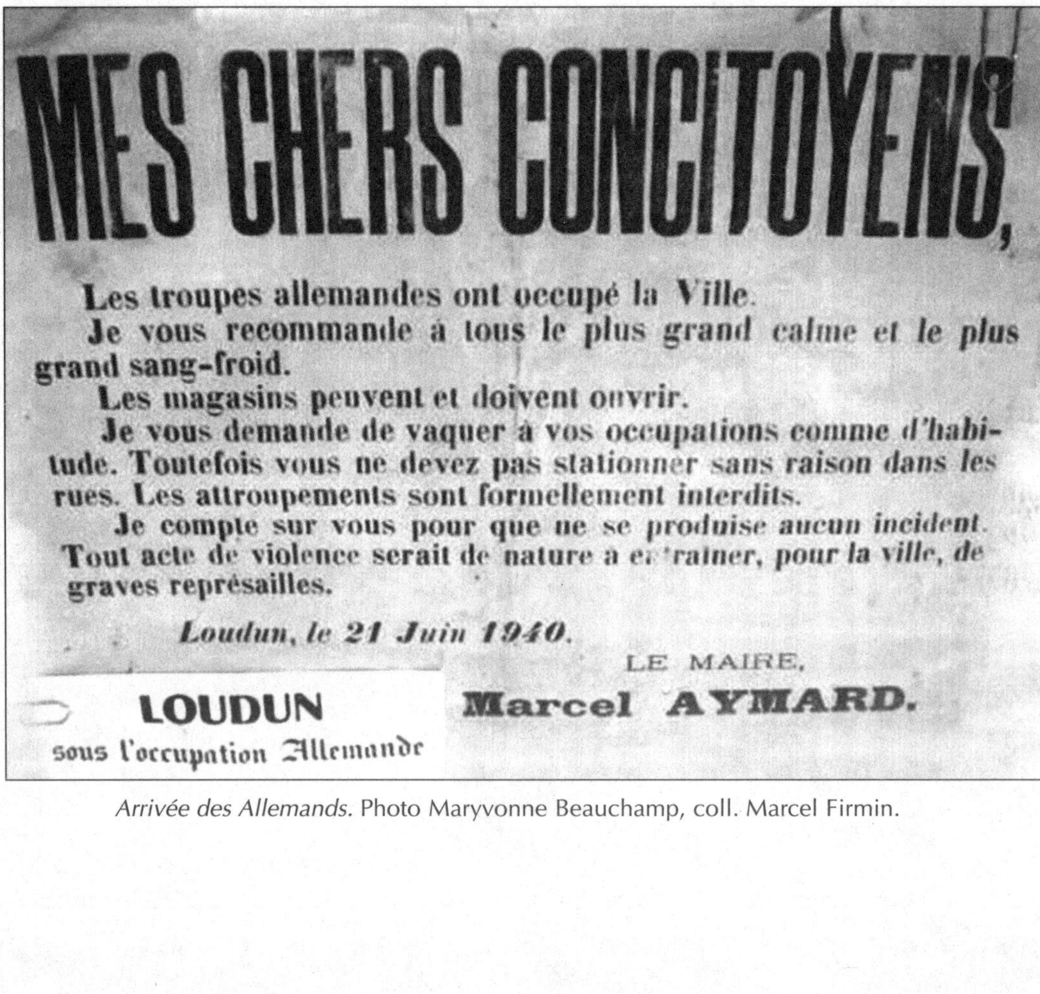

Arrivée des Allemands. Photo Maryvonne Beauchamp, coll. Marcel Firmin.

2

La peur des Allemands

L'exode !

En septembre 1939, des milliers de personnes, Hollandais, Belges mais surtout Mosellans, gagnent l'ouest de la France. Puis, quand au printemps 1940, la « drôle de guerre » s'achève, les habitants du Nord bientôt suivis par ceux de la région parisienne se jettent sur les routes. Au total, entre la mi-mai et la mi-juin 1940, ce sont près de six à huit millions de Français qui fuient devant l'armée allemande.

Comme les hommes sont au combat, l'exode est surtout le fait des femmes et des vieillards. Jeunes filles, futures mamans ou femmes d'âge mûr, toutes partent par les routes et les chemins, entassées « parmi des paquets dans des autos, des camionnettes, des camions, des charrettes, des tombereaux remorqués par des tracteurs agricoles, des voitures à gerbes, des maringottes traînées par des chevaux ». Sur les routes surchargées, les stukas piquent sur les hordes de réfugiés et frappent au hasard, semant la terreur et la mort. Un seul espoir : les fossés et les frondaisons puisqu'en mai les arbres ont retrouvé leur feuillage. « Ce n'était qu'une maigre protection, se souvient Claire qui a fui l'avancée allemande en juin 1940. Lorsqu'on entendait un avion, on sautait de nos vélos et on s'allongeait sur le sol, souvent à même la route. Quand c'était possible, on s'abritait sous un arbre, près d'une habitation, il ne fallait pas être vu, pas bouger... Les fossés ? Pas souvent. Il y avait des ronces, des orties ». « J'ai vu des choses horribles, renchérit Suzanne qui a traversé la France d'est en ouest pour gagner Ernée. Des corps mutilés, des voitures carbonisées, un enfant de quatre-cinq ans qui pleurait près du cadavre de sa mère et que son grand-père essayait d'entraîner... L'Occupation m'a semblé peu de chose à côté ». Madame Leclerc qui fuit Amiens pour gagner Saint-Lô est blessée au visage lors d'un mitraillage.

Andrée Potron a dix ans lorsque son père, un mécanicien du petit train départemental qui sillonne les Ardennes, décide de concert avec ses amis cheminots, de quitter la région qui depuis quelque temps vit sous les bombes. Il est en train de prévenir son épouse et ses deux filles lorsqu'une nouvelle attaque aérienne se produit ! « Elle est pour nous », s'écrie-t-il en protégeant de son mieux sa famille. Non, ce jour-là, ils ont la vie sauve. En revanche, une jeune mère de famille est tuée. Elle laisse deux orphelines que les cheminots emmènent avec eux. « Le petit train était tiré par deux locomotives. Nous étions trop nombreux pour qu'il puisse être tracté par une seule machine, se souvient Andrée. Pour faire quarante-cinq kilomètres, il a fallu toute la nuit. J'avais peur. Pour me rassurer, ma mère me disait : « Regarde, c'est voûté, tu ne crains rien », en me montrant le plafond qui, c'est vrai, ressemblait à la voûte d'une cave abri. Vers Reims, un cycliste nous a crié : « Partez vite, on va être bombardé. » Alors on a couru, on s'est caché sous des arbres. C'est en car qu'on a rejoint Épernay où on est resté cinq jours. Tous les matins, à 5 heures et demie, ça bombardait. J'étais épouvantée. On descendait dans les caves à champagne qui servaient d'abri. Nous étions trois cents là-dedans alors qu'elles étaient faites pour recevoir cent personnes. Il y en avait qui s'évanouissaient. Après plusieurs tentatives d'embarquement, on a pris le train. Aux arrêts, on descendait. On nous donnait à manger, à boire. Y'avait des malades. Et sur les routes, on voyait des gens, et c'était à pied, et c'était avec un landau... c'était horrible. Faut y passer pour le savoir. Quand nous sommes arrivés à Thouars, un car nous a emmenés à Orbé. C'était le soulagement après la peur. La dame qui nous recevait, Madame Fournier je crois, nous a nourris. Il y avait du café au lait, des tartines de beurre, des tartines de compote. On a enfin pu se laver. Quand on est rentré, on n'a rien retrouvé. Les lits avaient été volés, nos poupées fracassées. Mon père a repris son travail sur son petit train. Lors d'un accrochage entre Allemands et Américains, il a été tué. C'était le 14 août 1944. On a été libéré le 23 ».

« J'avais vingt-cinq ans. En 1939, je suis partie pour Bressuire avec mes patrons, se souvient Léonie qui a fuit Le Mans. En route, nous avons dormi dans une ferme sur de la paille ».

Dans *La Force de l'Age*, Simone de Beauvoir raconte son exode qui la conduit de Paris en Anjou en juin 1940 : « Tout le monde partait... le défilé des autos ne s'arrêtait pas... Au milieu de la journée j'ai vu pour la première fois des grands tombereaux de réfugiés que je devais retrouver si souvent, par la suite : une dizaine de grandes charrettes attelées chacune de quatre à cinq chevaux et chargées de foin, que protégeait sur un côté une bâche verte ; les bicyclettes, les malles s'amoncelaient aux deux extrémités et au milieu se tenaient des gens groupés, immobiles, sous de vastes parapluies. Aux environs de Chartres... nous avons été arrêtés par une longue queue d'autos immobiles, les gens se répandaient dans les champs ... un jeune soldat courait de portière en portière en criant qu'il y avait une alerte... Nous sommes arrivés à Laval qui grouillait de réfugiés ; nous avons rencontré une voiture aux pneus tout noirs qui avait traversé Évreux en flammes. Beaucoup de réfugiés venaient de Normandie. À Laval, tous les trottoirs étaient bordés d'automobiles, tous les terre-pleins, toutes les places étaient submergées de gens assis au milieu de leurs ballots...

Nous avons cherché un restaurant. Au Grand-Hôtel, on nous a ri au nez, il ne restait même plus une tranche de jambon ».

Parfois, les conditions sont telles sur les routes que les familles éclatent. Ainsi, une petite réfugiée de dix-huit mois est découverte, seule, à Coulonges-sur-l'Autize. Dès le mois de juin 1940, un Service de Recherche des Familles est ouvert à Rennes, boulevard Magenta. Toutes les grandes villes de l'Ouest en possèdent un. Des avis de recherche sont lancés dans les journaux régionaux. Le 6 août 1940, *L'Ouest Éclair* informe ses lecteurs que « l'on recherche Madame Olivier d'Amiens et son fils Georges, Jeanne et Louise Boivin de Louviers ainsi que Madame Cappelles et ses deux filles de Ribemont ».

Inversement, des personnes signalent leur présence dans telle ou telle ville ou bourgade de l'ouest de la France afin de rassurer les leurs au plus vite : « Madame Desoteux de Grayinick est à l'école libre à La Boussac, Zéphirine Barbier-Fontesse est à Saint-Hélier, Madame Loir-Mortier d'Ouvraing est réfugiée à Saint-Sébastien-sur-Loire ». En juin 1940, la cotonnière Carpeaux-Filature de Roubaix informe son personnel de l'ouverture d'un bureau de renseignements à Angers. Le maire de Dimon dans le Nord fait savoir qu'il est à Plorec, celui de Linselles qu'il s'est installé à Cholet. Dans les mairies, les centres d'accueil, des formulaires sont à la disposition des réfugiés et sont transmis à un service central. Les enfants sont pris en charge. Ainsi, le petit Robert, un enfant de douze ans d'origine belge se retrouve seul à Bayeux. Le commissaire de police de la ville s'occupe personnellement des recherches. Parfois, c'est le maire qui doit intervenir. Celui de Mazière sollicite auprès du préfet « l'autorisation de laisser Madame Miller, évacuée de Sarreguemines rejoindre son mari qui fait partie d'un contingent de malades dirigé sur Cognac ». Des personnes âgées meurent d'épuisement comme cette femme qui succombe en gare de Vannes aux fatigues du voyage.

Outre les disparitions d'enfants, les séparations fréquentes, les décès de personnes âgées ou de nourrissons, des vols sont également à déplorer. Germaine François descend à la gare de Mézidon et compte rejoindre Olendon où elle est réfugiée avec ses sept enfants. Elle découvre avec consternation que ses bagages, dont un sac contenant douze mille cinq cents francs, laissés un instant sans surveillance ont disparu.

D'où viennent ces réfugiés qui gagnent l'ouest de la France à l'automne 1939 et au printemps 1940 ? Avant guerre, le gouvernement français a organisé l'exode sur le papier. Ainsi, dès 1939, il est prévu que les habitants de l'Aisne soient évacués en Mayenne, ceux de Moselle en Charente et dans la Vienne, ceux du Nord en Bretagne, ceux des Ardennes dans les Deux-Sèvres et en Vendée, etc.

La Basse-Normandie est une terre d'accueil pour bon nombre de Parisiens et notamment pour les enfants qui y sont évacués dès septembre 1939. Bayeux en accueille une centaine. Grâce à quelques membres de l'Union des Femmes Françaises comme Mesdames Doray, Kergast et Coulibeuf, une cantine est ouverte à leur intention. Jusqu'au 11 juin 1940, elle restaure les bambins matin, midi et soir puis devient un centre de restauration pour les réfugiés qui déferlent sur Bayeux en juin 1940. Des Alsaciens, des Lorrains, mais aussi des Belges et des Néerlandais gagnent la Basse-Normandie à l'automne 1939. Puis en mai-juin 1940, c'est le tour des Picards.

Au Mans, grâce à l'avancée de la date des grandes vacances, les écoles sont transformées en centres d'accueil. Éva en garde un souvenir émerveillé. « Nous venions de Paris, de la Butte-aux-Cailles, en train. Trois jours de voyage. Trois jours de mitraillages. À l'arrivée, sur le quai, les gens se demandaient comment on pouvait être encore vivant vu le nombre d'impacts sur les wagons. Et une chaleur ! À mourir. Et rien à boire ! À chaque arrêt, on cherchait de l'eau, un ruisseau, un robinet. C'est là que j'ai compris ce que ça veut dire chacun pour soi. C'était à celui qui boirait le plus, le plus vite. Tant pis s'il n'en restait pas pour les autres. Y'en avait même qui vendaient de l'eau le long de la voie ferrée, pas au juste prix, non, à des prix exorbitants, jusqu'à vingt francs le litre. Vous vous rendez compte ! ».

Le Maine-et-Loire accueille lui aussi des enfants parisiens mais également de nombreux Polonais, en particulier le président de la République, le chef du gouvernement et ses ministres ainsi que différents services. Puis, en mai-juin 1940, des Ardennais, des Luxembourgeois, des Belges, des Normands traversent le département en un flot ininterrompu. Certains se replient à Cholet, Saint-Macaire-en-Mauges ou Doué-la-Fontaine.

« Fuyant les Ardennes en état de guerre, la famille Sanglier se réfugie dans les bois d'Armonique » écrit un journaliste breton. Des habitants du Nord et du Pas-de-Calais y trouvent également asile. Ainsi, la mairie de Cambrai s'installe au centre administratif de Saint-Lunaire. Ils sont bientôt rejoints par des Normands fuyant l'avancée allemande. Dans la nuit du 19 au 20 mai 1940, deux cents réfugiés arrivent à Batz-sur-Mer au terme d'un « lamentable voyage pendant lequel ils durent subir l'assaut de quinze avions allemands ». Josette Bertrand de Floing est une des dernières à être évacuée : « Maman, institutrice, ne voulait pas partir sans l'ordre de l'académie qui, elle, était déjà, nous l'avons su plus tard, repliée à Nantes ! Bien sûr, ayant attendu la dernière minute nous n'avions plus le choix du transport : voiture à chevaux et vaches pour le lait ! »

Les premiers réfugiés à arriver en Poitou-Charentes sont les Mosellans et les Ardennais. Thuré reçoit les habitants de Rethel, Parthenay ceux de Nouzonville, Verrières ceux de Coumes, la Vendée ceux des cantons de Givet, Rocroi, Monthermé... Les habitants de Saint-Avold se partagent entre Anché et le canton d'Aubeterre-sur-Dronne. Monsieur et Madame Ferry, célibataires à l'époque, se réfugient l'un dans les Deux-Sèvres, l'autre en Charente.

En général, les femmes de l'Ouest s'efforcent d'aider ces déracinés qui, selon leur expression, leur « font de la peine ».

Certaines, comme Georgette de Mauprévoir, Arlette de Fougères, Marie de Candé les accueillent avec chaleur et générosité. Gisèle Buchemeyer avait cinq ans à l'époque : « Ce sont les Côtes-du-Nord qui nous ont accueillis avec tant de gentillesse. Nous y sommes restés huit ans et j'en garde au cœur un souvenir inoubliable. » La maison des pères de Chaillé-les-Marais en Vendée réserve un bon accueil aux femmes de Renwez. Simone de Sedan est accueillie au Vanneau, une commune maraîchère des Deux-Sèvres. Elle y rencontre Guy Gousseau, l'épouse et y reste définitivement.

D'autres femmes reçoivent les réfugiés avec ennui, voire même indifférence ou rejet. Chantal affirme « qu'en Basse-Normandie, on n'aimait pas les Alsaciens, on évitait de les servir ». « Quand les Lorrains parlaient entre eux, confirme Élise, on se demandait toujours s'ils ne nous espionnaient pas ou s'ils ne disaient pas de mal de nous ». Andrée poursuit : « On ressentait une grande méfiance envers ces gens qui parlaient allemand. Ma voisine nous lisait à voix basse les lettres de son mari qui était au front, de peur qu'ils n'entendent ». Une femme de Saintes refuse même de mettre à disposition d'une réfugiée une chambre meublée.

C'est cette suspicion qui conduit un habitant de Cognac à écrire au sous-préfet de son département le 30 mai 1940 : « Je me permets de soumettre à votre bienveillante attention le cas de Monsieur Scheid Nicolas né le 22 octobre 1869 à Dollenbach dans le Haut-Rhin et de Mademoiselle Marguerite Scheid, sa sœur... J'ai chez moi ces deux personnes depuis le mois de septembre 1939. Je puis attester de leur attitude impeccable et de la sincérité de leurs sentiments français... Nicolas Scheid est parti pour l'Amérique en 1884 pour ne pas servir dans l'armée allemande et il y est resté jusqu'en 1929... J'estimerais regrettable qu'ils puissent être victimes des mesures de précaution qui viennent d'être prises en ce qui concerne les réfugiés mosellans, mesures de précaution si justifiées pour quantité d'autres. Je m'offre à les conserver chez moi avec votre approbation... » La méfiance envers ces populations germanophones est telle que le rédacteur du *Républicain Confolentais* s'efforce de rassurer ses lecteurs. « Comme les ruraux de chez nous, ils parlent un patois qui est le dialecte lorrain et dont la consonance pour des oreilles non averties peut paraître germanique... (mais) on peut être certain que nos malheureux compatriotes, quel que soit leur mode d'expression verbale, ont au cœur cette ardente flamme patriotique que l'oppression la plus brutale n'a jamais pu éteindre ».

La peur des réfugiés étrangers conduit à des excès. Valéria, réfugiée polonaise de vingt-neuf ans, est servante à Gouville. Alors qu'elle se rend à Saint-Sauveur-le-Vicomte sans carte de circulation, elle est arrêtée par la maréchaussée.

L'accueil des réfugiés est un problème crucial pour les municipalités qui ne sont pas préparées à faire face à un tel afflux de personnes. La Charente compte cent mille réfugiés le 21 mai 1940, deux cent quarante-cinq mille le 15 juin et presque quatre cent mille le 22 juin. La seule petite ville de Saint-Fraigne (quatre cent soixante-douze habitants aujourd'hui) accueille quarante-quatre personnes le 22 mai, chiffre qui triple trois jours plus tard. Dans tous les départements de l'Ouest, les capacités d'accueil sont saturées. Le maire d'Ébréon envoie un télégramme au préfet : « Impossible assurer service réfugiés. Plus de place. Plus de ravitaillement ». D'autres maires implorent des secours comme le maire de Fouqueure : « Je vous serais très obligé de bien vouloir faire approvisionner les épiciers locaux en denrées alimentaires de première nécessité et en savon. Les trois épiceries de la commune sont totalement démunies de tout. » Le même jour, le préfet reçoit un télégramme du maire de Villiers-le-Roux : « Au moment où nous recevons ces réfugiés, nous manquons totalement depuis un mois de sucre, huile, savon. » Enfin, le maire de Fontenille fait part de la misère des nouveaux arrivants : « Nous avons dans notre commune deux cent vingt-huit réfugiés. Ces malheureux n'ont absolument rien et seraient bien heureux de se procurer un peu de sucre, de savon, café, huile et alcool. Nous voudrions également pouvoir leur fournir des conserves : boîtes de sardines, pâtes, purées de tomates... »

« On a dit que dans les stations balnéaires, il n'y a pas eu de problèmes de logement, c'est faux, soutient Angèle. À La Faute, où nous étions réfugiés, nous étions entassés à onze dans une maison de deux pièces, sans eau, sans électricité ». Le témoignage d'Odette corrobore celui d'Angèle : « Mes parents avaient une petite maison à Trouville. On y est resté en 39. Mes cousins sont venus nous rejoindre en octobre pour la rentrée, ma grand-mère un peu avant Noël et mes oncles et tantes en mai 1940. Nous vivions à quinze dans quatre pièces. Je me rappelle, le soir, il y avait la queue pour les toilettes. Nous, on s'amusait mais les parents rouspétaient. Malgré tout, ça a été la plus belle année de mon enfance. » Certains se sentent encore en vacances dans leur villégiature. Marcel Miocque, dans son ouvrage *Houlgate sous l'Occupation* signale qu'à la fin de l'été 1939 « de nombreux estivants ne regagnent pas Paris mais restent dans leur villa ». Ils sont bientôt rejoints par des agents des chemins de fer alsaciens qui sont logés avec leur famille dans les villas inoccupées. L'afflux de population est tel qu'un lycée ouvre à Houlgate.

« Que chacun donne ce qu'il pourra, selon ses moyens… Mais que chacun donne vite, il y en a tant qui attendent de tout. Et puis donnons aussi beaucoup avec notre cœur, oublions un peu notre anxiété et notre chagrin personnel pour que nos frères soient accueillis comme il se doit sur notre Côte d'Amour », lance le maire de Pornichet à ses concitoyens. Un peu partout des centres d'accueil pour réfugiés ouvrent comme celui de Niort place de la Brèche. Cognac, Luxé, Vars, Ruffec, Segré, Pontivy ont le leur. « À Angoulême, le plus important était au Familly, se souvient Arlette. Les autres étaient implantés dans des écoles maternelles qu'on avait fermées pour accueillir les réfugiés. Il y en avait un à l'école de la rue des Boissières, un aussi à l'école des garçons de Port l'Houmeau. J'y suis allée une fois pour porter des couvertures et des pommes de terre ». Les cantinières ne chôment pas. Celles de Quimper ne distribuent pas moins de mille repas par jour en juin et juillet 1940.

Les populations se montrent souvent généreuses à l'égard des réfugiés et se séparent volontiers de leurs vieux matelas, de leurs couvertures, de linge de maison, de vêtements et de matériel de puériculture déjà utilisé. En janvier 1940, la Croix-Rouge et le Secours national de la Manche lancent un appel pour recueillir de la layette pour les nourrissons alsaciens et lorrains attendus dans les mois à venir. Les femmes de Normandie répondent massivement. Brassières et chaussons affluent au centre de la Croix-Rouge. « Poitevins, venez en aide aux réfugiés », implorent les scouts de France. Aussitôt, vêtements, langes, linge de toilette et savons leur sont apportés. L'ouvroir du lycée de jeunes filles de La Baule se charge de réparer et de transformer tous les vêtements et les pièces de lingerie déposés par les habitantes de la station. *La Voix du Poilu*, le journal des anciens combattants de Loire-Atlantique, s'efforce d'aider les femmes et les filles des anciens de 14-18. Des offres d'emploi sont proposées. Inversement, le journal ouvre ses colonnes à toutes celles qui recherchent un travail : « Femme d'AC, réfugiée, couturière, demande place dans métier », « Fille d'AC, trente-deux ans, réfugiée, demande emploi de bureau ou comme institutrice de famille. »

Car dans les départements-refuges, la vie continue. Ainsi, un petit Mosellan, Alfred Weyland, voit le jour à Marcillac au début de 1940. En juin suivant, c'est au tour de Henri Van Kerkoven au Pouliguen.

Quand les hostilités cessent et que l'Occupation commence, les réfugiés sont invités à regagner leur département d'origine. Munis de leur laissez-passer, beaucoup se hâtent de rentrer. Des bons d'essence sont même accordés aux détenteurs de voitures. Cependant, tous ne peuvent regagner leur foyer. C'est le cas notamment des habitants du nord de la France et des Ardennais originaires d'une région classée désormais « zone interdite ».

Dans les ports, femmes et enfants fuient les bombardements

Mais les déplacements de population ne s'arrêtent pas en 1940. En 1943, d'autres exodes commencent.

Et tout d'abord, celui des habitants des ports militaires et des grandes villes de l'Ouest continuellement bombardés par l'aviation alliée. Certains soirs particulièrement gris où le crachin tombait incessant, Mademoiselle Anne me disait : « Tu sais, ma petite Isabelle, pendant la guerre, les gouttes de pluie, c'était des obus. Ils détruisaient tout, les maisons, les immeubles, le théâtre, les églises, les écoles... et le bruit, oh ! Mon Dieu, le bruit !... Brest était si belle dans ses murs du XVIIe siècle ! » et elle se levait péniblement, elle avait déjà dépassé les quatre-vingt dix ans et trottinait me chercher une gravure représentant notre ville natale au temps de sa splendeur. Brest a subi des bombardements incessants tout au long de la guerre. Comme ils s'intensifient fin 42 début 43, le préfet décide de fermer toutes les écoles et ordonne l'évacuation. Les enfants sont les premiers à quitter la ville. Maryvonne et Françoise s'installent chez leurs grands-parents dans le Nord-Finistère et le Trégor. D'autres trouvent refuge dans des châteaux de la Sarthe et du Loir-et-Cher, aménagés en centres d'accueil. Une centaine d'enfants sont hébergés en Vendée. « Le plus dur, confie Fernande, ça a été de quitter nos parents. Maman pleurait, elle avait peur de ne plus nous revoir. Papa s'énervait. Il disait que la voir pleurer était mauvais pour nous. Gaston, mon petit frère, mordillait un lange. Il ne comprenait pas ». En avril, ce sont tous les habitants de Recouvrance et des Pilliers-Rouges qui sont évacués vers Le Mans tandis que ceux de Lambézellec, de Saint-Pierre et de Saint-Marc gagnent Vendôme.

Dès le 15 janvier 1943, l'exode des Lorientais commence. Ils quittent une ville qui n'a plus ni eau, ni électricité et dont les étals sont vides. La majorité reste dans les environs et notamment dans la presqu'île guérandaise comme Mademoiselle Duguey, une pianiste, qui trouve refuge chez Mademoiselle Pourieux et y reprend ses cours et leçons particulières. D'autres sont évacués vers la Mayenne et l'Indre-et-Loire.

Les enfants de Saint-Nazaire quittent la ville en novembre 1942. « C'était déchirant, se souvient Arlette. Des petits bouts de trois ou quatre ans hurlaient au moment de monter dans le train où leurs grands frères avaient déjà pris place. Certains étaient prostrés. Les mères des plus âgés ne les accompagnaient pas et essayaient de contenir leurs larmes. Dès que le train s'était éloigné, elles éclataient en sanglots. Certaines disaient tout haut ce que tout le monde pensait : « Est-ce qu'on va les revoir ? Que vont-ils devenir ? Vont-ils être bien traités ? » C'était l'angoisse. Et pourtant, pour eux, nous n'avions pas le choix.

Il fallait les préserver même si c'était une immense souffrance d'être séparés comme ça ». La ville se vide de la quasi-totalité de ses habitants après les bombardements du 28 février 43. Quarante mille d'entre eux choisissent de rester en Loire-Atlantique, au Croisic, au Pouliguen, à Guérande, à Saint-Joachim ou à Pontchâteau. D'autres gagnent le Maine-et-Loire ou la Loire-Inférieure. La maternité, dirigée par Mademoiselle Porcher est repliée à Savenay tandis que le centre chirurgical s'installe à Saint-Gildas-des-Bois où les sœurs de la Sagesse continuent à dispenser les soins aux malades.

Après le bombardement du 16 septembre 1943, les enfants de Nantes sont évacués. « Nous devions nous présenter à la gare de Vertou », se souvient Suzanne. « Nous, à celle de Thouaré », précise Adèle. De nombreuses femmes décident de fuir l'enfer et gagnent la campagne ou la Vendée. Quelques-unes se réfugient à Clisson. À Rennes aussi, les plus jeunes sont évacuées. Yvonne Meynier raconte dans *Un lycée pas comme les autres*, comment les jeunes lycéennes de Rennes poursuivent leur scolarité à La Guerche-de-Bretagne.

Les derniers exodes

Lors du débarquement allié de juin 1944, les bombardements jettent une nouvelle fois des milliers de gens sur les routes. Les habitants de Caen, Arromanches, Bayeux, Isigny, Courseules… fuient la zone des combats. Dans *Les Demoiselles de Gaulle*, Sonia Vagliane-Éloy évoque le camp de Fontenay-sur-Mer où huit cents réfugiés de Caen et de sa région s'entassent. Parmi eux, il y a cette femme qui a quitté Caen sous les bombardements avec son mari, sa belle-mère et ses neuf enfants et qui, harassée de fatigue après des jours d'errance trouve enfin un camion américain dont le chauffeur propose de les conduire à Fontenay. Quand le véhicule démarre, elle s'aperçoit que Victor, son petit dernier, a disparu. « Si seulement nous avions perdu ma belle-mère, mais pas Victor », lance-t-elle éplorée. Victor lui sera ramené deux jours plus tard. Ce camp accueille aussi les « filles » de Madame H. qui se disent « pressées de rentrer travailler avec les Américains ». Certains quittent la Normandie. Jeanne Bouchalois de Sotteville va jusqu'à Saint-Georges-les-Côteaux en Charente-Inférieure. La famille Léveque de Cahagnes descend jusque dans le Maine-et-Loire : « Nous avons mis trois semaines en charrette. »

Enfin, la formation de poches de résistance allemande à Lorient, Saint-Nazaire, La Rochelle et Royan provoque l'exode des derniers habitants des deux villes bretonnes et entraîne celui de la population des deux cités charentaises.

Formée le 6 août 1944, la poche de Lorient tient jusqu'au 8 mai 1945. Pour économiser leurs réserves en vivres, les Allemands autorisent l'évacuation de près de vingt mille personnes de Lorient mais aussi de Groix, Belle-Île, Belz, Guidel, Ploemeur et Quiberon.

La poche de Saint-Nazaire est formée le 12 août 1944. Elle est réduite le 11 mai 1945. À ses débuts, elle compte encore cent vingt mille personnes prisonnières des Allemands. Ceux-ci négocient avec les Américains et début septembre, une première évacuation a lieu : deux mille civils sont dirigés sur Nantes. Armelle fait partie de la deuxième vague le 24 octobre : « C'était une véritable libération. Fini les bombes, les éclats d'obus qui risquaient de vous atteindre à tout moment, la peur de devenir otage, la peur qu'ils deviennent fous et qu'ils nous exécutent tous, c'était la fin des privations, les retrouvailles avec les amis, la famille. La liberté ». L'évacuation se poursuit en 1945. Réfugiée à Ancenis, Marie-Hélène se souvient de la gentillesse de l'accueil : « Nous avons été reçues dans un local chauffé. On nous a donné à manger, de quoi se laver, un matelas et une couverture. Ma voisine qui devait s'appeler Agathe a eu du lait pour son bébé et encore le lendemain matin quand nous avons quitté le centre d'accueil ».

Une fois encore les familles éclatent. Ainsi, parmi les évacués de La Rochelle et de Royan, Madame Vollet est dirigée comme tant d'autres vers Limoges tandis que ses enfants sont à Plaizac avec les familles Perret et Baudit. Certains restent dans les Charentes. Madame Charles s'installe à La Tremblade tandis que les Neu se réfugient à Cognac.

Ce n'est qu'au cours de l'été 1945 que ces réfugiés pourront regagner leur cité d'origine non pour y habiter mais pour constater les ravages de la guerre.

Les Allemands arrivent

Le 10 mai 1940, l'invasion allemande commence. Les soldats de la *Wehrmacht* réussissent leur percée à Sedan le 14. Le 9 juin, ils franchissent l'Oise et occupent Rouen. Le 12 juin, les troupes françaises reçoivent un ordre de retraite générale. « Quand nous avons appris que les Français battaient en retraite, ça a été l'incrédulité la plus totale, puis la peur. Maman nous a dit : « On s'en va. Mettez vos affaires dans un sac. N'emmenez que l'essentiel. On va chez mémé Jeanne à Briouze. ». La supérieure des Hospitalières de Saint-Joseph à Laval réunit les sœurs : « Je viens d'être prévenue qu'à la pointe du jour, les Allemands vont être aux portes de la ville. On ne sait pas ce qui va se passer... Si, parmi vous, il y en a qui, saisies de peur, se sentent incapables d'affronter le danger ou qui répugnent trop à rester sous la domination de l'ennemi... qu'elles le disent... et je vais leur permettre de s'éloigner momentanément. ».

Trois jours après être entrés dans Paris le 14 juin 1940, les Allemands sont à Laval, à Mayenne et à Évron. Le lendemain, 18 juin, ils entrent dans Caen, Cherbourg, Le Mans, Rennes et Saint-Brieuc. À Locminé, leur arrivée a lieu sous les yeux de Madame de Gaulle, la mère du général. Le 19 juin, ils pénètrent dans Brest, Nantes, Segré, Angers et Saumur où pourtant ils se heurtent à la résistance héroïque des cadets. Le jeudi 20 juin, ils sont à Loudun et Quimper, le 21 à Lorient et à Cholet, le 22 à Châtellerault, Mortagne, Fontenay-le-Comte et Niort. *La Voix des Deux-Sèvres* relate les faits le 6 juillet : « [...] c'est samedi soir, vers 19 heures qu'est arrivée sur la place de Strasbourg la tête d'une colonne motorisée allemande. Celle-ci s'est immédiatement scindée : un tank à chenilles, accompagné de side-cars s'est arrêté sur la place ; un autre a dévalé la rue Alsace-Lorraine pour s'arrêter à l'entrée de la place de la Brèche ; un troisième est allé faire halte sur la place Saint-Jean. Entre temps, par le maire, les habitants sont prévenus, à son de trompette que la circulation hors de chez soi serait interdite jusqu'à nouvel ordre, entre 21 h 30 du soir et 5 heures du matin ». Le même jour, l'armistice est signé à Rethondes. Le dimanche 23 juin 1940, il est 10 heures du matin lorsque les premiers soldats de la *Wehrmacht* franchissent la porte de Paris et gagnent le centre de Poitiers. Au même moment, un autre détachement pénètre aux Sables-d'Olonne. « La population est calme, triste et semble résignée », note un chroniqueur du *Journal des Sables* qui sous-estime le courage des Sablais.

L'Occupation commence. Elle se poursuit jusqu'à l'été 1944 pour la plupart, jusqu'en 1945 dans les « poches » de Saint-Nazaire, de Royan et de Lorient.

L'arrivée des Allemands est un souvenir gravé à jamais dans la mémoire de ces femmes de l'Ouest qui, un matin ou un soir voient des silhouettes casquées, vêtues d'imperméables vert-de-gris apparaître dans le vrombissement d'un side-car. Ils sont là ces Allemands dont la mauvaise réputation a précédé la venue.

Quelques femmes frémissent encore au souvenir des idées propagées à l'époque : « Les Allemands coupent les doigts. Ils violent les femmes et les jeunes filles. Les enfants doivent se méfier car ils distribuent des bonbons empoisonnés. Attention ! Les cigarettes qu'ils offrent contiennent du bromure ! » Les anciens combattants de la guerre 1914-1918 qui ont encore devant les yeux le spectacle des chairs déchiquetées de leurs camarades tombés sous le feu des Allemands ravivent leurs souvenirs lors des veillées et participent ainsi à l'intensification de la terreur qui saisit les femmes lorsqu'elles aperçoivent un Allemand pour la première fois.

« À Saint-Julien-l'Ars, se souvient Germaine, ils sont arrivés en side-car. Ils ont désarmé deux soldats français et ont brisé leurs armes. Je me suis sauvée ». « Je sortais de la boulangerie avec mon pain. J'ai vu un Allemand sur un side-car. Je le verrai toujours. Jamais je n'ai monté le Pont-Neuf si vite », assure Marie-Thérèse. « Je finissais ma toilette quand j'ai entendu du bruit en bas », poursuit Yvonne. « J'ai pris ma robe de chambre et je suis descendue. Quand je les ai vus, assis dans ma cuisine, j'ai failli m'évanouir. J'ai tout de suite pensé qu'ils allaient me violer et me tuer. Y'en a un qui s'est levé, il a ôté son casque et m'a demandé si j'avais à manger. J'ai filé dans l'arrière-cuisine et je leur ai donné tout ce que j'avais. Je ne me rappelle même plus quoi. Ils ont tout dévoré. Celui qui les commandait a jeté deux ou trois pièces sur la table et ils sont partis. Quand mon mari est rentré pour le déjeuner, j'avais pas bougé. J'étais toujours en robe de chambre, assise sur l'escalier ». Simone Lacheteau vient de mettre au monde une petite fille qui a tout juste trois semaines. « Le 24 juin tout le monde criait : « Les Allemands arrivent ! » J'ai pris ma fille dans mes bras et je suis partie à travers champs... Sous le vieux château, je me suis cachée dans un fossé, j'ai entendu parler et j'ai compris que ces soldats étaient des Allemands ».

Les Allemands s'installent dans les villes et les villages de l'Ouest occupé. Le paysage s'obscurcit : le drapeau à croix gammée flotte désormais en haut des mâts. Dans les villes, les hôtels, les bâtiments administratifs et les casernes sont réquisitionnés. Dans les bourgades, les maisons de maître sont occupées par les officiers. Madame Hirrien habite dans une ferme attenante au château de Keraudren dont le propriétaire vit en Grande-Bretagne. Les Allemands occupent le château. « Certains se conduisent bien, d'autres pas, se souvient sa fille Yvonne, de véritables « arsouilles ». L'un d'entre eux tente de voler le tapis du salon. Maman s'insurge : « Monsieur, vous n'avez pas le droit. Où est votre bon de réquisition ? »

Dans les rues au « pas de l'oie », sur les routes en side-car ou en voiture, les Allemands sont partout. Ils défilent régulièrement sur les promenades des grandes villes, chantent, organisent des concerts et tentent de se mêler à la vie locale dans les premiers temps de l'Occupation. Leur omniprésence, jusque dans les hameaux les plus reculés, pèse lourd dans la vie des femmes. Elles se sentent épiées, prisonnières dans leur propre pays, dépendantes du bon vouloir des occupants qu'elles haïssent et qu'elles ne cherchent pas à comprendre.

« Le pire, c'est encore d'avoir à héberger un B. », assure Germaine. Partout, les logements vacants ou jugés trop spacieux pour leurs occupants français sont réquisitionnés. « Ils occupaient tout l'étage, se souvient Annette mais on devait partager la salle de bains. « Pas question ! » a dit ma mère. Pendant toute la guerre, avec mes sœurs on s'est lavées dans la cuisine. On avait très peu de contact avec eux, juste bonjour – bonsoir. C'était tout ».

Certaines femmes font preuve d'imagination pour éviter une cohabitation détestable. Lors de la rentrée 1940, un jeune instituteur est nommé à Pamproux. « À ma descente du car, une femme m'a sauté dessus. « Je peux vous loger. Le loyer est modeste. Je vous ferai le ménage, le lavage, le repassage... la cuisine aussi si vous voulez ». Comment résister à une telle proposition ? J'ai accepté de bon cœur quoiqu'un peu surpris par l'empressement de ma logeuse. La brave dame habitait le rez-de-chaussée d'une maison qui avait deux chambres à l'étage. L'une était déjà réquisitionnée et l'autre en passe de l'être !... ».

« Nous habitions Vallognes. Mes deux sœurs venaient de mourir de la diphtérie. Alors, on a mis une pancarte : " Ici, diphtérie ". Plus tard, on a écrit : "Ici, on a la gale". Mais comme tout le monde a mis la même chose, les Allemands ont passé outre ».

Roger Merlet, dans son ouvrage *Mortagne-sur-Sèvre, 1940-1990*, conte l'anecdote suivante : « Les occupants lorgnent surtout les belles demeures bourgeoises. Mademoiselle Déré qui habite route de Nantes, chez ses parents, redoute que la sienne ne soit visée... La sentant rongée par cette inquiétude, une personne de son entourage lui souffle un moyen presque sûr pour ne pas avoir d'ennuis. Elle n'aura qu'à se faire passer pour une tuberculeuse, cracher, tousser, quand les Allemands viendront. Pour mieux faire croire à la chose, elle devra mettre un blanc d'œuf dans une soucoupe à côté de sa porte et cracher dedans quand ils seront là. Le subterfuge est efficace ! À chaque fois, les soldats méfiants et répugnés repartent comme ils sont venus. »

Un nouveau paysage administratif

Dans les conditions établies par l'armistice du 22 juin 1940 figure la partition du territoire français. Une véritable frontière, avec ses postes de contrôle, coupe la France en deux. C'est la ligne de démarcation.

La France du Nord, de l'Est et de l'Ouest forme la zone occupée tandis que le Centre et le Sud constituent la zone libre, familièrement appelée « zone nono ».

Seul l'est de la Vienne et de la Charente est en zone libre, du moins jusqu'au 11 novembre 1942.

L'Ouest occupé conserve ses préfets et ses maires mais, très rapidement, les autorités allemandes mettent en place un maillage calqué sur les divisions administratives françaises.

La zone occupée est scindée en districts militaires ayant à leur tête une *Oberfeldkommandantur*. Les Deux-Sèvres, la Vendée et la Vienne relèvent de celle d'Angers pendant la quasi totalité de l'Occupation. La Bretagne est réduite à quatre départements. À l'échelon inférieur, une *Feldkommandantur* est implantée dans presque toutes les villes préfectures. À Saint-Lô ou à Caen par exemple. Chaque localité un tant soit peu importante possède sa *kommandantur*. C'est le cas de Saint-Julien-l'Ars.

Les femmes de l'Ouest doivent se conformer aux multiples directives prises par les militaires chargés de ces services. Ce sont eux aussi qu'elles contactent lorsqu'elles ont besoin de se déplacer.

En Charente et dans la Vienne : la ligne de démarcation

L'occupation allemande s'inscrit dans le paysage picto-charentais et dans le quotidien des habitantes par la présence de la ligne de démarcation qui scinde en deux zones d'inégale superficie les départements de la Charente et de la Vienne.

En Charente, l'est du département est en zone libre. Dans le Confolentais, par exemple, des postes frontières sont installés à Pleuville, Alloue, Saint-Claud, Chasseneuil... et du côté allemand à Champagne-Mouton et La Rochefoucault notamment.

Dans la Vienne, l'ouest du département, soit les trois-cinquièmes du territoire, est en zone occupée. Les Allemands sont présents aussi bien dans les campagnes que dans les villes et occupent Poitiers, Châtellerault, Civray et Loudun. L'est du département se trouve en zone libre. Montmorillon devient le relais administratif de cette nouvelle circonscription dont le destin est désormais lié à Limoges.

La ligne de démarcation, frontière à part entière, traverse la Vienne du nord au sud en passant notamment par les communes de La Roche-Posay, Pleumartin, Archigny, Bonnes, Jardres, Tercé, Dienné, Saint-Secondin, Usson, Saint-Martin-l'Ars et Mauprévoir. Cinq postes frontières fonctionnent en permanence à La Roche-Posay, Chauvigny, Lhommaizé, Usson et Pressac. « Il y avait également des gares de démarcation, affirme Suzanne. Lorsque j'ai franchi la ligne par le train, il s'est arrêté un peu après Fleuré et j'ai été fouillée au corps par des femmes ». Georgette habite Mauprévoir. La ligne travers l'ouest de sa commune : « À Mauprévoir, il y avait deux postes de contrôle. Le premier, installé "Chez Villatte" sur la route de Payroux, était gardé par les Allemands. Ils venaient assez souvent dans le village. Ils s'asseyaient au café et buvaient une bière. En revanche, je ne me souviens pas les avoir vus chez les commerçants. Ils faisaient des rondes, toujours à la même heure, si bien que cela se savait et la ligne était facilement franchissable vers "Montedon". Les douaniers français étaient installés à l'entrée du bourg. Eux, ils ne sortaient jamais pour faire des patrouilles. Ils fermaient les yeux sur les clandestins ». Du moins jusqu'au 11 novembre 1942, jour où les Allemands investissent la zone libre. La ligne de démarcation perd alors sa raison d'être mais n'est officiellement supprimée qu'en février 1943.

Pendant toute la première moitié de la guerre, la particularité des départements de la Charente et de la Vienne réside donc dans la coexistence d'une zone occupée et d'une zone libre. Selon qu'elles habitent dans l'une ou l'autre zone, les femmes du Poitou-Charentes appréhendent la guerre d'une façon différente, développent une pensée pro ou anti-maréchaliste et sont amenées à se dépasser dans des actions naturellement héroïques comme l'aide apportée au franchissement clandestin de la ligne à des Juifs ou des résistants.

Franchir cette fameuse ligne relève presque d'une gageure. Certes, les *Kommandanturen* d'Angoulême et de Poitiers remettent des *Ausweis* ou laissez-passer à ceux qui en ont absolument besoin mais les demandes sont examinées avec méfiance et les Allemands y accèdent au compte-gouttes.

Les frontaliers, c'est-à-dire ceux qui résident dans un rayon de dix kilomètres de part et d'autre de la ligne peuvent obtenir un laissez-passer dit « de petite circulation frontalière ». Ce type d'*Ausweis* est particulièrement utile aux agriculteurs dont les champs sont parfois à cheval sur la ligne et aux ouvriers ou employés dont la résidence n'est pas située dans la même zone que leur lieu de travail et qui ont donc besoin d'un laissez-passer permanent. Les scolaires disposent également de ce genre d'*Ausweis*.

Il est aussi possible d'obtenir un laissez-passer exceptionnel mais une raison valable est exigée. L'inhumation d'un proche, une naissance ou la maladie d'un parent sont des motifs souvent invoqués. Édith vit à Rennes. « C'est un télégramme qui m'a appris la mort de mon père. Ma mère, désemparée, me demandait de venir. J'ai confié mes enfants à ma belle-mère et je m'apprêtais à partir quand Pierre, mon mari, m'a dit: "Il te faut un *Ausweis*!" Le choc a été dur. Je ne pouvais pas aller assister librement à l'enterrement de mon père. Pierre s'est occupé de tout à la *Kommandantur.* J'ai eu le papier et je suis partie. J'étais inquiète à l'idée qu'au moment de franchir la ligne, ils trouvent à redire. J'ai été fouillée mais ils ont été corrects. Comme ça se voyait que je n'étais pas à l'aise, ils ont examiné mon *Ausweis* avec beaucoup de soin ». « Ma demi-sœur s'est mariée sous l'Occupation, raconte Bernadette. Elle a épousé un Limousin. Ses futurs beaux-parents n'ont obtenu un laissez-passer pour venir à Poitiers que huit jours après les noces ».

La zone côtière interdite

Le paysage administratif et militaire des départements côtiers est également marqué par l'Occupation. Le 20 octobre 1941, les Allemands créent une zone côtière interdite qui s'étend sur une profondeur de trente kilomètres à partir du rivage le long des côtes de la Manche et de l'Océan pour empêcher l'accès d'espions éventuels aux fortifications du mur de l'Atlantique.

Ainsi, dans le Finistère, la ligne de démarcation passe au-dessus de Plouigneau, Morlaix, descend sur Quimper et laissant non-interdits Peyber-Christ, Plounéour-Ménez, Brasparts, Pleyben, Châteaulin, Landrévarzec et Quimper, oblique vers le Morbihan. Toutes les communes situées entre cette ligne et la mer sont interdites sauf aux habitants. Saint-Brieuc est située en zone interdite et à partir d'août 1942, un *Ausweis* est nécessaire pour y transiter en train. Au sud de la Loire, Saint-Brévin, Pornic, Bourgneuf... sont aussi en zone côtière.

Pratiquement seuls les habitants de cette zone peuvent circuler librement sur le littoral à condition d'être en possession de leur carte d'identité et d'un certificat de résidence établi par la mairie. Eulalie de Poulan-sur-Mer estime ne pas avoir été gênée par ces contraintes dans la mesure où les déplacements étaient peu fréquents à l'époque. La population extérieure doit être munie d'un *Ausweis* pour y pénétrer. « Vous parlez si c'était pratique ! s'insurge Anne. À l'époque, j'habitais Quimperlé. À chaque fois que je voulais aller à Pont-l'Abbé voir mes parents, il me fallait un laissez-passer. Je l'obtenais ou je ne l'obtenais pas. Ça dépendait de l'humeur du préposé. Après, ça s'est arrangé. Contre des œufs ou du lard, il me le donnait le papier ! »

En février 1944, l'intransigeance allemande se renforce. Le *Feldkommandant* du Calvados fait savoir que « dans la zone située au nord de la route 815 – Caen, Dozulé, Pont-l'Evêque, jusqu'à la limite de l'arrondissement – et au nord de la ligne de chemin de fer Caen-Bayeux-Lison, il est interdit à la population civile de franchir les haies, murailles et clôtures de tout genre pour pénétrer sur le territoire clôturé ». La liberté de circuler librement n'est rendue aux femmes de Normandie que le 8 septembre 1944.

Sous le joug allemand

La simple présence des Allemands provoque chez les femmes de l'Ouest un sentiment de malaise, de grande insécurité, de peur permanente.

« Ils sont corrects ! Ils sont beaux ! Comme ils défilent bien ! » s'extasie une minorité de femmes alors que pour la majorité, la cohabitation avec les occupants est vécue comme un véritable viol moral.

Bien que les soldats allemands aient des consignes strictes, des dérapages se produisent dès les premiers temps de l'Occupation et les victimes sont souvent des femmes fragilisées par l'absence de mari. Une commerçante de Ruelle, Madame Micoulaud s'est « fait avoir... » « Un billet de banque allemand m'a été donné pour paiement de marchandises par un soldat allemand. La banque n'a pas voulu accepter de me le changer, ce billet n'étant plus en cours en Allemagne ». Et de conclure : « Cela a dû arriver à beaucoup de commerçantes. » En octobre 1940, Madame Lavigne est contrainte de porter plainte pour « dégâts par troupes d'occupation ». Lors de leur passage dans sa maison, les soldats de la *Wehrmacht* lui ont cassé trois chaises, deux pieds de lit, deux vitres et deux contrevents de porte. Marie Bidet est cultivatrice à Pérignac. « Un jour que je n'étais pas là, des soldats allemands de Sainte-Eutrope sont venus chercher cinq cents kilos de foin au titre des réquisitions. Comme mes portes étaient fermées à clef, ils ont démoli la maçonnerie d'une fenêtre de la grange. Ils sont passés par là pour ouvrir le portail et emporter le foin. Comme si cela ne suffisait pas, ils m'ont pris six poules ». « Plaie d'argent n'est par mortelle », lance Louise après avoir entendu le récit de Marie. « Ce devait être en juillet ou en août 1940. Les Allemands nous occupaient depuis un bon mois quand la mère B. est arrivée en pleurant. Elle n'habitait pas très loin. Une vieille ferme un peu isolée avec sa sœur. La Marie était un peu simplette, attardée qu'on dirait aujourd'hui. Les B. venaient de la violer ». Céline se souvient encore de la peur éprouvée lorsque deux Allemands éméchés remarquent la jolie fille qu'elle est alors. Heureusement, un camion passe sur la route Saint-Jean-de-Monts-Challans. Un officier lance un ordre. Les deux ivrognes sont hissés dans le véhicule. Céline l'a échappé belle.

« Ce que j'ai trouvé de plus pénible, c'est de devoir s'effacer pour les laisser passer comme si on était des êtres inférieurs », s'insurge Andrée. « Avec l'arrivée des Allemands, tout a changé, même le temps », s'exclame Germaine faisant allusion à l'heure allemande. « C'était le règne de l'hypocrisie. Sur les murs, on voyait des affiches vantant les Allemands un enfant au cou. Dans la rue, pour peu que vous étiez jolie, ils vous saluaient. Et c'était les mêmes qui torturaient rue des Fontaines ».

Dès juillet-août 1940, la peur s'installe. « Pour aller au travail, je devais passer rue des Carmes, devant le siège de la *Gestapo.* Je peux vous assurer que je ne me faisais pas fière ». « Autrefois, lorsque j'allais en ville, je longeais la caserne. Souvent, je me faisais siffler par les soldats. Sous l'Occupation, je faisais un grand détour ». « Toute la journée nous avions peur, enchaîne Jacqueline, mais c'était bien pire le matin. Toutes les arrestations avaient lieu à six heures. Quand le bruit de leurs bottes dans le lointain nous réveillait, nous commencions à trembler. Plus ce bruit enflait, plus nous avions peur. Nous nous demandions toujours si ce n'était pas pour nous ».

En novembre 1940, *Le Journal Officiel* publie une loi créant la « carte d'identité du Français ». « Tout Français des deux sexes, âgé de plus de 16 ans, devra en être porteur ». De même, tout déplacement de nuit ou hors sa zone d'habitation est soumis à la possession d'un laissez-passer. Les contrôles d'identité n'importe où, n'importe quand, mettent les nerfs des femmes à vif. Suzanne, infirmière, décrit ce stress permanent : « Le soir, quand je partais à la gare chercher des blessés, je prenais soin de ne jamais oublier mon *Ausweis.* J'habitais alors aux Quatre Cyprès et je savais qu'à la petite passerelle j'allais recevoir une lumière en pleine figure. Je m'y attendais mais, chaque fois, je faisais un énorme bond, mon cœur s'emballait. Les Allemands étaient là et me braquaient leur torche dans les yeux tant que je ne leur avais pas montré mon laissez-passer » indispensable à qui voulait circuler de nuit ou changer de zone. Adrienne, cultivatrice à Vouhé, ose sortir de chez elle sans sa carte d'identité et se voit dresser un procès-verbal par la gendarmerie. Marie Chenu, marchande de primeurs, se voit condamnée à trois cents francs d'amende pour avoir circulé en voiture automobile sans autorisation. « Lorsque mon troisième est né, nous avons dû déménager. Les deux pièces que nous occupions dans les combles près de l'église Saint-Nicolas étaient vraiment trop petites. Eh bien, il a fallu prévenir la police de notre changement d'adresse. Il n'y avait vraiment plus aucune liberté. Nous étions surveillés en permanence. Je ne comprends pas comment tant de résistants ont pu leur échapper. On avait l'impression qu'ils connaissaient tous nos faits et gestes ».

La radio française ne diffusant que des informations dûment censurées, les femmes de l'Ouest écoutent la BBC, ce qui requiert une grande prudence. « Le soir, nous écoutions "les Français parlent aux Français". Souvent on n'entendait pas bien. C'était brouillé. Mais c'était une telle joie d'entendre la voix de la France libre ». « Nous mettions le son tout bas, c'était risqué surtout avec les voisins que nous avions. Sa femme "fricotait" avec les Allemands ». « J'ai vu un homme l'oreille collée contre les volets de mes voisins, affirme Albertine. Ce devait être un mouchard ». Hélène vit à Mondeville et écoute avec espoir les nouvelles de Londres. Aussi c'est avec une tristesse infinie qu'elle s'aperçoit un jour de janvier 1943 qu'on lui a volé son poste TSF.

L'obstacle de la langue renforce encore le sentiment de peur éprouvé par les Poitevines. Yvonne n'est « pas rassurée » lorsqu'elle va faire ses courses. Que disent les Allemands entre eux ? Que manigancent-ils ? Que veulent-ils ? Et la terreur s'installe comme ce jour où Huberte voit un groupe d'Allemands entrer dans sa cour. Ils sont armés, ont l'air mauvais. Pétrifiée, elle n'ose bouger. Elle craint pour sa vie d'autant qu'ils regardent avec insistance le puits. « J'ai cru qu'ils allaient me jeter dedans », se souvient-elle presque encore inquiète, un tremblement dans la voix. Ils pénètrent dans la maison, en ressortent, vocifèrent et montrent le puits. La tension monte. Huberte s'efforce de ne pas laisser paraître son affolement. Elle en est sûre, ils vont les noyer, elle et sa petite fille... Soudain, un voisin entrouvre ses volets : « Ils vous demandent de l'eau. Il faut leur donner un seau ! » Ils avaient soif tout simplement. Après avoir bu, ils sont repartis. Ma fille est restée trois ou quatre jours sans dormir ».

Les exercices de l'armée allemande terrorisent régulièrement la population. Les tirs sont fréquents autour de Pamproux. « Un jour, on a même dû évacuer la ville », se souvient une habitante. « Ils faisaient des tirs à balles réelles. Par deux fois, ils ont fait des rafles à la sortie de la messe », poursuit une autre. À Falaise, le 7 juillet 1942, un ordre d'évacuation est donné : « Des exercices de l'armée allemande auront lieu de 10 heures à 17 heures. Mise en batterie au sud de Sassy. Pendant la durée des tirs, les localités de Sainte-Anne-d'Entremont, la Louterie ainsi que la maison sur le chemin qui va d'Épancy à la route nationale vers Lisieux doivent être évacuées. L'évacuation doit être terminée une heure avant le commencement du tir. » Quant aux dégâts occasionnés, ils sont souvent considérables. Madame Pellet, cultivatrice à Voeuil-et-Giget, voit ses champs de blé et d'avoine massacrés par les manœuvres des artilleurs qui résident dans sa commune.

Au fil des mois, la politique des Allemands se fait de plus en plus répressive. Le 14 août 1941, les cours spéciales de justice sont créées. Les occupants multiplient les arrestations de « suspects », les incarcérations arbitraires, pratiquent la torture, prennent des otages et commencent à déporter les Juifs et les prisonniers en avril 1942.

Marcelle passe ainsi, sans raison, une nuit à la prison de la Pierre-Levée. Une patrouille fond sur elle alors qu'elle cherche sa petite fille près de la ligne de démarcation. Les soldats l'entraînent, la font monter dans un camion et la conduisent à la Pierre-Levée. Ils l'interrogent longuement. Heureusement, elle a ses papiers en règle. Après vérification et surtout après une longue nuit passée dans les geôles allemandes, Marcelle est enfin libérée.

Esther met parfois son garçon très turbulent dehors. Quelques minutes et elle sort dans le noir pour le faire rentrer. Par deux fois la patrouille la traque. « Un jour, leur chien-loup a même mis ses pattes sur ma poitrine », raconte cette femme de Payroux peu rassurée au souvenir de cette anecdote.

En décembre 1941, c'est au tour des employées du Prisunic de Poitiers d'être incarcérées. Un matin, elles sont arrachées à leur travail, conduites en prison et interrogées. Elles y demeurent jusqu'au 17 décembre, soupçonnées de propagande anti-allemande. Un occupant a en effet découvert dans une boîte de jouets un tract destiné aux soldats et officiers mettant en cause l'état mental d'Hitler. Un autre tract est saisi peu après. Rédigés en langue germanique, la. police découvre qu'ils sont probablement l'œuvre d'opposants au régime hitlérien. Les employées du Prisunic sont relâchées.

Suspectes et résistantes sont généralement conduites dans les locaux de la *Gestapo.*

La *Gestapo* lutte principalement contre les « terroristes », autrement dits les résistants, et participe activement aux rafles des Juifs. Elle est aidée dans son action répressive par la *Feldgendarmerie,* par la Milice de Darnand, par les collaborateurs et délateurs de tous poils et, parfois, par la police française de Vichy dirigée par René Bousquet. En rentrant de son travail, Jacqueline passe parfois devant l'immeuble de la *Gestapo*: « Il ne faisait pas bon stationner sur le trottoir devant la bâtisse. Il fallait filer. Cela ne nous empêchait pas d'entendre les cris de ces pauvres malheureux qu'ils torturaient dans les caves. C'était horrible, inhumain ! »

Marie-Thérèse habite alors face à la prison de la Pierre-Levée à Poitiers. Elle se souvient encore des cris que poussaient les malheureux torturés. « On les entendait de la maison. Des fois, les Allemands les faisaient courir sur des pointes avec des chiens derrière. Le jour de la Libération, nous sommes rentrés dans la prison. Nous avons vu les crochets pour les suspendre, les sièges rougis pour les asseoir. Un jour, j'ai vu un homme monter le Pont-Neuf à pied, tabassé par les Allemands. Quand ils sont arrivés devant la prison, ils l'ont pris par les pieds et les bras et l'ont lancé violemment contre la porte. Sa tête a éclaté. Il y avait de la cervelle partout. Une autre fois, un camion s'est garé devant l'atelier de mon père (le sculpteur poitevin Jean Goupy). Il ramenait sans doute des fusillés de Biard. En tous les cas, du sang s'écoulait du camion et tombait sur le trottoir ». « Les sous-sols de la prison étaient une véritable usine à torture, poursuit Andrée. À la Libération, j'y suis allée pour chercher des prisonniers torturés et les transporter à l'hôtel-Dieu. Ce que j'ai vu est difficilement racontable : des hommes en sang, le visage et le corps tuméfié, les doigts écrasés, certains dont la vie ne tenait plus qu'à un fil. C'était affreux. Jamais je ne pourrai oublier ce que j'ai vu ! »

Coll. auteur.

3

L'Ouest sous les bombes

Alertes et camouflages

L'expression « défense passive » est née lors de la Première Guerre mondiale. Elle est tout naturellement réutilisée dès 1938 pour désigner les différentes mesures destinées à protéger la population civile en cas de guerre. Un service de défense passive relevant du ministère de la Défense est créé par la loi du 11 juillet 1938 et continue d'exister pendant toute l'Occupation.

Des jeunes, volontaires ou réquisitionnés d'office, et des réservistes assurent le service de défense passive. « Mon oncle faisait partie de la défense passive. Il avait mis sa voiture personnelle au service de ceux qui en avaient besoin en cas d'alerte ou de bombardements. Dès que j'ai eu fini ma formation d'infirmière, je l'ai rejoint. C'était au printemps 1944, fin mai. Comme baptême du feu, j'ai eu droit au bombardement d'Angers. Plus de deux cents morts et des dizaines de blessés ».

Le rôle des volontaires de la défense passive est multiple. Ils doivent d'abord faire connaître à la population les règles en matière de sécurité et notamment placarder sur les murs les affiches du ministère de la Défense nationale et de la Guerre :

« Tous les soirs à la tombée de la nuit le camouflage des lumières et l'obturation des ouvertures doivent être assurés de façon parfaite et permanente.

En avion, le moindre rai de lumière est visible à plusieurs kilomètres.

C'est votre protection que vous assurez ainsi que celle de ceux qui vous entourent ».

Il convient donc désormais d'obturer portes et fenêtres afin d'éviter qu'une lumière ne permette aux aviateurs ennemis de se repérer et donc de bombarder les villes et les villages. Anne, Odette, Eugénie et Hélène se rappellent encore avoir accroché des rideaux bleu foncé à leurs fenêtres. Toutefois, durant les premiers mois de la guerre, la population ne semble pas prendre conscience de l'importance vitale du camouflage. En mai 1940, la municipalité de Bréhal rappelle aux habitants « que le décret ministériel concernant le camouflage des lumières est toujours en vigueur… (et) qu'il est du devoir de chacun de s'y conformer strictement. En cas d'infraction, les gendarmes ou le garde champêtre dresseront procès-verbal ». « Commerçants, particuliers, gare aux contraventions si vous ne respectez pas l'arrêté sur l'éclairage ! » tonne le maire de Nantes en mars 1940. Effectivement, la gendarmerie et la police françaises sont contraintes de multiplier les procès-verbaux pour absence de précautions. C'est le cas notamment à Saint-Brieuc où les amendes pour éclairage non camouflé s'abattent par dizaines sur les Briochains entre le 8 et le 15 mai 1940. « Un soir de mai 1940, j'ai entendu cogner à la porte. « Police. Ouvrez ! ». Pas trop rassurée, j'ai quand même fini par les laisser entrer. « On voit de la lumière de chez vous », m'a lancé un des deux policiers d'un ton peu aimable. Je leur ai dit que ce n'était pas possible : j'avais tout camouflé. Ils ont insisté. Je ne comprenais pas. Ils m'ont écartée et ont grimpé à l'étage : « C'est du toit que ça vient. On la voit du clocher de Briouze. » Effectivement, j'avais oublié de cacher une tabatière et quand on montait et qu'on allumait l'escalier, ça se voyait. Comme ils ont vu que j'étais de bonne foi, ils ne m'ont pas mis d'amende ». Les gendarmes de Saint-Nazaire sont moins compréhensifs. Ils épinglent sans état d'âme Lucienne Chaberlot, Clémence Goinard, Marie Ratibouet et Angèle Caillebotte.

Les informations concernant les alertes et les exercices circulent mal et les signaux émis par les sirènes ne sont pas encore bien compris au printemps 1940. La presse régionale recommande régulièrement à ses lectrices « d'éteindre toutes les lumières au cours des alertes et surtout de ne pas rallumer après le premier signal », la fin de l'alerte n'étant annoncée que par le deuxième signal. « En fait, tant qu'on n'a pas été confronté à un bombardement, on ne voyait pas l'intérêt de tous ces exercices », avoue Hélène. Et pourtant, il devient crucial de se conformer aux recommandations. Les alertes annonçant de véritables attaques aériennes commencent. « Bien sûr, le camouflage des lumières était utile, persifle Andrée, mais si vous saviez le nombre de gens qui ont fini dans le port ! » À Brest, à Lorient et dans d'autres cités maritimes, il est vrai que des malheureux étourdis se sont noyés dans les rivières ou les bassins à flot.

L'aménagement des abris relève également de la compétence des hommes et des femmes qui s'occupent de la défense passive. Les pensionnaires du foyer René Crozet de Poitiers évoquent avec humour les visites de la commission de défense passive : « Des hommes passaient dans les maisons. Ils examinaient votre cave. S'ils la trouvaient sécurisante, le verdict tombait : « En cas d'alerte, restez chez vous ! » Pour peu que vous habitiez un quartier populeux, votre cave devait servir d'abri. Avant de repartir, les hommes de la commission ajoutaient : « Mettez donc une caisse de sable dans votre grenier. Si une bombe incendiaire traverse le toit, courez et jetez du sable dessus !... »

À ce propos, les responsables de la défense passive de Granville rappelle par voix de presse que chacun est tenu de refaire régulièrement son « approvisionnement en sac de sable ».

Dans la campagne, il y a peu d'abris. Tout au plus quelques tranchées au fond des jardins. De l'avis de certaines, ces refuges de fortune sont creusés après le passage et sur les conseils des réfugiés qui fuient les bombardements du nord de la France. « En cas d'alerte, soit nous restions terrées à la maison, soit nous filions par la porte de derrière nous réfugier près de la haie qui séparait le pré du potager. Chez nous, il n'y avait pas de tranchées et, à ma connaissance, pas une n'existait sur la commune ». « Des tranchées ! s'esclaffe Alphonsine, mais il n'y en avait pas à la campagne ! C'était bon pour la ville. Chez nous, une haie, un fossé, un creux faisait l'affaire. Mon père disait que de toute façon, en 1914, les tranchées ça n'avait pas empêché les petits gars de mourir. Alors, mourir pour mourir, valait mieux que ce soit à ciel ouvert ». « Un soir que ça bombardait vraiment fort, j'ai pris mes gosses et on s'est caché dans le fossé sec. Y'avait pas un bruit. Au loin, on voyait les fusées éclairantes au-dessus de Lorient. Tout à coup un friquet s'est envolé. Le temps de réaliser… j'ai eu la frousse de ma vie. J'ai cru que c'était un Allemand ! Après, quand il y avait une alerte, on allait chez les voisins. Ils avaient creusé une espère d'abri… Après la guerre, ça leur a servi de fosse septique ! » ajoute Yvonne, un sourire un peu railleur sur les lèvres.

En ville, les abris sont nombreux. Toutes les maisons particulières possèdent une tranchée de jardin recouverte par des tôles. Certaines habitations ont des caves-abris. Celle d'Hélène est voûtée et possède même l'électricité ce qui n'empêche pas la jeune femme de courir se réfugier dans son jardin : « Là, au moins, je ne risquais pas de périr étouffée sous les gravats ! » Les municipalités aménagent des abris pouvant accueillir parfois jusqu'à deux cents ou trois cents personnes.

À Brest, chaque quartier a le sien. En centre-ville, l'abri Sadi-Carnot s'apprête à servir de linceul à des dizaines de personnes. Des tranchées-abris sont creusées à Caen notamment sur la promenade Saint-Julien et à Saint-Malo en divers endroits de la ville dont le jardin du casino. À Coutances, les habitants peuvent trouver refuge dans les tranchées du square de l'Évêché ou dans celles établies sur le plan du collège dans le quartier Saint-Nicolas ou sous la librairie Guégan. Dans le Saumurois mais également à Poitiers, des abris troglodytes sont aménagés dans les falaises.

Dans les tranchées comme dans les grottes ou les souterrains, l'attente est longue. Les femmes discutent. Les enfants jouent ou dorment. Beaucoup prient à l'instar des pensionnaires de l'Union Chrétienne terrées au fond des caves de l'établissement scolaire. « Je n'ai pas le souvenir d'avoir eu vraiment peur, précise Fernande. J'avais huit-neuf ans au moment des grands bombardements du printemps 1944. Je retrouvais mes amies d'école quand nous descendions. On jouait. On bavardait. La présence de nos parents nous rassurait, celle de la maîtresse aussi d'ailleurs. Parfois, elle nous faisait chanter ». « Quand le bombardement a commencé, ma mère a décrété que nous serions plus en sécurité chez ma grand-mère. Elle m'a dit de m'habiller. J'avais tellement peur que j'ai attrapé un vieux pull trop petit qui servait à faire reluire le parquet et je suis sortie avec ça sur le dos. Nous nous sommes enfoncées dans la nuit. Ma mère courait presque. J'avais du mal à la suivre. Heureusement, il y avait les fusées éclairantes. Ce que ma mère n'avait pas pensé, c'est que pour aller à Fontaine-le-Comte, il fallait passer juste à côté de la DCA que les avions américains bombardaient précisément. Nous sommes pourtant arrivées saines et sauves mais c'est un miracle ».

Beaucoup de femmes se mettent gratuitement au service de la défense passive, notamment les infirmières, les aides-soignantes et les quelques médecins-femmes. L'Union des Femmes de France propose des cours d'infirmière auxiliaire à celles qui le souhaitent. À Châtellerault, c'est Madame Pauliat, une infirmière diplômée qui les dispense. En juillet 1943, Nelly et Solange Modeste, Mesdames Coumes, Coutaud, Guilbert, Hélou, Capellier et Broustal réussissent leur examen d'auxiliaires et rejoignent celles qui depuis trois ans déjà sont sur le terrain lors des bombardements. Les femmes de la Croix-Rouge comme Mesdames Serres, Suzannet, Baudry d'Asson, Joussemet, Chabot, Pouch, Gramache et Gomard de La Roche-sur-Yon font un travail remarquable auprès des réfugiés, des femmes de prisonniers et lors des mitraillages qui ensanglantent la Vendée le long des voies de chemin de fer. Le 6 décembre 1943, la médaille de la défense passive est remise à Madame Bezanger.

À Brest, Simone Bescond-Idot fait partie de la Croix-Rouge puis intègre la Résistance et devient agent de liaison pour les Anglais et boîte aux lettres pour les maquisards.

À Coutances, en octobre 1944, des ambulancières de la Croix-Rouge sont citées à l'ordre de l'armée : Cécile Armagnac, Annie Le Tallec et à titre posthume Denise Testé pour leur courage, leur mépris du danger, leur énergie et leur dévouement.

À la Libération, une cérémonie a lieu à Quimper en souvenir des victimes de Telgruc parmi lesquelles figure Marie-Rose Le Bloch qui, faisant preuve d'un dévouement héroïque, a secouru les blessés aux endroits les plus exposés, sans se soucier des obus qui explosaient autour d'elle et qui ont fini par lui prendre sa vie.

À la Libération, toujours les membres de la défense passive du Château-d'Oléron, dans l'île du même nom, sont surpris de recevoir une indemnité allant jusqu'à sept cents francs, voire même deux mille francs pour certaines. La somme dérisoire allouée à une infirmière du Château provoque la juste colère de ses concitoyens et du chroniqueur local de *La Dépêche des Charentes*: « Du 15 au 30 avril 1944, période qui a précédé le débarquement dans l'île et pendant laquelle le château a subi de violents tirs d'artillerie, Madame B. s'est dépensée sans compter, se déplaçant plusieurs fois par jour pour soigner les blessés à l'hôpital et cela malgré les obus qui tombaient aux alentours. Or, la défense passive vient de lui adresser la somme de onze francs cinquante centimes ! Un pareil affront fait à Madame B. ne pouvait rester ignoré de ses concitoyens qui l'admirent et l'honorent. »

Avec l'arrivée des Allemands, les mesures de défense passive sont renforcées. Ainsi, les habitants de Cherbourg mais aussi ceux de toutes les villes du littoral doivent débarrasser les combles de leur maison de tous les objets s'y trouvant et y placer tout le matériel nécessaire à la lutte contre l'incendie. « On devait même surveiller le grenier en cas d'alerte », affirme Georgette en haussant les épaules « mais on avait ordre en même temps de gagner l'abri le plus proche ! » « Il fallait avertir dès qu'une bombe incendiaire frappait la maison, s'insurge Alphonsine. Comme si on allait rester à la maison pour se faire tuer ! Si ça brûlait, on s'en rendait compte après l'alerte, et puis c'est tout ! »

La presse est chargée chaque semaine de préciser les horaires de camouflage des lumières qui changent en fonction des saisons. Ainsi, l'obturation des fenêtres doit être réalisée « de 18 heures à 7 heures 45, la semaine du 11 au 17 janvier 1943 », et « de 22 h 30 à 5 h 30 dans la semaine du 11 au 18 juin 1944 ». Les contrevenantes sont sévèrement punies. Le 18 août 1940, le maire de Beaulieu rappelle que « jusqu'ici les amendes s'élevaient à un mark, soit vingt francs. À partir de maintenant, toute personne qui laissera sa lumière allumée à partir de la tombée de la nuit, sera condamnée à payer immédiatement une amende de mille francs ».

L'enjeu est en effet d'importance puisque les bombardements alliés s'intensifient au fil des années pour culminer au printemps et à l'été 1944. Cette année-là, il est encore rappelé « qu'au signal d'alerte (on doit) fermer les volets mais laisser les fenêtres ouvertes pour éviter les bris des vitres ; fermer les compteurs d'eau, de gaz et d'électricité ; gagner l'abri le plus proche ;... (si on est dans la rue) se jeter à terre dans le caniveau ou dans un fossé... »

Des exercices de défense passive sont régulièrement organisés comme à Caen le 1er juin 1944. Des cours de secourisme sont dispensés aux instituteurs et aux institutrices. « On nous a aussi appris à nous servir d'un masque à gaz », se souvient Juliette. « Le lendemain, j'ai expliqué le fonctionnement à mes petites élèves mais ça ne servait pas à grand-chose car de toute façon il n'y avait pas assez de masques pour tout le monde. On nous a aussi indiqué la conduite à tenir en cas d'alerte au gaz, les soins à prodiguer ». « Par exemple, ajoute Yvette, il ne fallait pas marcher dans le même sens que le vent qui transportait le gaz. Et si on était au milieu du nuage, il fallait s'allonger parce que le gaz monte. Mais je ne sais pas si cela nous aurait sauvées ! »

À la peur d'une attaque chimique, à la crainte de ne pas se conformer aux mesures de défense passive répond la terreur suscitée par les bombardements.

Quand la terreur vient du ciel : les femmes sous les bombardements

La peur éprouvée lors des bombardements reste dans le souvenir de toutes les femmes. Beaucoup avouent entendre aujourd'hui encore le sifflement caractéristique des balles traceuses. D'autres revoient les chapelets de bombes, les incendies. Certaines se souviennent avec émotion d'enfants errant dans les rues à la recherche de leurs parents. D'autres enfin gardent l'image de corps calcinés, déchiquetés par les explosions. « Jamais je ne pourrai oublier ce que j'ai vu », me disait Marianne lorsque j'étais enfant faisant allusion à l'abri Sadi-Carnot de Brest.

Les bombardements font des centaines de morts et des milliers de blessés dans les départements de l'Ouest.

Ils commencent dès 1940. Cette année-là, trente personnes trouvent la mort à Lorient.

Le printemps et l'été 1941 sont particulièrement meurtriers à Brest. Édith se souvient très bien du bombardement du 27 juillet. Jeune fille d'à peine vingt ans, elle se prostituait non loin du port du côté de Recouvrance : « Quand l'alerte a retenti, je n'ai pas bougé. "Une alerte de plus !" que je me suis dit. Les filles ont fait comme moi. C'est quand on a entendu les avions qu'on a pris peur. C'était trop tard pour aller à l'abri, alors avec ma copine nous sommes descendues dans la cave du bar qui était derrière nous. C'était stupide car si une bombe était tombée dessus, on y serait resté. Ça faisait un boucan infernal, la terre tremblait et l'escalier de la cave s'est même fendu comme s'il allait s'arracher du mur. On était dans le noir avec juste des bougies. Moi j'avais peur que ça mette le feu. Et puis, plus rien. Un drôle de silence. Un peu comme quand il neige. On est sorti... Vous ne pouvez pas imaginer. Il y avait de la fumée, une odeur de brûlé qui prenait à la gorge, des cratères, des pans de maisons qui restaient comme ça dans l'air. On aurait dit la fin du monde. Et moi, je m'en étais sortie. Alors je me suis jurée que je sortirais aussi du trottoir. Ça a pris le temps mais je l'ai fait ».

En 1942, les bombardements sont sporadiques et moins meurtriers. Brest de nouveau, Saint-Malo, Rennes, Nantes et Lorient sont visées. Au Mans, Denise accouche sous les bombes.

L'année 1943 est sans contexte la plus meurtrière notamment pour les villes côtières. En effet, à la conférence de Casablanca, Churchill persuade Roosevelt que pour gagner la guerre il faut commencer par se débarrasser des sous-marins qui sillonnent l'Atlantique Nord. Or, ceux-ci sont basés dans les ports militaires de Cherbourg, Brest, Lorient, Saint-Nazaire et La Rochelle. Du 14 au 23 janvier 1943, ce sont plus de cinquante mille bombes incendiaires qui déferlent sur Lorient et les villes voisines, Hennebont, Lanester, Ploemeur, Larmor-Plage, Quéven, Caudan... En février, onze personnes meurent à Caen tandis que Lorient et Saint-Nazaire sont détruites en grande partie. La gare de triage du Mans, la plus importante de l'Ouest, fait l'objet d'une attaque ciblée en mars. Les alertes sont fréquentes. « Lorsque l'on entendait les bombardements sur la gare du Mans, se souvient Marcelle, nous partions en campagne dans un chemin que nous avions repéré ». Louise, elle, ne bouge pas : « Lors des alertes, les abris étaient pleins, nous restions à notre domicile. » Georgette tient le Café de la gare à Champagné. Un jour, c'est le drame : « Nous étions cinq personnes dans un couloir lorsqu'un bombardement a éclaté. Ma fille de treize ans se tenait contre moi. Elle a été blessée à la tête puis transportée par un voisin à la clinique Delagenière pour être trépanée par le docteur Papin. J'allais lui rendre visite tous les jours, trente kilomètres aller et retour en bicyclette. Lorsque j'ai voulu pénétrer dans la maison pour récupérer le livret de famille, des Allemands m'ont chassée à coups de bottes aux fesses ». Le bombardement du 9 mars 1943 endeuille cruellement la ville de Rennes. « C'était horrible, raconte Yvette. La plupart des cadavres n'étaient pas identifiables. Je suis sûre qu'il y a eu bien plus de morts que ce que les autorités ont bien voulu dire ». L'archevêque de Rennes, Monseigneur Roques évoque en ces mots ce terrible drame : « En quelques minutes, avec un acharnement furieux, des monstres aériens ont semé la ruine et la mort. Celle-ci a emporté sans distinction, des hommes, des femmes et des enfants... il est impossible que nous ne fassions pas entendre notre souffrance et notre indignation, car la guerre n'autorise pas le massacre des innocents et des populations civiles ». Saint-Brieuc est touchée en avril, Caen également. Une mère et ses trois enfants sont tués. Puis, c'est le tour de Saintes, de Mondeville et de Rennes. Mais le pire est à venir. Septembre 1943 restera pour tous le mois du deuil. La Rochelle et Angers sont bombardées, Nantes est martyrisée. Un Nantais raconte : « Je passais sur le quai, le long de la place du Commerce. Je me jetai à terre instinctivement. Ce fut alors, à mes oreilles, un grondement infernal, comme si plusieurs trains rapides passaient tout contre ma tête, durant une éternité. Puis un brusque silence tandis qu'une poussière suffocante me piquait les yeux et m'envahissait les bronches. Je me relevai. Il n'y avait plus, devant moi, qu'un mur de flammes : l'immeuble du *Phare de la Loire* flambait. Tout près de là, un tramway s'était arrêté, criblé d'éclats. Les quatre chevaux d'une station de voitures de louage gisaient, couverts de sang, agitant convulsivement leurs membres. Je m'enfuis loin du feu. Sur mon chemin, je ne voyais plus que des cadavres ». Ce bombardement fait huit cent douze victimes et mille sept cent quatre-vingt-sept blessés. Il a lieu un jeudi après-midi à 15 h 40, heure où, par cette journée ensoleillée, les mamans promènent leurs enfants en ville. Marie Potiron, Marcelle Quiriage, Yvette Loiret, Yvonne Blanchard, Monique Loiseau, Alice Pasquereau, Yvette Madec, Yvonne Houtin, Jeanne Tilly, Georgette Lannet, Henriette Hostiou et bien d'autres ont rendez-vous avec la mort ce jour-là. Le lendemain, des mamans cherchent leur enfant et lancent un appel désespéré dans le *Phare* : « Recherche Pierre Prévost, brun, 8 ans, paletot de laine avec boutons bruns, culotte grise, galoches noires vernies et Ulysse Prévost, six ans, culotte brune… de Saint-Joseph-de-Portricq ». Inversement, M. Séchet informe la famille de la petite Lisette, dont le papa est sabotier à Châteaubriant, qu'il l'a recueillie alors qu'elle s'était sauvée de l'hôtel-Dieu où elle était soignée pour ses amygdales. Mais le calvaire de la cité ligérienne n'est pas fini. Le 23 septembre, une nouvelle attaque aérienne fait au moins cinq cents victimes.

L'année 1944 est caractérisée par un incessant pilonnage de la Basse-Normandie et par la destruction systématique des nœuds ferroviaires, des gares, des viaducs et des voies ferrées.

Non loin de Vire, à la Papillonnière, sur la route de Caen, un mitraillage anglo-américain atteint la voiture-ambulance du sanatorium de Saint-Sever. Mademoiselle Michel, sous-économe de l'établissement, est mortellement touchée. À Jurques, le car Vire-Caen est mitraillé. Madame Roulland de Saint-Pierre-du-Fresne est tuée. Madame Peyronnet et son époux sont blessés. Une escadrille lance une cinquantaine de bombes explosives sur Merville, près de Cabourg.

Fortement endommagée en mars 1943, la gare de triage du Mans est de nouveau la cible des aviateurs alliés les 7 et 14 mars 1944 puis les 20 et 23 mai. Le bilan est lourd : plus d'une centaine de morts. « On n'a pas eu le temps de gagner un abri. Je me suis mise sous mon lit, la tête dans mes bras, le traversin dessus et j'ai prié. À chaque explosion, je sursautais. J'ai eu l'impression que ça ne finirait jamais. Mon père m'a dit plus tard que le bombardement a duré une heure. J'ai eu du mal à le croire. Pour moi, il a duré une éternité. Aujourd'hui encore, quand j'entends un jeune qui fait pétarader sa moto, ça me fait peur ». Le sud de la Bretagne est également visé : Vannes le 9 mai, Auray le 14, Ploermel le 24.

Le débarquement des Américains s'accompagne du bombardement des villes normandes.

La semaine précédant le D-Day, de nombreuses victimes sont déjà à déplorer : Augustine Mézille tuée à Arromanches, la petite Bernadette Bouchon qui, effrayée par le bruit, se jette sous une voiture, Madame Hautemanière dont le train est mitraillé entre Bayeux et Lisieux...

Le 6 juin 1944, vers 20 heures, un millier d'avions sont en vue des côtes. Leur but : bombarder les villes. Leur mission est un succès. Des milliers d'impacts. Les Allemands déstabilisés. Mais des centaines de victimes : dix-sept à Pont-l'Evêque, quarante à Lisieux dont Jeanne et sept de ses onze enfants âgés de deux mois à quinze ans, cent à Condé-sur-Noireau,... À Caen, le pilonnage commence. Il va se poursuivre sans arrêt pendant neuf jours puis de façon intermittente jusqu'à la mi-juillet faisant selon certains deux mille victimes, quatre mille selon d'autres. Dans la Manche, le Calvados, l'Orne, les bombardements se poursuivent pendant toute la bataille de Normandie. « Finalement, j'ai eu bien plus peur des bombardements alliés que des Allemands », reconnaît une dame de Vallognes. De nombreuses femmes ne verront jamais la Normandie libérée : Geneviève et Suzanne Adeline sont tuées à Lisieux, Rose Juyaux à Mézidor, Louise Martin à Fontenay-le-Pesnel, Elisabeth Gomet à Honfleur brûlée vive par l'embrasement d'un réservoir d'essence largué d'un avion. Georgette Morin de Cahagnes décède lors du bombardement de Montchauvet. André Lévêque se souvient d'une famille entière qui abandonne son logis du

Loterot et qui est décimée sur la route alors que pas un obus n'atteint sa maison.

Plus au sud, l'été 1944 est caractérisé par le pilonnage des installations ferroviaires. Le 7 mai, les aviateurs anglais souhaitent probablement détruire la gare de Rennes. Tragique erreur. Ils larguent leurs bombes sur le petit village de Bruz qui fête la communion de ses enfants. Dans la nuit du 23 au 24 juin, Saintes est réveillée par le hurlement des sirènes. « Quelques minutes après, écrit un journaliste, la ville était illuminée par les feux de Bengale rouges des oiseaux de mort dont on entendait le sourd grondement. Les Saintais se rendirent, les uns à la campagne, d'autres dans les abris... Bientôt, avec un sifflement de train rapide, les bombes s'abattaient sur notre ville, arrachant des poutres, des moellons, des débris de toutes sortes... Pendant vingt-sept longues minutes des centaines de tonnes de bombes tombèrent par chapelets. Pendant vingt-sept longues minutes, la ville ne fut plus qu'éclairs, fracas, déflagrations, fumée âcre qui prenait à la gorge, et aussi, hélas ! Appels des blessés et plaintes des mourants ensevelis sous les décombres ». Une quinzaine de femmes meurent cette nuit-là. Parmi elles, Constance Billy, Pauline Longueville, Olga Guerry et Madame de Mornac. « L'orage artificiel » se poursuit en Poitou-Charentes-Vendée tout au long de l'été. Châtellerault est bombardée le 11 juin puis de nouveau le 10 août. M. Girault revoit encore son père sortir de sa maison « en chemise, ses sabots à la main ». Les gares de La Roche-sur-Yon, Montaigu, Luçon, Challais, Saint-Amant-de-Boixe, Ruffec, Montmoreau sont mitraillées. Gisèle Gagnadoux, originaire de Raix, est tuée à La Couronne. Niort et Parthenay sont bombardées, Poitiers également le 13 juin 1944. De 1 h 45 à 2 h 10, l'aviation alliée bombarde sans relâche le quartier de la gare. Du boulevard du Grand-Cerf, il ne reste bientôt plus rien sinon des trous béants, cratères de ces bombes de gros calibre lâchées par les Anglo-Américains. L'avenue de Nantes, le quartier de la Roche, Maillochon sont pilonnés sans arrêt. Si la grande salle médiévale du palais de justice est miraculeusement épargnée, en revanche, les rues Boncenne, Bourbeau, Gambetta, Édouard-Grimaux, de la Marne et de Verdun ne sont plus que ruines et désolation. De l'hôtel du Palais, où résident les familles des officiers allemands, sortent des cris déchirants. Les escaliers de la gare où se pressaient quelques minutes avant les voyageurs d'un train en provenance de La Rochelle et tout juste arrivé en gare de Poitiers n'existent plus. Tout n'est qu'amas de pierres et de sang. Le 15 juin, le bombardement d'Angoulême coûte la vie à cent dix-neuf personnes. Une lectrice rencontrée à Confolens m'avoue « ne jamais rien lire sur la guerre. Vous comprenez, s'excuse-t-elle, j'ai vécu tout enfant les bombardements de Ruelle ! » La Saintonge, Corme-Ecluse et surtout La Rochelle et Royan comptent leurs morts.

Cependant, malgré sa douleur, l'Ouest espère.

Message urgent

du Commandement Suprême des Forces Expéditionnaires Alliées

AUX HABITANTS DE CETTE VILLE

Afin que l'ennemi commun soit vaincu, les Armées de l'Air Alliées vont attaquer tous les centres de transports ainsi que toutes les voies et moyens de communications vitaux pour l'ennemi.

Des ordres à cet effet ont été donnés.

Vous qui lisez ce tract, vous vous trouvez dans ou près d'un centre essentiel à l'ennemi pour le mouvement de ses troupes et de son matériel. L'objectif vital près duquel vous vous trouvez va être attaqué incessament.

Il faut sans délai vous éloigner, avec votre famille, pendant quelques jours, de la zone de danger où vous vous trouvez.

N'encombrez pas les routes. Dispersez-vous s la campagne, autant que possible.

PARTEZ SUR LE CHAMP !

VOUS N'AVEZ PAS UNE MINUTE A PERDRE !

Z.F.4

Coll. Marie-Catherine Argney.

4

Entre terreur et espoir : la Libération

L'Ouest retrouve la liberté

Le 6 juin 1944, les alliés débarquent en Normandie.

Le 8, Bayeux est libérée. Le 27, Cherbourg est prise.

Caen recouvre la liberté le 9 juillet. Dans le quartier Sainte-Thérèse, trente mille personnes qui vivaient enterrées redécouvrent la lumière du jour dans une ville presque entièrement détruite. Pour celles qui ont fui la cité, la vie continue. Dans les carrières de Fleury-sur-Orne, Odile Lecesne met au monde le petit Christian, l'un des premiers bébés de la Libération. Le 31 juillet Avranches fait retour à la France libre. Marie-Catherine Argney est témoin de l'avancée alliée dans la « percée » d'Avranches. « Le mercredi 7 juin, nous avons vécu trois bombardements et un quatrième dans la nuit du 7 au 8 juin qui a touché notre maison... (des tracts) ont été lancés sur Avranches le 6 juin, jour du débarquement, mais le vent les a dispersés hors de la ville, et nous les avons ramassés dans la campagne, malheureusement un jour trop tard, pour plusieurs Avranchinais restés sous les décombres... Il peut paraître facile d'évoquer ces souvenirs... mais la peur ressentie à chaque sifflement de bombe, dans le bruit infernal des avions et de la DCA, reste la même après cinquante-sept ans ! »

Pour ne pas être tués tout en restant chez eux, des hommes et des femmes de Normandie font preuve d'initiatives pour le moins originales : À Saint-Lô vivent des « morts vivants » dans la venelle des Pénitents. Urbain Lefebre, gardien de cimetière, sa femme, sa fille, Anne de Martinville, sa mère et sa nièce ainsi qu'une Bretonne, Mademoiselle Petitjean aménagent en dortoir le caveau, très grand, de la famille Blanchet. Bien situé, non loin de la maison du gardien, ce qui est pratique pour faire la cuisine, c'est un abri remarquable qui ne fait pas partie des objectifs de l'aviation alliée en raison de la non-belligérance de ses occupants. Ailleurs, dans le *no man's land* entre les Allemands et les Américains, toute une famille se terre dans des décombres. Qui viendrait les chercher dans les profondeurs de leur cave sous des mètres cubes de gravats ? Munis d'un stock de vivres, ils attendent la fin des combats groupés autour d'une mamie de quatre-vingt-dix-huit ans.

Au mois d'août 1944, les opérations s'accélèrent. Les Américains sont dans Granville le 1er août, à Rennes et à Paimpol le 4. Tréguier et Saint-Brieuc libérées prématurément par la Résistance connaissent l'angoisse du retour des Allemands.

À Saint-Malo, la population civile est évacuée mais pas assez vite. Lorsque le siège commence, il reste neuf cent quatre-vingts civils. Les hommes sont enfermés au Fort national. Les femmes et les enfants sont condamnés à se terrer dans les caves. Lors d'une trêve, les civils peuvent fuir la ville. Il était temps ! Un immense incendie ravage Saint-Malo.

Le 5 août, de violents combats permettent la libération de Villers-Bocage. Les FFI prennent Lannion. Les Allemands évacuent Pont-l'Abbé après avoir fait sauter un wagon de munitions. Des explosions ont lieu aussi à l'Île-Chevalier et à Loctudy où plusieurs maisons sont détruites.

Les habitants du Mans retrouvent la liberté le 8 août, ceux de Morlaix également. « C'est au début de l'après-midi que j'ai aperçu les premiers Américains. J'étais chez moi. On n'avait pas le droit de sortir tant que les cloches n'annonceraient pas le départ des derniers Allemands. J'ai entendu des tirs de mitrailleuses puis plus rien. Et tout à coup, les cloches se sont mises à sonner à toute volée. On est tous sortis : nous, les voisins, des jeunes, des vieux. Tout le monde riait, pleurait et puis on a chanté la Marseillaise... Ce qui m'a le plus marqué ? Les centaines de petits drapeaux bleu blanc rouge que les gamins agitaient au passage des GI et les Noirs, je n'en avais jamais vu ».

Entre le 12 et le 16 août, Nantes, Argenton, Quimper, Quimperlé, Bannalec, Douarnenez, La Flèche, Le Lude, Sérignac, Lannion et la Clarté sont libérées.

Quelques jours plus tard, la poche de Falaise est réduite ; Dinard, Candé et Bavant soulèvent le joug allemand. Fin août, il n'y a plus un Allemand dans le Calvados. De nombreuses femmes ont payé de leur vie ce retour à la liberté à Lisieux, à Hérouville, à Cabourg, à Pont-l'Évêque, à Aunay-sur-Odon, etc.

En Vendée et en Poitou-Charentes, la libération commence par l'île d'Yeu, évacuée fin août. Puis c'est le tour des Sables-d'Olonne, de Luçon le 28 août, du Mellois, du Bocage et de la Gâtine, enfin de la ville de Niort le 29. Nantes-Sud est libre le 1er septembre, les Deux-Sèvres le 2, Angoulême le 4 et les villes de la Vienne les 5 et 6 septembre 1944.

L'un des derniers bastions de l'Ouest, en dehors des poches de l'Atlantique, est constitué par la pointe de la Bretagne. « Le dimanche 13 août, les pompiers, sur ordre des Allemands sont passés dans les rues, afin de nous mettre en demeure d'évacuer Brest. Aucune exception n'était tolérée. La population tout entière devait partir le lundi 14 août entre neuf et vingt heures. Nous avons dû sortir de Brest en passant soit par Saint-Pierre-Quilbignon, soit par Plougastel. Ce fut un défilé lamentable, chacun laissant tous ses biens... Les uns emportaient des valises, des paquets qu'ils transportaient sur le dos. D'autres avaient entassé des ballots, du matériel de couchage, des valises dans des remorques, des brouettes ou des bicyclettes... Tous ces malheureux fuyaient Brest où depuis plusieurs jours ils vivaient dans les abris qu'ils ne pouvaient quitter que deux heures chaque matin pour se ravitailler... Entre le pont de Plougastel, et le bourg, les Allemands tirèrent plusieurs coups de canon sur la colonne de réfugiés... » Ceux-ci sont accueillis à Morlaix, à Rennes. « Je suis de Kerhuon. Cette nuit que j'ai passée à Morlaix m'a permis de me reposer. Chez nous, on vivait dans la crainte des bombardements et on ne dormait pas tranquille... » D'autres Brestoises gagnent Saint-Pol-de-Léon ou Saint-Brieuc en train. D'autres encore se rendent à Saint-Martin-des-Champs, Botsorel, Ploujean, Locquénolé,... Landerneau accueille des habitantes de Brest mais aussi de Plougastel, Guipavas et Loperhet. Le 18 septembre, la garnison allemande se rend.

À leur retour, Anne et Yvonne découvrent « des maisons éventrées, la rue de Siam méconnaissable, des amas de pierres, l'église Saint-Louis détruite presque entièrement. Il était impossible de franchir la Penfeld. Le pont de Recouvrance pendait au-dessus de la rivière. Les halles n'étaient plus qu'un tas de ferraille. À Recouvrance, l'église Saint-Sauveur était toujours là mais ailleurs, c'était l'apocalypse. Notre maison était détruite, rasée. Il ne restait rien des commerces. C'était une vision d'horreur ». Un journaliste écrit bouleversé : « Il y a 9 jours, j'avais vu l'agonie de Brest. Aujourd'hui, j'ai vu Brest morte. Le théâtre ? Un cratère vertigineux. Ci-gît Brest. » Marie-Yvonne Jaouen, Yvonne-Marie Lagadec, Yvonne Troadec, Marguerite Gélébart de Gouesnou sont mortes. La Chronique des réfugiés du *Télégramme de Brest et de l'Ouest* lance des appels : « Madame Cazoulat, réfugiée à Taulé, recherche ses enfants sortis par Saint-Pierre. »

Crozon tombe le 18 septembre. Roscanvel le 19. Les occupants tiennent encore Audierne et de violents combats les opposent aux FFI. Mademoiselle Gloaguen, une infirmière, recherche les victimes derrière les lignes ennemies. Le colonel allemand lui demande de solliciter une entrevue avec le chef des résistants. Finalement, en partie grâce à elle, la poche de Legonzar est réduite le 20 septembre.

La terreur s'abat sur les femmes de l'Ouest

Lorsque les Allemands comprennent que la guerre est définitivement perdue pour eux, ils ne souhaitent plus qu'une chose : fuir, regagner leur pays, revoir les leurs.

Le départ des troupes d'Occupation est resté gravé dans la mémoire de Germaine, une jeune veuve qui tremble pour ses quatre enfants : « Quand les premiers Allemands ont quitté la région, ils sont passés par Saint-Julien. Ils reluquaient mes deux filles de 14 et 15 ans. J'ai pris peur. Avec ma belle-mère, nous sommes allées coucher chez mon beau-frère. »

Mais la barbarie allemande ne s'exprime pas que par les menaces, les regards ou les mises en joue.

L'histoire de la tragédie d'Oradour-sur-Glane se répand, laissant les Charentaises et les Poitevines pétrifiées. Six cent quarante-deux morts dont quatre cent quarante-trois femmes et enfants brûlés vifs dans l'église de leur village, tel est l'horrible bilan de cet acte de barbarie nazie perpétré le 10 juin 1944 par les SS. La panique s'empare des populations. Tous craignent que le massacre se reproduise dans un village ou dans une cité du Poitou. À l'approche d'une colonne allemande, hommes et femmes s'enfuient dans les bois ou se terrent dans leur cave. Oradour, le nom de ce lieu martyre où désormais il n'y aura, selon les mots de Jean Tardieu, « Plus de soirs ni de matins / Plus de pleurs ni de chansons » résonne dans tous les esprits durant l'été 1944.

La terreur des Poitevins est justifiée puisque le 4 août 1944 a lieu la tragédie du Vigeant.

Georgette qui habite Mauprévoir, bourgade distante de quelques kilomètres du lieu du drame aperçoit une colonne d'Allemands qui s'avance vers le bourg. Les consignes sont strictes, disparaître, se cacher, fuir. Les soldats pénètrent dans le village, dévalisent la poste et la boulangerie puis s'éloignent. Plus tard, Georgette voit s'élever une fumée dans le lointain. C'est le bourg du Vigeant qui brûle. Le drame est consommé.

Dans le bourg du Vigeant, une colonne allemande se trouve nez à nez avec quelques maquisards. Les Allemands se déchaînent. Deux hommes sont abattus ; l'un est tué, l'autre grièvement blessé. Avisant une jeune fille, un milicien la viole. Une toute petite fille, encore un bébé, Renée Perrot, âgée de dix-huit mois, est mortellement blessée dans les bras de sa mère. Madame Ranger est tuée à coups de hache. Pendant que certains violent et tuent, d'autres pillent et saccagent. Dans des camions, pêle-mêle, ils entassent de la nourriture, des vêtements et s'emparent de l'argent et des bijoux. Puis, à 15 heures, ils commencent à incendier le bourg. Dans son ouvrage *4 août 1944, la tragédie du Vigeant,* G. Roy dresse le bilan de la barbarie nazie : seize habitants du Vigeant périssent, les uns fusillés près d'une mare, les autres massacrés à la hache ; dix-huit FFI meurent tués ou fusillés, certains achevés à coups de crosse ; six civils, dont cinq personnes originaires de Charroux, sont assassinés.

Le 5 août, une autre colonne allemande tente de traverser la Bretagne du nord au sud pour rejoindre Lorient. Sentant la victoire alliée inéluctable, ils n'ont plus rien à perdre. Tout au long de leur route, ils se livrent à des brutalités et des massacres notamment à Moncontour. Au Kernic, en Plounévez-Lochrist, des femmes, un vieillard et un enfant de cinq ans sont abattus à coups de fusils et de grenades.

Lors de l'avancée des troupes alliées, le front se stabilise près d'Aron non loin de Mayenne. Une femme âgée de soixante et onze ans sort de la messe. Elle est abattue. D'autres personnes sont également massacrées.

Le vendredi 25 août 1944, les Allemands excédés par les pertes que leur ont fait subir des résistants de la région de Cerizay, décident de se venger en bombardant la petite ville. La canonnade commence vers 10 heures du matin. Mesdames Boisumeau et Mougel trouvent la mort tandis que Madame Tempéraud et un autre habitant de Cerizay sont grièvement blessés. Après une deuxième salve, les Allemands décident de brûler la ville. Les maisons épargnées par les obus sont éventrées. Les meubles sont saccagés. Les soldats reçoivent l'ordre d'asperger l'intérieur des habitations de pétrole. Avec de simples allumettes ou grâce à des grenades incendiaires, ils allument le brasier. Ce même jour, 25 août 1944, des Allemands traversent Montravers. Excédés, ils tirent sur tout ce qui bouge. Marcelle Billy et sa fille Madeleine sont assassinées. Ce jour-là également a lieu le massacre de Maillé en Indre-et-Loire. Des femmes sont éventrées. Des familles sont massacrées.

Le lendemain, à Anché, se noue un nouveau drame. Deux jours auparavant deux occupants ont été tués. Le 26, une colonne d'Allemands occupe le château d'Anché. Ils prennent en otages le maire Joseph de Bourleuf, cinq autres hommes, plusieurs femmes, Mesdames de Bourleuf, Lecointre, Tricaud, David, Paradot et leurs cinq enfants. « On peut deviner l'état d'âme des prisonniers qui savaient qu'au moindre incident, à la moindre alerte, ils risquaient d'être fusillés, écrit Monsieur de Bourleuf. Peu après une heure du matin, nous étions alors le dimanche 27 août, les pas de la sentinelle cessèrent. Vers 2 heures, Monsieur Lecointre perçut des bruits de moteur dans le bourg puis vers deux heures et demie un calme étrange s'établit... Ce n'est qu'au petit jour en ouvrant les volets que les otages se rendirent compte que les occupants avaient bel et bien vidé les lieux et qu'ils étaient libres ! »

Femmes et pillages

En Normandie comme dans les villes portuaires de l'Atlantique, lors des départs volontaires ou des évacuations forcées, la population part sans rien emporter. Les familles Bertho, Lenormand, Dubois, Cailleul et Guépéroux quittent Saint-Malo en n'emmenant que leurs biens les plus précieux à Changé-les-Laval où ils trouvent refuge. De nombreuses îliennes de Groix abandonnent tout lorsque avec leurs enfants elles embarquent pour Concarneau.

Ces logis sans surveillance sont bien tentants pour des femmes peu scrupuleuses. Elles sont souvent jeunes, agissent entre amies ou en famille. Ainsi, Y. et son fils pillent les villas de Saint-Georges-de-Didonne. Pourtant, la répression est sévère. Le tribunal de Caen condamne la veuve D. à un an de prison ferme et à deux cents francs d'amende pour pillage de maisons abandonnées.

Mais ces vols de bijoux, de draps, d'ustensiles de cuisine ne sont rien à côté de ce qui se passe dans plusieurs villes côtières : des femmes détroussent les morts tués au cours des bombardements.

La paix en sursis : les poches de l'Atlantique

Dans l'Ouest libéré, la guerre n'est pas finie.

Des mines, des obus et des bombes non désamorcées continuent leur œuvre de mort. Pourtant, des panneaux surgissent au bord des plages : « Attention ! Terrain miné ! » Des mises en garde ont lieu : « Il est recommandé de ne pas toucher aux munitions abandonnées par l'ennemi ! » Mais, ces précautions sont insuffisantes. Le 16 août, Madame Loyen et Camille Guérin sautent sur une mine route de Sainte-Luce près de Nantes, le 20 octobre une femme et deux hommes sont tués dans les mêmes conditions à Saint-Vaast, une autre est déchiquetée à Vire le 11 décembre. Et la liste des victimes s'allonge mois après mois, année après année, malgré les travaux de déminage. Sabine Renaud est victime de l'explosion d'une mine sur la plage de Saint-Michel-Chef-Chef en juin 1945. Je revois encore les traces de sang sur les immeubles blancs de Saint-Pierre-Quilbignon : des enfants, jouant dans un blockhaus mal condamné venait de découvrir une bombe de la dernière guerre. Nous étions à la fin des années soixante-dix. La guerre avait encore tué !

À la fin de l'automne 1944, entre la Manche et les Pyrénées, quatre poches subsistent : Lorient, Saint-Nazaire, La Rochelle et le Verdon-Royan. Le dénuement, la terreur sont le lot quotidien des quelques femmes qui y survivent encore. À la Baule, les Allemands leur arrachent leurs bagues. À Lorient, ils sont vingt-six mille à défendre la ville. « On n'avait plus ni pain, ni électricité, nous vivions comme des rats, assure Yvette. Nous avons mangé du chat et sans penser à pousser des hauts cris. C'est bon le chat quand on a faim ! Après on a été évacués ». Parmi les Français présents au siège de Lorient, figure un jeune homme dont le nom sera scandé plus tard par des centaines d'hommes et de femmes : Louison Bobet, originaire de Saint-Meen-le-Grand.

Des femmes font preuve d'héroïsme : à Marans, un matin, les Allemands attaquent en force les FFI qui se replient. Une ambulance de la Croix-Rouge reste coincée dans Marans avec ses deux conductrices, Mesdemoiselles Sauvia et Lyon. Les deux ambulancières demandent à parler au commandant allemand : « Il y a des blessés graves. Ils sont français mais ils vont vous encombrer. Ils ne peuvent plus faire de combattants d'ici longtemps. Laissez-nous les évacuer ». L'Allemand réfléchit : « Me donnez-vous votre parole de revenir les chercher tous ? » « Naturellement », répondent les deux femmes. Sous le contrôle d'un médecin allemand, elles chargent cinq blessés graves. Elles parviennent à travers la ligne de front au milieu d'un feu nourri. Les Français croyant à une ruse leur tirent dessus. Reconnues, elles peuvent débarquer leurs blessés au poste de secours. Puis elles repartent. Trois fois, elles font le voyage. Trois fois, elles passent au travers des balles mais sauvent des hommes. Quand elles veulent retourner une quatrième fois à Marans, le dernier pont sur le canal vient de sauter. Elles doivent renoncer.

La poche de La Rochelle se rend le 8 mai 1945, celles de Lorient et de Saint-Nazaire le 10 mai.

Les fêtes de la Libération

La plupart des femmes que j'ai interrogées ont appris la Libération en entendant les cloches carillonner à toute volée. Colette et Georgette ressentent encore la joie éprouvée au moment où le gros bourdon s'est mis en branle. Denise, quant à elle, entend les cris du garde champêtre : « La Vienne est libérée ! La Vienne est libérée ! » C'est le même homme qui moins d'un an plus tard hurle de toutes ses forces : « La guerre est finie ! ». Le visage d'Olga s'illumine quand elle évoque ce moment de bonheur intense : « J'étais en train d'éplucher des haricots verts quand ma voisine est entrée sans frapper. Elle pleurait. J'ai cru qu'un malheur était arrivé. "Les Américains, les Américains". Elle hoquetait. J'ai enfin compris et nous nous sommes jetées dans les bras l'une de l'autre ». « Bien sûr, ça a été d'abord un sentiment de bonheur mais fugitif. J'ai pensé à mon frère Pierre là-bas, en Allemagne. Pour lui, c'était la prison. Je n'imaginais pas les camps. On n'en parlait pas. On n'a su que plus tard. Et puis, c'est le privilège de la jeunesse, je me suis laissée prendre par l'allégresse générale. J'ai dansé jusqu'au petit matin. De temps en temps j'avais un petit remords mais c'était tellement bon ! »

Les réactions de ces femmes sont aussi diverses que leurs vécus. Marie et Rolande ne cachent pas leur joie mais continuent de vaquer à leurs occupations comme si de rien n'était. Germaine agit de même : « Je travaillais. J'ai continué. J'ai su, le soir seulement, que des hommes et des femmes avaient dansé et chanté sur la place de Saint-Julien ». Huberte sort immédiatement de sa maison et gagne le centre-ville : « Il y avait un monde fou. On ne se connaissait pas mais tout le monde se parlait. Il y avait des bals à tous les coins de rue. C'était l'euphorie. » « Ce sont des parachutistes français qui ont libéré Plabennec, le 7 août je crois. Dès qu'on a été sûres qu'il n'y avait plus de danger, on est sorties. J'avais seize ans, ma cousine dix-sept. Quand on a vu que nos libérateurs étaient français, on a été folles de joie. C'était inouï. Nous n'avions pas vu de soldats français depuis quatre ans. Tout le monde s'est précipité sur eux pour les toucher, les embrasser. On ne voulait plus les laisser partir ». « Dans tous les bars du port des Sables-d'Olonne, un musicien ou un chanteur s'est mis à jouer ou à chanter. Les gens entraient, buvaient un verre ou discutaient puis repartaient plus loin ». « À la campagne, assure Georgette, des bals se sont organisés spontanément avec n'importe quel crin-crin. Nous avons dansé plusieurs soirées de suite ». Yvette travaille lorsque quelqu'un crie « Poitiers est libéré ». « Tout le monde est descendu dans la rue. Ça a été la joie. Nous avons dansé trois nuits de suite sur le rond-point de la rouge de Gençay ».

Parfois, la fête atteint des proportions imprévisibles. « Il y avait une librairie rue des Cordeliers à Poitiers, rappelle Jacqueline. Nous avons pris tous les livres allemands, nous les avons jetés dans la rue et brûlés ». Ailleurs, la fête peut tourner au règlement de comptes parfois au drame. « Un groupe de maquisards est arrivé sur la place centrale. Ils poussaient un homme à coups de fusil. Tout le monde s'est tu. On a formé une haie. L'homme semblait paniqué. Il a jeté un regard suppliant vers le curé qui s'est avancé. Un homme a pointé son fusil vers lui, lui a dit quelques mots et a continué à avancer avec ses camarades. Ils ont placé l'homme dos à la mairie. Ils se sont reculés. Seul leur chef parlait. J'ai fermé les yeux. Dans le silence, j'ai entendu l'homme sangloter, supplier. Puis rien. Quand j'ai rouvert les yeux, il était accroupi, la face contre le sol. Le chef des maquisards l'a relevé. C'était fini. Ils allaient le remettre à la gendarmerie ». « J'ai vu un Allemand que les gens molestaient rue du Chaudron d'Or », se souvient Yvette.

Des fêtes spontanées pour la plupart sont organisées un peu partout dans l'Ouest. Le 6 août 1944, les troupes de la Résistance défilent dans Pont-l'Abbé sous le commandement du capitaine Bernard. Un mois plus tard, le 6 septembre, Niort pavoise. Toute la population est dans la rue. Les Niortaises applaudissent les FFI qui défilent sous leurs yeux. Le dimanche 17 septembre c'est au tour de la Vendée de fêter sa libération. « À Saint-Brieuc, nous avons brûlé les drapeaux nazis. La librairie allemande a été pillée, les livres brûlés. C'était le bonheur. J'ai dû embrasser une vingtaine de FFI ». « J'ai dansé toute la nuit » se souvient Jeanne de Clisson. « Le 23 août 44, les cloches de Nantes se sont mises à sonner. Avec les filles, on se demandait bien ce qui se passait, me dit une ancienne prostituée nantaise. C'était pour la libération de Paris nous a dit un client. Ça a été une belle nuit. Le champagne a même coulé ». « À Angers aussi, les cloches ont sonné. C'était important que Paris soit libérée. Pour nous, cela signifiait que la défaite de l'Allemagne était en bonne voie ».

Le mardi 8 mai 1945, les Châtelleraudais se pressent devant l'hôtel de ville. L'Allemagne a capitulé. « C'est la Victoire ! » hurle la foule assemblée. Chacun se tait pour saisir quelques mots du discours du général de Gaulle. Tous applaudissent, crient leur bonheur de la paix retrouvée. *La Marseillaise* retentit. Le 14 juillet, Châtellerault pavoise mais la véritable fête de la victoire a lieu le dimanche 2 septembre 1945. « J'étais debout à 6 heures confie Marcelle. Pour rien au monde, je n'aurais voulu manquer le défilé des troupes. C'était magnifique de voir nos soldats marcher dans notre bonne vieille ville à la place de ces sales B., les « verts-de-gris » comme on les appelait. Et puis, il y avait un spectacle avec le roi Henri IV qui rentrait dans Châtellerault. Grandiose ! Je ne suis pas rentrée de tout le jour et le soir je suis restée danser ». « J'ai usé une paire de chaussures à danser sur la place du village », se souvient aussi une habitante du Thouarsais.

« Dès que la grande nouvelle depuis si longtemps attendue fut annoncée par la radio, la ville d'Ancenis aussitôt revêtit sa parure de fête, raconte un journaliste évoquant le 8 mai 1945. Les cloches de l'église sonnèrent à toute volée ; une floraison de drapeaux apparut à toutes les fenêtres et en quelques instants la ville entière fut pavoisée aux couleurs alliées. Les chefs d'entreprise donnèrent aussitôt congé à leur personnel et, l'heure coïncidant avec la sortie des écoles, les rues se trouvèrent bientôt emplies d'une foule débordante de joie... Une retraite aux flambeaux fut organisée... Un immense cortège parcourut en chantant les rues de la ville. L'enthousiasme était indescriptible. Jamais Ancenis n'avait montré tant de joie délirante ».

À Nantes, la fête de la Victoire dure trois jours dans « une extraordinaire profusion de drapeaux..., des foules en délire chantant et criant leur allégresse, des mers humaines, des monômes et des farandoles, des danses au son de l'accordéon et aux accents de pick-up, le muscadet coulant à plein verre dans les cafés, partout une joie énorme, indescriptible, jaillie du sol de la cité martyre et éclatant après tant de souffrance ».

Deuxième partie

au temps des rutabagas et du marché noir

Tickets de sucre
Coll. auteur.

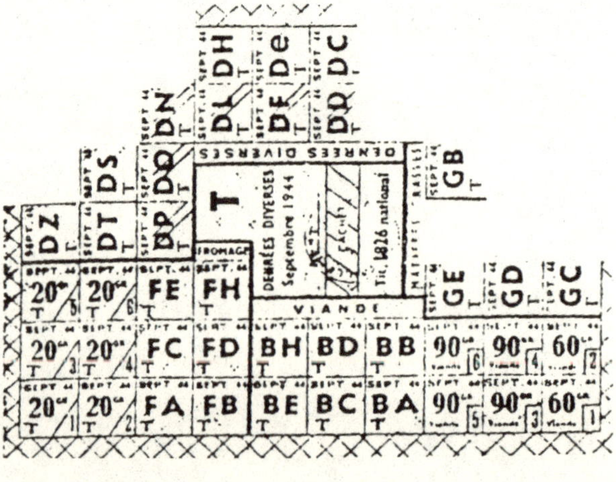

Tickets de viande, de fromage, matières grasses...
Coll. mairie de Coex.

5

La faim au quotidien

De Saint-Malo, une femme écrit à sa sœur en Mayenne : « On ne meurt pas de faim complètement : nous n'en demandons pas plus ! »

Vivre avec le rationnement

Au début de l'année 1940, les autorités françaises prennent conscience qu'un suivi de la consommation est nécessaire. Ainsi, dans le sud du Morbihan, la vente des produits carnés fait l'objet d'un contrôle dès la mi-mars. « Du jour au lendemain, on ne pouvait plus acheter librement de la viande, se souvient Juliette de Lanester. Pour faire un pot-au-feu, il fallait déjà se contenter de quelques morceaux de plat de côte. Et bientôt, ça allait être la croix et la bannière pour se procurer du beurre ». *L'Ouest Éclair* du 2 avril 1940 informe ses lecteurs que les jours de restriction préconisés pour la viande par la préfecture de Cherbourg sont les lundi, mardi et mercredi. Finalement, dès septembre 1940, les produits alimentaires les plus courants, tels le pain, le sucre ou le beurre sont rationnés. En 1941, les restrictions s'étendent. Elles touchent désormais tous les produits de consommation nécessaires à l'alimentation quotidienne. Nourrir sa famille devient un véritable problème. « En tant que femmes, je crois que nous étions plus touchées que les hommes par ces difficultés d'approvisionnement, estime Marie de Mortrée. À l'époque, c'étaient les femmes qui faisaient les courses. Rares étaient les hommes qui « s'abaissaient » à se promener un cabas à la main. Si bien que ce sont elles qui ont dû assumer les heures de queue, se débrouiller pour nourrir toute leur nichée de marmots avec presque rien et en plus supporter la mauvaise humeur de leur homme qui trouvait sa pitance insuffisante et insipide ! »

À partir de mai 1940, une carte de rationnement est nécessaire pour obtenir ne serait-ce qu'un morceau de pain, de viande ou de beurre. Début avril, les mairies et la presse locale ont été chargées d'informer les Français que ces cartes allaient être établies et que, de ce fait, un recensement allait avoir lieu. Ainsi, les habitants de Chérencé-le-Roussel sont prévenus que « les fiches de demande de cartes d'alimentation doivent être remplies, signées et renvoyées à la mairie pour le 3 avril ». Ce jour-là, dans tout l'Ouest, les journaux locaux battent le rappel : « Le recensement spécial en vue de la distribution de la carte individuelle d'alimentation aura lieu aujourd'hui mercredi 3 avril pour toutes les personnes ayant passé la nuit du 2 au 3 à Villedieu-les-Poêles ». À Batz-sur-Mer, c'est le maire qui lance un appel à la population dans la presse.

Le précieux sésame est délivré à la mairie. La première fois, la présentation du livret de famille est indispensable. Ensuite, le numéro de la carte suffit pour le renouvellement. Lorsqu'elles sont enfin en possession de leur carte, les Bretonnes, les Poitevines, les Normandes, les Angevines, les Charentaises, les Vendéennes se rendent chez les commerçants proches de leur domicile seuls habilités à les servir. Elles s'inscrivent ainsi chez le boulanger, le boucher, le crémier, l'épicier... Ceux-ci, en échange des inscriptions effectuées dans leur boutique, reçoivent chaque jour, semaine ou mois, une marchandise contingentée qu'ils redistribuent en fonction des tickets que les clientes leur remettent. Paulette confirme cette description : « Ma belle-mère était commerçante. Le nom de tous ses clients et clientes figurait sur une liste. Chaque mois, selon le nombre de bons reçus le mois précédent, elle renouvelait son stock. Lorsqu'une femme venait s'approvisionner dans son magasin, elle remettait un ticket à ma belle-mère qui le collait sur une feuille. Il y avait plusieurs feuilles, une par produit. Ces collecteurs servaient à réachalander la boutique le mois suivant ».

Toute vente sans ticket ou sans autorisation est sévèrement punie. Dans le courant de 1942, Marie, boulangère à Dozulé, ne peut présenter les tickets de pain correspondant aux quantités de farine livrée. Elle est condamnée à payer six cents francs d'amende. La préfecture de la Manche ferme en janvier 1943 huit boulangeries pendant deux mois pour vente de pain sans ticket. Une femme de Fresnay-le-Puceux est condamnée pour commerce de produits laitiers sans carte professionnelle.

Le trafic de cartes d'alimentation est courant. Dans le Calvados, Suzanne M., jeune femme de 36 ans, sans profession et sans domicile fixe, se fait délivrer de nouvelles cartes ainsi que des tickets par les mairies de Villedieu, Saint-Désir et Hernival après avoir déclaré la perte de sa propre carte. En revanche, par un avis paru dans *La Croix du Bocage* et *l'Écho du Val de Vire* réunis, Monsieur et madame L. de Vire prient ceux qui les accusent notamment de vendre leurs tickets d'alimentation de cesser leurs propos sous peine de poursuites judiciaires.

Mes interlocutrices s'animent. Les souvenirs fusent : « Ah ça oui, on l'a faite la queue ! » lance Marcelle mi-figue, mi-raisin. « Tous les matins, je me levais à 6 heures pour être parmi les premières à prendre la file devant la boutique de l'épicier. En hiver 41-42, c'était horrible. J'avais les pieds gelés et pourtant ce n'était pas faute de mettre du papier journal dans mes chaussures », renchérit Josèphe. « Et vous souvenez-vous de l'onglée ? » questionne Arlette qui elle non plus ne peut oublier les longues heures passées dans le froid du petit matin à attendre que les commerçants de Château-Gontier lèvent leur rideau.

« Souvent, confie Yvonne maussade, nous faisions la queue en vain ». Marie-Thérèse estime être « revenue bredouille une fois sur quatre. Et pourtant, j'habitais Saint-Jean-d'Angély, une petite ville qui n'était pas coupée de son arrière-pays campagnard ! Mais l'approvisionnement en viande posait problème. Dans les grandes villes, c'était bien pire. Ma sœur qui vivait au Mans arrivait à peine à nourrir ses quatre enfants ». À La Rochelle, ce n'était guère mieux. Marcelle adore raconter comment elle a cru l'espace d'un instant, pouvoir offrir un civet à sa famille avant de voir disparaître le lapin convoité dans le sac d'une concurrente. Ce jour-là, elle attend des heures durant devant l'étal d'un boucher. Lorsque son tour arrive enfin, elle saisit l'animal par sa patte arrière tandis qu'une furie s'empare de la tête. L'une tire à droite, l'autre à gauche. Le membre lâche. La mégère fourre le lapin dans son cabas. C'était le dernier pour ce jour-là. Marcelle est rentrée chez elle fort dépitée !

Transporter de la nourriture en quantité assez importante nécessite une autorisation. Celle-ci est délivrée aux commerçantes. Certaines passent outre à leurs risques et périls. En 1944, Marie de Concarneau est condamnée à deux cents francs d'amende pour avoir transporté du poisson sans autorisation. Les employés des chemins de fer peuvent, quant à eux, convoyer des kilos de légumes grâce à des bons de transport. Chaque année, Emile, originaire de la Vienne, se rend en Bretagne et en revient avec deux cent cinquante à trois cents kilos de pommes de terre. Emile et son épouse sont des gens sympathiques qui ne rechignent pas à faire profiter leurs voisins et amis de cette manne tombée du train.

Le rationnement n'empêche pas les prix d'augmenter. Pourtant, ils sont réglementés afin d'éviter une inflation galopante et des variations ou des différences considérables sur le prix d'un même produit. En janvier 1940, il est rappelé aux crémiers et laitiers d'Alençon que « dans le cadre de la lutte contre la vie chère le prix du lait ne doit pas augmenter ». Les contrôles sont drastiques. Au mois d'août de la même année, trois épicières et une débitante de Caen sont verbalisées pour défaut d'affichage des prix. Par voix de presse, la population est régulièrement informée des tarifs imposés aux commerçants : en janvier 1940, le chou pommé coûte cinquante centimes la tête dans le Cotentin ; en octobre 1941, la galette de trente-cinq grammes faite avec de la farine de sarrasin, du sel et de l'eau doit être vendue soixante-dix centimes tandis que le sablé dit « nantais » peut atteindre un franc. La cherté des prix se maintient au-delà de la Libération. Alors que les rutabagas valent soixante-quinze francs les cents kilos à la production, les commerçants les revendent deux cents francs en juillet 1944.

Ne parlons pas ici des prix des denrées vendues au marché noir qui atteignent des sommets ! Une femme de Lithaire vend du beurre à des personnes n'habitant pas la commune au prix exorbitant de quatre-vingts francs le kilo. En revanche, il existe des commerçants peu scrupuleux qui pratiquent des hausses illicites. M., marchande de beurre et de fromages à Loudun est poursuivie pour avoir augmenté sans autorisation le prix de ses produits. Sur la côte vendéenne, Mesdames R. et V. sont verbalisées pour avoir vendu l'une des langoustines à vingt-quatre francs le kilo au lieu de quatorze francs soixante-dix, l'autre du poisson à quarante-six francs le kilo au lieu de trente-cinq francs quatre-vingt-dix. Un brigadier de police de Nantes interpelle une marchande des quatre-saisons qui ose vendre des pêches à cinquante francs le kilo. Après la Libération, les prix restent réglementés et les infractions perdurent. Emma de Charriers vend ses poireaux trente francs le kilo alors que le prix de la taxe est de onze francs vingt. La maréchaussée de Granville inflige trente-huit amendes en l'espace de quelques jours à des commerçants pour vente au-dessus du prix légal. C'est aussi le temps des règlements de comptes, des dénonciations et des condamnations pour des faits qui se sont passés sous l'Occupation. Une boulangère de la région de Plounéventer est ainsi accusée de hausses illicites pratiquées alors que la Bretagne était encore sous la botte allemande.

Toutes les précautions anti-inflationnistes restent vaines. Les prix grimpent. Entre le 31 décembre 1939 et le 31 décembre 1944, d'après *le Libre Poitou* , le prix du pain augmente de 64 %, celui des pâtes de 102 %, et celui du poulet de 227 %.

Sous-alimentation et monotonie

Éliane se souvient des menus qui reviennent souvent sur la table de ses parents : « De la soupe de pommes de terre, des pommes de terre sans beurre et des gâteaux de pommes de terre ! » Malgré cette monotonie, la jeune fille fait partie des privilégiées.

Beaucoup se contentent de rutabagas, de topinambours, de raves et de ravioles, de fèves et de févettes, de choux et de panais. « Si la guerre 14-18 a été le temps de *La soupe aux herbes sauvages,* eh bien celle de 40 a été le temps des rutabagas ! » lance Armande avec rancœur. « Je me demande encore comment j'ai pu supporter tous ces ragoûts sans saveur que ma mère m'a fait avaler. Pour rien au monde je ne voudrais revivre cette époque ». « Nous mettions ces fameux rutabagas dans le pot-au-feu, explique Marcelle. Bien cuits, ils se laissaient manger. Mais ce n'était pas bon. En revanche, les topinambours avaient un goût d'artichaut ». « De toute façon, conclut

Jacqueline c'était manger des rutabagas, des haricots blancs, des choux ou mourir de faim ! »

Toutefois, pour celles que la monotonie désole, des livres de « cuisine de guerre » sont édités. Édouard de Pomiane publie en 1940, *Cuisine et Restrictions,* chez Corréa.

Toutes les femmes rencontrées soulignent l'énorme différence qui existe entre la ville et la campagne. « À la campagne, on trouvait de tout, affirme Germaine. À Saint-Julien-l'Ars, on avait tous les légumes, les volailles, les œufs et le lait que l'on voulait ». « À Caumont, nous avions quelques poules, du lait à volonté, de la viande assez souvent et toutes sortes de légumes. Personnellement, je n'ai jamais souffert de la faim », assure Marie avant d'ajouter : « Nous avions même des pommes à cidre. Non, nous n'avons manqué de rien, si ce n'est de liberté ». La Vendéenne Andrée tient le même langage : « Sur l'exploitation, j'avais des pondeuses, deux porcs, des vaches pour le lait et des légumes dans le potager, des choux, des mojettes, des navets. Je pratiquais le troc avec mes voisins quand je manquais de quelque chose. Par personne, nous avions droit à la ponte de deux poules. C'était suffisant pour la consommation familiale. Avec mes voisins, nous avons tué un cochon chaque année. Non, vraiment, nous n'avons pas manqué de nourriture. » La fille d'un négociant de Cognac tient le même langage.

En revanche, en ville, les conditions sont tout autres surtout dans les familles citadines depuis plusieurs générations. « Nous avons crevé de faim », reconnaît Marie-Annick. « Mes parents, mes grands-parents habitaient Rennes. Nous ne connaissions personne à la campagne. Ma mère a fini par trouver un paysan à Tinténiac qui lui a vendu du beurre et des œufs mais à quel prix ! Il a profité de sa détresse pour la voler. La plupart du temps, nous devions nous contenter des rations autorisées par les B… Juste de quoi survivre ! » ajoute-t-elle avec un ressentiment intact de soixante ans après. « Nous mangions très peu de viande », se souvient Jacqueline. Seuls « le foie et les rognons étaient en vente libre » précise Léone avant d'ajouter qu'ils disparaissaient très vite de l'étal du boucher.

C'est la sous-alimentation et la pauvreté qui conduisent Charles à placer des pièges dans quelques caves du vieux Recouvrance. « J'avais pas le choix, c'était ça ou voir mourir mes gosses. Quand le quartier a commencé à être bombardé, les rats sont sortis. Une aubaine et pas seulement pour moi. Ma femme en faisait des ragoûts. Ça se laissait manger mais on n'a jamais dit aux gamins ce que c'était. Ils l'auraient dit à l'école. On aurait eu trop honte ! » « Quand j'habitais au Mans, j'ai connu des gens maigres à faire peur. Je me souviens en particulier d'une grande femme brune, diaphane, qui avait toujours de grands cernes sous les yeux. Elle était seule avec ses deux petits. Parfois, quand la télévision diffuse des images d'enfants faméliques, je pense à eux. Ça m'est arrivé de leur donner du pain et du chocolat. La pauvre femme n'avait qu'une petite pension qui n'a jamais été réévaluée alors que les prix ne faisaient qu'augmenter. Un jour, ma mère m'a apporté une douzaine d'œufs. Je les ai partagés avec elle. Elle m'a avoué qu'elle n'en avait pas mangé depuis près d'un an ». Le témoignage de Claire est significatif. Très rapidement, tous ceux qui n'ont pour vivre que des ressources fixes et qui n'ont pas de famille proche dans la campagne voisine souffrent de malnutrition. Celle-ci touche particulièrement les femmes dont le mari est décédé ou absent et qui se privent pour leurs enfants.

En zone libre, le ravitaillement est facilité même si le système des tickets existe aussi. « Malgré les difficultés, on trouvait toujours à se nourrir, confirme Georgette. Les marchandises circulaient. En revanche, pour le pain, le sucre, le café et le chocolat, c'était pareil qu'en zone occupée, il n'y en avait pas beaucoup. Je me souviens, poursuit-elle, avoir glané dans les champs. Ensuite, je prenais mon moulin à café pour écraser les grains ».

« C'est en 1941 qu'apparurent dans les boutiques ces étonnants produits alimentaires qui convertirent les estomacs français en cornues vouées à l'expérimentation des mélanges chimiques les plus audacieux ». Dans son ouvrage, *Au bon beurre,* Jean Dutourd évoque ainsi les succédanés ou *ersatz* qui entrent dans l'alimentation des Français dès les premiers mois de l'Occupation. Les femmes de l'Ouest sont intarissables sur ces produits chimiques inventés pour l'occasion, ces aliments médiévaux redécouverts, ces graines réservées jusque-là aux animaux.

Le pain blanc traditionnel cède rapidement la place à un pain noir, peu travaillé, massif et souvent rassis. Dans la *Voix des Deux-Sèvres* , il est précisé « qu'à partir du 5 août 1940, la vente du pain frais est interdite. Il ne devra être vendu que vingt-quatre heures après la sortie du four. Est également interdite la fabrication des croissants, brioches et petits pains. Les rayons de pâtisserie et de confiserie seront fermés les lundi, mardi et mercredi, à l'exception des jours fériés ». Le 24 octobre 1942, un boulanger poitevin est condamné pour avoir vendu du pain frais. Pour sa défense, le pauvre homme avance qu'il n'avait plus de pain rassis dans sa boulangerie. Rien n'y fait. « Quand je rapportais le pain, raconte Marie-Thérèse, maman faisait des parts qu'elle plaçait dans les porte-serviettes. Il fallait que ça fasse la journée. C'était soit du pain de maïs très dur, soit du pain noir. Dedans, il y avait du son, de la paille, de la ficelle, même des cailloux. "Ça nous tient au corps" disait maman ».

Le sucre est une denrée rare, si rare que bientôt seuls les enfants en obtiennent juste assez pour ne pas être en manque.

Les adultes le remplacent par du miel mais aussi par de la saccharine pourtant décriée par la Faculté avant guerre et par de la mélasse, produit brun et visqueux qui aujourd'hui entre dans la fabrication d'aliments destinés au bétail. Sans sucre, il paraît impossible de réaliser des confitures. Or, il n'en est rien. Un couple du Ruffecois nous donne sa recette : « Pour faire de la confiture, nous utilisions du jus de raisin dans lequel nous mettions des fruits à bouillir. Le produit qui résultait de ce mélange s'appelait le raisiné. »

Les matières grasses font défaut. Vendu au compte-gouttes, le beurre est le grand absent des tables poitevines, charentaises et de la vallée de la Loire. En revanche, dans les campagnes bretonnes, normandes et mancelles, certes les restrictions sont notables mais rares sont ceux qui sont réellement privés. Par contre, dans les villes la pénurie s'installe. « Chaque semaine, nos parents touchaient l'équivalent d'une demi-livre de beurre, se souviennent Henriette et Michel. Comme nous étions cinq à la maison, mon père traçait cinq parts qu'il divisait ensuite en sept, une pour chaque jour de la semaine ». Cela représente environ sept grammes par personne et par jour soit trois fois moins que ces petites plaquettes que les restaurateurs distribuent à leur client. Le beurre est remplacé le plus souvent par de la végétaline ou par du saindoux lorsqu'on arrive à s'en procurer. Marcelle se rappelle avoir fait la queue le matin avant d'aller travailler pour acheter du saindoux afin d'en enduire quelques tartines destinées à sa fille. Sans beurre, sans huile, les ménagères poitevines ne varient guère leurs recettes : viandes bouillies, ragoûts, civets, bœufs aux carottes sans beaucoup de bœuf et avec peu de carottes. Seule l'huile de colza et l'huile d'œillette sont présentes en très petites quantités sur les tables. Pour assaisonner les salades, il y a bien Royal Salador, un produit destiné à remplacer notre vinaigrette, mais dont beaucoup se méfient.

Les fromages gras disparaissent rapidement des étals des crémiers. « Ils nous vendaient une espère de pâte dure qu'ils avaient le culot d'appeler fromage, s'insurge, soixante ans après, Marie-Antoinette. Pas question de manger cela ! Une fois par mois, je prenais mon vélo, je traversais la forêt des Andaines en direction de Tessé ou de Juvigny et là je trouvais toujours un morceau de fromage, des œufs, des légumes à ramener. Parfois, je faisais trois ou quatre fermes avant de pouvoir acheter quelque chose mais je ne suis jamais revenue bredouille ».

Le café est si rare qu'Albertine n'utilise son moulin à café que pour broyer du blé pendant toute la durée de la guerre. Le précieux breuvage est remplacé par de la chicorée, de l'orge, « des glands que l'on fait griller et des fleurs bleues dont j'ai oublié le nom ».

« Un chocolat chaud ! J'en ai rêvé pendant toute la guerre ! » Comme Henriette, les femmes de l'Ouest ont souvent dû attendre la reprise des importations pour déguster un chocolat digne de ce nom. Toutefois, en octobre 1942, les journaux du Calvados ouvrent leurs colonnes à une publicité pour Banania, produit à base de sucre, de cacao et de farine de bananes et de céréales. Ce produit rationné emporte rapidement l'adhésion des petits et des grands.

Les repas ne s'achèvent plus forcément par un fruit, un fromage frais, une crème dessert ou un gâteau. Odette avoue avoir mangé des faînes : « On cueillait les faînes qui sont les fruits du hêtre, on les mangeait comme ça, comme une noisette, comme un fruit sec, en dessert. »

« Mais attention ! lance Marcelle avec sa pétillance coutumière, tout le monde n'avait pas droit à la même quantité de nourriture. Les Allemands nous avaient classés en plusieurs catégories selon que nous étions jeunes, adultes ou vieux ». « J'étais J3 », jette Paulette. « Et moi A tout simplement », poursuit

Marcelle avant d'ajouter que les enfants devaient être J1 ou J2. Effectivement, le rationnement implique le classement de la population par tranches d'âge. La profession exercée entre également en jeu. Ainsi, les travailleurs de force et les cultivateurs forment deux groupes distincts des autres adultes. Au total, les Français sont répartis en huit groupes. Les catégories E (les moins de trois ans), J1, J2 et J3 rassemblent les enfants, les adolescents et les jeunes. La lettre A englobe les adultes de vingt et un à soixante-dix ans excepté les cultivateurs regroupés sous la lettre C et les travailleurs de force symbolisés par la lettre T. Les personnes âgées de plus de soixante-dix ans forment la catégorie V. À partir de mai 1943, les prisonniers rapatriés ont le droit d'être classés à la lettre T pour un an et non plus pour six mois comme ils l'étaient avant. C'est en fonction de ce classement extrêmement strict que la nourriture est répartie entre les Français même s'il existe des produits qui échappent au contingentement. Aussi, en janvier 1943, il est possible d'acquérir deux cent cinquante grammes de sel par personne toutes catégories confondues.

À la fin de chaque mois, les femmes de l'Ouest sont informées par la presse quotidienne des rations dont elles pourront disposer le mois suivant. Parfois, la quantité disponible par personne et par catégorie est en hausse. En mai 1944, *La Croix du Bocage* prévient les mères de famille que « la ration de lait pour les enfants de trois à six ans étant portée à trois quarts de litre à dater du 1er mai, les parents de J1 sont invités à retirer au bureau de ravitaillement de Vire une carte complémentaire d'un quart de litre ». Mais le plus souvent les rations diminuent par rapport au mois précédent : en mars 1943, la ration de viande est de 180 grammes par semaine et par personne ; en avril, elle tombe à 120 grammes.

Enfin, la vente de certains produits et aliments est planifiée à l'intérieur d'une semaine et il n'est pas question de déroger à la règle. Une débitante de boisson de Penmarc'h l'apprend à ses dépens. Elle est condamnée à vingt jours de prison pour avoir servi de l'alcool un jour interdit.

Quelles quantités de nourriture les ménagères de l'ouest de la France peuvent-elles obtenir lorsqu'elles vont faire leurs courses ?

La préfecture de la Manche prévient les femmes du département qu'en janvier 1943, elles auront le droit d'acheter : 250 g de pain par jour, 250 g de farine pour le mois si elles ont de jeunes enfants, 180 g de viande et 40 g de fromage par semaine, 310 g de matières grasses pour le mois, 300 g de sucre et 300 g de café pur additionné à une quantité de succédanés. Le lait concentré sucré ne peut être obtenu que sur présentation d'un certificat médical.

En décembre 1943, chaque ménagère poitevine peut ramener dans son panier à provisions : 125 g de pain par jour si elle a un enfant de moins de trois ans et 120 g de viande par semaine ; 225 g de pain par jour pour un gamin de trois à six ans et pour une personne âgée et 120 g de viande par semaine ; 300 g de pain pour un enfant de six à treize ans et pour elle-même ainsi que 120 g de viande, etc.

Des surplus sont accordés aux enfants, aux adolescents mais aussi aux personnes âgées, aux femmes enceintes et aux malades. « J'ai eu beaucoup de chance, affirme Léone car mes enfants sont nés en 1942, 1944 et 1946 ». « Vous appelez cela de la chance ? » la coupe Marcelle horrifiée. Léone s'explique, approuvée par d'autres femmes qui ont mis au monde un enfant sous l'Occupation : « La femme enceinte bénéficiait d'un traitement particulier. Par exemple, je n'ai jamais porté de chaussures à semelles de bois car j'ai toujours eu droit à des bons autorisant l'achat de chaussures de cuir. De même, je n'ai jamais manqué de lait ». La parturiente peut aussi obtenir un peu plus de sucre et bénéficie souvent de la générosité des commerçants. En janvier 1942, le Secours national distribue aux Nantaises en chemin de famille, des tickets leur donnant droit de retirer des comprimés vitaminés dans les pharmacies.

Lorsque bébé paraît, la jeune maman qui ne peut nourrir son enfant, obtient facilement du lait, « un demi-litre par jour, croit se rappeler Andrée. À un moment, j'ai même eu droit à un litre de bière par jour car cette boisson était censée augmenter la qualité et la quantité du lait ! ». Mais parfois dans les commerces, le lait vient à manquer. Pour peu de temps, heureusement ! « Quel soulagement quand le marchand de lait nous a prévenus qu'il était de nouveau approvisionné ! Nous sommes restés une journée entière sans lait, se souvient avec effroi Marie de Noirmoutier. J'ai donné de l'eau sucrée à mon bébé et le soir une amie qui nourrissait son fils a proposé de l'allaiter ». Le 15 novembre 1945, le comité de la Croix-Rouge française de l'île d'Oléron fait savoir aux mères de famille qu'il a de nouveau reçu du lait concentré et qu'elles peuvent en obtenir sur présentation d'un certificat médical attestant qu'elles ont des enfants en bas âge. « Et savez-vous que le premier berceau de mon fils a été une caisse à savon », sourit Éliane, « en bois, avec un petit matelas et une couverture ».

Les enfants et les adolescents ont droit à des rations supplémentaires et à des denrées rares. En novembre 1941 à Saint-Pol-de-Léon, en décembre 1943 à Caen, le Secours national distribue des biscuits vitaminés à la caséine dans les écoles. En mai 1944, seuls les J1, J2, J3 et V ont le droit d'acheter du chocolat. Marie-Thérèse revoit encore sa mère couper une barre de chocolat en quatre pour les quatre enfants. « Ma mère se privait pour nous, rappelle Robert de Thuré. Elle gardait la crème du lait. Quand il y en avait assez, je la fouettais, ça faisait une noix de beurre que je mettais sur du pain avec des copeaux de chocolat ». Encore en novembre 1945, à Saintes, les moins de treize ans sont les seuls à avoir le droit d'acheter 500 g de miel sur présentation de la carte d'alimentation individuelle.

Altruistes et soucieuses du bien-être des enfants, des femmes du Calvados ravitaillent la cantine de Roullours. Madame Guilloit offre une volaille et Mesdames Desmottes, Asselot, Germain et Hamel donnent des pommes de terre.

L'arrivée des Américains, la libération progressive du territoire français, la victoire du 8 mai 1945 ne sonnent pas le glas du rationnement qui perdure jusqu'à la fin des années quarante pour certains produits.

En août 1944, alors que la Normandie est déjà libérée, les rations sont toujours limitées à 100 g de pain par jour et par personne, à 400 g de beurre pour le mois plus 100 g de saindoux et à 700 g de viande, soit au total des quantités guère plus importantes qu'en 1943. À l'automne 1944, la consommation de crème demeure interdite dans la Manche tandis que dans le Finistère les femmes adultes n'ont toujours droit qu'à une demi-livre de beurre par mois, à 250 g de viande par semaine (certes le double de 1943) et à 300 g de pain par jour !

La situation n'évolue guère en 1945 puisqu'en janvier, *la Dépêche des Charentes* nous apprend que la ration de pain accordée aux adultes est toujours de 300 g. Les problèmes de ravitaillements sont tels que l'Union des femmes françaises lance un appel aux cultivatrices : « Nous vous demandons instamment de nous aider dans la tâche que nous nous sommes fixée qui est d'assurer un meilleur ravitaillement des villes et de lutter contre le marché noir. Faites un effort, apportez au ravitaillement la totalité de vos impositions en œufs et surtout en beurre ».

Cependant, petit à petit, des produits disparus depuis longtemps réapparaissent sur les étals. En Vendée, le coupon n° 1 de novembre 1945 permet d'obtenir 125 g de café pur torréfié. « Un luxe auquel on ne croyait plus », commente Andrée au souvenir de son premier vrai café de l'après-guerre.

Vers la même époque, des oranges arrivent aux Sables-d'Olonne. Les mamans qui ont des jeunes enfants et des adolescents peuvent en acheter et, pas suprême vers la liberté retrouvée, elles peuvent se les procurer chez le détaillant de leur choix.

Un beau cadeau de Noël est réservé aux Vendéennes : du blé en provenance d'Amérique est déchargé dans le port des Sables. Un immense espoir naît à cette nouvelle... Mais quelle désillusion quelques jours plus tard ! Les ménagères ne peuvent obtenir que 300 g de pain, exactement comme les habitantes de la France de l'Ouest et surtout comme en automne 1944 !

Toutefois, le nombre de produits soumis au rationnement diminue peu à peu jusqu'à la fin des années quarante.

Maladies et carences dues à la guerre et aux restrictions

Les années de guerre sont propices au développement de nombreuses maladies et carences. Dans leur ensemble, les femmes maigrissent considérablement. Une Rennaise avoue avoir perdu près de vingt kilos en cinq ans tandis qu'Edwige se souvient être passée du 44 au 40. « On avait la ligne pendant la guerre », m'a lancé avec humour une Poitevine qui elle aussi reconnaît « avoir décollé » pendant la guerre. Il faut dire que leurs rations mensuelles en sucre, viande, pain et matières grasses étaient à peu près équivalentes à celles préconisées dans les régimes actuels les plus draconiens. Le rationnement n'assure plus aux citadines que mille deux cents calories par jour contre trois mille avant la guerre.

Si cette frugalité ne laisse pas de traces chez les femmes adultes, en revanche, les carences sont importantes chez les enfants et les adolescents.

L'absence de calcium en quantité suffisante inquiète les mamans à juste titre. Les problèmes de dos rappellent aujourd'hui à maintes femmes leur prime enfance dans les années de guerre. Yvonne est la maman de deux enfants nés l'un à Noël 1939, l'autre en 1943. Elle se dit aujourd'hui très marquée par les restrictions, notamment par le manque de lait si nécessaire à la croissance de ses deux bambins.

Le rachitisme carentiel se développe. L'alimentation quotidienne apporte peu de vitamine D présente essentiellement dans le jaune d'œuf et le beurre. Certes, chaque matin, les mamans pensent à faire avaler à leurs rejetons de l'huile de foie de morue, mais c'est insuffisant. Il est établi aujourd'hui que les enfants de la guerre ont eu une croissance ralentie. À tel point que la taille adulte de ces enfants et adolescents serait inférieure d'environ sept à dix centimètres à ce qu'elle aurait dû être. « Maman me faisait manger des vitamines sous forme de cachets, se souvient Marie mais j'ignore ce que c'était exactement ni quel effet cela pouvait réellement avoir. Je mesure 1,70 m ce qui est une grande taille pour une personne de ma génération. Peut-être est-ce dû à ces fameuses pastilles ? » Marie a-t-elle croqué ces vitamines dont *L'Ouest Éclair* vantent les mérites en des termes flatteurs : « Cet hiver améliorez vos rations… et prenez des forces grâce aux pastilles de Chlorofolline qui contiennent chacune autant de vitamines B, C et D qu'une demi-livre de pain, un litre et demi de lait, une côtelette de veau et une livre de beurre! »

Des maladies endémiques se développent. La paratyphoïde qui est due à un germe présent dans l'eau, le lait ou les légumes crus, est particulièrement active. Maux de tête, forte fièvre, coliques, diarrhées s'abattent sur les patientes. Le choléra infantile frappe les jeunes enfants entraînant une déshydratation souvent mortelle. Les cas de tuberculose se multiplient.

Jardins ouvriers et élevages familiaux

Pour ne pas mourir de faim, les ménagères de l'ouest de la France doivent être astucieuses et faire preuve d'audace.

Dès le début de la guerre, toute personne qui dispose d'une courette, d'un jardinet ou d'une terre plus vaste s'emploie à y faire pousser toutes sortes de légumes : des carottes et des pommes de terre dans un premier temps, des topinambours, des choux et des raves ensuite. Dès avril 1940, pour accroître la production des légumes et des petits élevages familiaux, le CNRS propose des émissions radiophoniques au titre évocateur, *Les Jardins de Guerre* : une mine de conseils pratiques pour les néophytes comme pour les jardiniers confirmés.

Les faubourgs de Brest, Rennes, Houlgate, Alençon, Niort, Fontenay-le-Comte, Nantes, Laval, Angoulême, Le Mans... se transforment en une vaste mosaïque verte et jaune. À Poitiers, « Tous les champs du haut du Pont-Neuf et du quartier du Dolmen étaient loués. Ils appartenaient à de petits propriétaires qui en possédaient deux ou trois et qui n'en conservaient qu'un. C'était pareil aux Couronneries ». Paulette le confirme : « Les Couronneries n'étaient faites que de petits jardins. Bellejouanne aussi d'ailleurs. En fait, tous les faubourgs.»

« L'usine Huard à Châteaubriant a acheté des terrains au début de la guerre pour ses ouvriers. Ma tante et mon oncle étaient fiers de leur potager. Ça les a bien aidés pendant l'Occupation ».

Enfin, des jardins familiaux sont créés un peu partout. À Falaise, les premiers sont implantés vers Guibrey mais ils se révèlent vite insuffisants au regard de la demande si bien que vingt et un nouveaux jardins sont créés non loin de la route de Caen. Pour répondre aux besoins des familles, la municipalité de Périers procède également à la création d'un nouveau lotissement de jardins ouvriers. Poitiers possède ses jardins familiaux notamment aux lieux-dits « La Justice » et « Vaudouzil » dans le quartier Pierre-Levée-Hypogée. Les familles nombreuses y obtiennent une parcelle de 400 m^2, les autres ménages un terrain de 300 m^2, le tout moyennant une cotisation annuelle de quatre-vingts francs. Dans la banlieue de La Roche-sur-Yon, le Comité « Coin de terre et du foyer » crée cent seize jardins. En 1945, les jardins familiaux de Vendée occupent plus de trois cents hectares et sont cultivés par près de neuf mille personnes.

Bien sûr, tout acte de jardinage est soumis à autorisation. Des cartes sont délivrées par les mairies à ceux qui souhaitent pratiquer cette activité. « Nous avions un petit terrain entre Château-Gontier, où nous habitions, et Chemazé. Comme il ne se voyait pas de la route, nous avons décidé d'y planter des légumes pour améliorer notre ordinaire. Mon mari s'y rendait tous les soirs à la belle saison. J'allais l'aider quand il y avait à désherber ou quand les légumes étaient bons à ramasser. Mais même pour cela, il fallait des tickets. Je me souviens encore que les SA nous donnaient droit à des graines de petits pois, les SB aux haricots et les autres, je ne sais plus... ». Partout, les modalités d'obtention de la carte de jardinage sont les mêmes : « En échange du coupon 10 de septembre 1942 et sur présentation des cartes d'alimentation, la mairie d'Avranches remettra aux intéressés leur carte de jardinage les 11, 12 et 13 janvier ». De même, le transport des légumes de la parcelle cultivée au domicile de l'agriculteur ou agricultrice des dimanches est interdit sans autorisation.

Un film des années soixante-dix met en scène un homme qui, pendant la guerre, cultive des pommes de terre dans son jardin et qui, au moment de récolter ses « patates » (titre du film) se les fait voler. La fiction s'inspire souvent d'une triste réalité. Sous l'Occupation, les vols de légumes sont fréquents. Isabelle Geneste de Cabourg en fait la triste expérience. Soixante-dix pieds de pommes de terre sont dérobés dans son jardin. À Saintes, Albertine Chabaud découvre un matin qu'une quinzaine de kilos de prunes ont disparu. Marie et sa fille avouent avoir dérobé des pommes de terre. « On n'avait rien à manger », s'excusent-elles.

Enfin, comment ne pas signaler ici le courage de quelques femmes qui, à un âge avancé, cultivent encore leur parcelle de terre ! Comment ne pas citer notamment Madame Baumer qui, du haut de ses cent deux printemps cultive encore en 1942 son petit jardin de Fontenay-les-Louvet dans l'Orne !

Dans les campagnes, nous serions tentés de croire que tous sont sur un pied d'égalité face au ravitaillement. Il n'en est rien. Nous ne saurions oublier tous ces journaliers et toutes ces journalières qui ne possèdent pas de terres agricoles et qui pour un salaire de misère se louent à la journée. Sans terre et sans argent pour acheter de la nourriture, leur sort est souvent similaire à celui des plus pauvres en milieu urbain.

D'autre part, un fléau s'abat régulièrement sur les producteurs de pommes de terre : les doryphores. Ces coléoptères, particulièrement voraces dévastent tout sur leur passage. À défaut d'utiliser de l'Agri-Timmbol, une poudre insecticide, les agriculteurs ont recours à la destruction manuelle. Ainsi en juillet 1941, à Plouescat, la mairie se propose d'organiser avec l'aide des enfants des écoles des tournées de ramassage de doryphores. « C'était épuisant, se souvient Francine. Nous étions courbées en deux ou accroupies des heures durant à arracher une par une ces horribles bestioles. J'en ai encore mal au dos rien qu'en y repensant ! »

Il est par ailleurs très courant de voir des femmes élever des lapins sur leur balcon ou dans leur cuisine. Jacqueline le certifie : « Tout le monde engraissait un ou deux lapins, le plus souvent une mère lapine et ses petits. Par contre, on ne voyait pas de poules trop bruyantes. Il fallait faire attention car tous ces élevages étaient clandestins ». Louise ne peut échapper à une fouille alors qu'elle revient de chez sa mère qui lui a donné un lapin élevé clandestinement : « Je leur ai avoué une partie de la vérité : j'avais nourri un lapin et j'allais le donner à ma pauvre mère qui n'avait rien. Ils ont eu l'air de me croire et m'ont laissée repartir. Mais mon lapin a fini dans leur assiette ! »

Au temps du marché noir

À cette époque, le monde citadin n'est pas encore coupé de la campagne. C'est pourquoi les citadines parcourent régulièrement la campagne dans l'espoir de trouver au gré de leurs pérégrinations un lapin, un kilo de haricots secs, un ou deux œufs, quelques pommes. « On allait à la campagne à pied ou en vélo. On avait toujours peur d'être aperçu par une patrouille ». « Nous allions à Ballon raconte Marcelle, cinquante kilomètres aller et retour, pour s'approvisionner chez des cousins qui avaient une ferme ».

La plupart de mes interlocutrices se défendent d'avoir eu recours au marché noir. Seules quelques-unes comme Louise du Mans osent l'avouer. Les autres parlent de troc : « Lorsque j'allais chez mes beaux-parents qui habitaient la campagne, j'emportais des chaussures. Là-bas, je les cédais contre du miel, du beurre, etc. »

Peu de femmes en revanche reconnaissent avoir vendu des produits au marché noir, avoir fait partie comme certaines disent encore des « profiteurs ».

Dans un petit village de l'ouest de l'Orne et à B. en Mayenne, deux femmes avouent s'être livrées au marché noir. Pour l'une d'elles, que nous appellerons A, il est d'autant plus difficile d'évoquer ce sujet qu'à la Libération elle et son mari ont été mis au ban de leur village. Encore aujourd'hui, certains anciens refusent de la saluer. « On nous a accusés de tout ! De trafiquer avec les Allemands ! D'avoir pratiqué des prix exorbitants ! De nous être enrichis sur la misère des autres ! D'avoir laissé crever de faim nos voisins ! Tout ça, c'est de la jalousie. Bien sûr qu'on a gagné de l'argent mais tout le monde en a fait autant ! J'en connais un qui a même pu s'acheter une automobile après la guerre. Nous, on a dû attendre 1969 ! Et jamais, on a refusé d'aider ceux du village qui n'avaient rien. Non, je vous dis, les gens sont jaloux parce qu'ils se sont moins bien débrouillés que nous », conclue A. d'un ton hargneux.

B. n'a pas été confrontée à cette atmosphère envieuse et haineuse d'après-guerre. C'est sereinement qu'elle évoque les trafics auxquels elle se livrait avec son époux, un autre villageois et des habitants de Château-Gontier, de Laval, de Segré et de Paris. « C'était toute une organisation. Quand on achetait trois porcelets à G., il ne nous en facturait que deux. Ça passait inaperçu car il ne notait pas toutes les naissances. On élevait le troisième clandestinement et c'est lui qu'on abattait dans le réduit derrière la grange. Mes beaux-frères et ma sœur se chargeaient de prévenir leurs connaissances. À partir de juin ou juillet 1943, je ne sais plus exactement, une de mes belles-sœurs a fait le voyage de Paris où elle revendait la viande à ses voisins. Elle emmenait aussi du beurre, des œufs en bocaux, des pommes. On ne s'est jamais fait prendre mais à chaque fois j'avais peur surtout pour les enfants ».

L'inquiétude de B. est justifiée. *Le Journal de Normandie* du 26 mai 1944 rappelle en effet que « les responsables du marché noir risquent l'internement administratif ». Dans la pratique, les coupables sont souvent condamnées à de fortes amendes. A., cultivatrice à Vassy a envoyé, pendant quatre mois, huit à dix colis de beurre et d'œufs par semaine et est condamnée à cinq cents francs d'amende pour vente hors des foires et marchés. Comme par ailleurs, elle vendait le beurre 80 F/ kg et les œufs 60 F la douzaine, elle écope également de 8 000 F pour hausse illicite (et faramineuse) des prix.

Le marché noir n'est pas l'apanage des campagnes. En ville, des commerçants et des tenanciers de bistrots pratiquent la revente. Ainsi, une marchande de Falaise revend le beurre qu'elle se procure aux Loges-Saulces. Certaines se font prendre et passent en jugement. En juillet 1942, une commerçante de Mondeville et une hôtelière de Villers-Bocage sont condamnées à six cents francs et mille francs d'amende pour détention de denrées issues du marché noir. Anne soulève un coin du voile qui protège encore aujourd'hui ceux qui se sont livrés à ce marché parallèle. « Mon mari gagnait bien sa vie. Pour nourrir mes deux filles, je ne me heurtais donc pas à un problème financier mais aux restrictions imposées par les Allemands. Assez vite, une de mes amies m'a confié que notre épicier pouvait nous avoir des surplus de nourriture. Par quel moyen ? Mon amie l'ignorait. J'en ai parlé à mots couverts à mon époux et le lendemain j'ai accompagné mon amie. L'épicière nous a proposé de passer dans son arrière-boutique et, là nous avons découvert la caverne d'Ali Baba. Deux jambons, des œufs, du beurre, des galettes. Comme autrefois ! Je revois encore aujourd'hui toute cette nourriture qui nous était habituellement distribuée au compte-gouttes. Je ne me souviens plus ce que j'ai acquis ce jour-là mais je suis sûre que j'ai acheté quelque chose. Par la suite, je savais que lorsque l'épicière me parlait de sa nièce Jeanne, infirmière à Civray, il y avait un nouvel arrivage. Je traînais dans la boutique et dès qu'il n'y avait plus de clientes je passais dans l'arrière-boutique. À l'époque, je pense que j'étais consciente des risques que je prenais mais je ne réalisais pas que j'étais une privilégiée. Mes filles n'ont manqué de rien alors qu'à Poitiers beaucoup d'enfants de leur âge ont souffert du rationnement ». Toujours à Poitiers, un réseau spécialisé dans le marché noir met en scène près de vingt-cinq personnes. Une jeune fille âgée de quinze ans travaille dans un magasin d'alimentation. Sur son lieu de travail, elle parvient à dérober régulièrement des tickets de rationnement qu'elle remet à un épicier de la rue du Puits-de-la-Caille. Ce dernier utilise les tickets acquis frauduleusement pour se procurer nombre de denrées alimentaires. Il vend ensuite les produits ainsi obtenus à des clientes plus ou moins conscientes de l'illégalité de leurs achats. Parmi celles-ci figure une femme qui tient elle-même un commerce clandestin rue Carnot. Dans sa maison transformée en échoppe, elle revend la marchandise qu'elle s'est procurée chez l'épicier fraudeur. Sa marge est de 30 %. Elle négocie en outre de la viande que lui remet un garçon-boucher qui l'obtient lui aussi de façon illicite.

Le marché noir est très développé dans ces terres de l'Ouest traditionnellement productrices de viande et de légumes. En outre, la proximité de Paris génère dans l'Orne, le Calvados et la Sarthe d'importants trafics. À l'occasion d'une fête de famille, des agriculteurs de Fresnay-le-Puceux abattent un veau. Ils vendent ce qu'il reste de viande à une jeune femme originaire de Puceux mais travaillant à Paris. Interpellés, ils s'étonnent : « Que vouliez-vous qu'on fasse de toute cette viande ? On n'allait quand même pas la jeter ? » L'agricultrice, âgée de soixante dix-huit ans, n'a pas pensé à mal et l'acheteuse, naïve, s'est tout bonnement réjouie de l'aubaine. Pourtant, pendant toute l'Occupation les contrôles sont nombreux et les dénonciations fréquentes. La police découvre deux quartiers de bœuf ne provenant pas de la commission du ravitaillement dans le sous-sol d'une boucherie de Saint-Sever. La bouchère est interpellée. Les langues se délient. Les corbeaux prolifèrent. Un journaliste de *La Croix du Bocage* décrit le climat empoisonné qui règne désormais à Saint-Sever : cette regrettable affaire a entraîné « un ensemble de récriminations et d'accusations sans fondement traduites en inscriptions d'injures sur les volets de personnes absolument étrangères à la prise effectuée par la police et de bobards regrettables dans un bourg habituellement si uni ».

Albertine peine à porter sa valise. Un gendarme de Saint-Hilaire-de-Harcoët l'aperçoit, s'approche et demande à vérifier le contenu du bagage. Tremblante, la jeune femme de trente-quatre ans, originaire de Paris, avoue transporter dix-huit kilos de beurre. Le représentant de l'ordre confisque la précieuse marchandise. En juin 1944, Madame S. de Paris est arrêtée à Viessoix en possession de onze kilos de beurre et de cinquante œufs. À la gare de Coutances, la police municipale saisit douze kilos de beurre dans la valise d'une autre parisienne.

Le franchissement de la Loire ne constitue pas un obstacle. Un employé de la coopérative des Lilas ainsi qu'un commerçant parisien s'approvisionnent régulièrement chez une cultivatrice de la Roche-sur-Yon. Adèle, une jeune Parisienne, se rend souvent à Jonzac où elle achète du mouton provenant de Charente Limousine. De nombreuses Poitevines convoient des marchandises vers la capitale. Des trafiquantes sont interpellées à Barbezieux, Mortagne-sur-Sèvre, Cholet et Saintes.

Le marché noir entraîne parfois des nuisances. Toute une population marginale, rompue aux petits trafics sillonnent ainsi les campagnes de l'Ouest. Yvonne Lecouturier en fait les frais à Caumont-l'Éventé. Un parisien lui dérobe une toile cirée afin de tapisser la valise dans laquelle il transporte le beurre.

vols de tickets et fraude sur la qualité

Les vols de tickets, de cartes d'alimentation sont fréquents.

La cible préférée des voleurs de tickets est la femme seule, âgée de préférence qui, insouciante, abandonne son carnet sur un comptoir le temps de bavarder ou d'examiner un aliment. Marcelline Dumont, une dame de soixante-neuf ans, voit ainsi disparaître ses tickets de pain. Juliette Bohuon surveille le forain qui prépare sa commande puis tâte les fruits et légumes avec attention. Mal lui en prend ! Un jeune homme lui arrache son sac à main qui renfermait trois cents francs, trois cartes d'alimentation et sa carte d'identité. Madame Recoquillé oublie son carnet sur l'éventaire d'une mercière. Quelqu'un passe... Elle ne reverra jamais ses tickets ! Madame Dugrossy quitte sa chambre d'hôtel en oubliant ses tickets d'alimentation sur la table de nuit. Ils ne sont pas perdus pour tout le monde ! Une femme de chambre les découvre et décide de les conserver.

D. a trouvé le moyen de se ravitailler à bon compte. Elle se présente chez les cultivateurs de la région de Poilley en qualité d'inspectrice du ravitaillement chargée du recensement des bovins. Après une rapide visite des étables, elle inscrit le nombre d'animaux présents sur son registre. Espérant une diminution de leurs impositions, les cultivateurs n'osent lui refuser le beurre, la farine ou les volailles qu'elle demande.

La fraude sur la qualité et la quantité des produits écoulés est l'un des délits les plus typiques de ces temps troublés.

Les plus répandues des tricheries sont le mouillage et l'écrémage du lait. Cl. cultivatrice à Morton se livre régulièrement à cette pratique si bien qu'en mars 1943, elle est condamnée à trois mois de prison avec sursis et à une forte amende notamment envers la société Maggi qui se juge victime de cette fraude. À Leffard, « c'est le chien qui a bu la crème du lait de la veille », affirme Marie qui est accusée d'écrémage à 15 %. Non loin, une autre Marie, cultivatrice à La Rocque est condamnée pour avoir livré du lait écrémé à 10 % à une fromagerie. En Bretagne aussi, la fraude va bon train. Une agricultrice de Plourin est verbalisée pour les mêmes raisons. À Teillé, le mouillage atteint 50 % ! L'agricultrice prétend qu'au moment où elle lavait ses récipients, elle a été dérangée et que c'est bien involontairement qu'elle a laissé de l'eau au fond de ses pots !

Cahagnes bombardée.
Coll. André et Simone Levêque.

6

Les terribles hivers de guerre

« Nous rêvions d'un bon feu de bois ! »

Alors que souvent dans l'Ouest les hivers sont cléments, ceux des années de guerre demeurent ancrés dans le souvenir des femmes par leur rigueur exceptionnelle. À Mortain, la nuit du 31 décembre 1939, il fait un froid de loup et la neige recouvre la campagne environnante. Le premier janvier, des distributions aux indigents ont lieu. Ils trouvent de la graisse chez Madame Lemoussu, des sabots et des chaussons chez Madame Gastebois. Les hivers 1940-1941 et 1941-1942 sont terriblement rigoureux. Un froid vif s'abat sur l'Ouest, frappant de plein fouet des femmes démunies car les combustibles manquent. Les basses températures atteignent des records : – 16,7 °C le 21 janvier 1940. *Le Phare* prévient ses lecteurs : « Des glaces ayant fait leur apparition à Saumur, le balisage de la Loire a été enlevé. La navigation reste tolérée aux risques et périls des mariniers ». En 1941, la station de Baugé enregistre – 11 °C le 13 janvier et – 5 °C en mars. En janvier 1942, un journaliste informe les Picto-Charentais : « Le froid s'est encore accentué dans notre région. Le thermomètre est descendu jusqu'à 16,5 °C au-dessous de zéro la nuit dernière. Ce matin à 7 heures, il indiquait – 14,2 °C ».

« Le pire, c'était laver les couches dans l'eau glacée. J'avais des engelures aux doigts de la main », se souvient une dame de Ligugé. « Pour moi, le plus dur c'était attendre durant des heures devant les devantures des commerçants, renchérit Anne. Heureusement, j'avais pu me procurer des moufles en peau de lapin chez un cousin de Montsûrs et je mettais du papier journal dans mes chaussures pour avoir moins froid ». « À la campagne, on mettait de la paille dans nos sabots. Avec des chaussettes de laine, ça allait ». « Il faisait tellement froid que certains soirs il y avait de la glace au plafond », assure Francine. « On crevait de froid, résume Marcelle. Les chambres n'étaient jamais chauffées et on n'allumait la cuisinière qu'au moment des repas ».

Le froid est tel en janvier 1941 que des femmes meurent de congestion. Une cultivatrice est retrouvée morte dans un fossé à Légé, une autre dans un champ à Palluau. Une panetière décède dans un abri à Brest. Une pauvre femme qui couchait dans une maison inhabitée près de Saint-Lô est découverte sans vie par des voisins. Une agricultrice meurt de froid dans une écurie à Saint-Vincent-sur-Oust. C'est aussi des rigueurs du climat que décèdent deux femmes de Pont-L'Evêque.

« Nous avions froid bien sûr mais ce n'était rien à côté de nos maris. Le mien était clerc de notaire avant la guerre, il travaillait au chaud dans un bureau, alors vous imaginez la différence ! Le froid, la neige. Il a énormément souffert ». Clément passe l'hiver 1939-1940 à Agrivy-Loisy : « L'hiver arrive le 15 décembre avec la neige qui tombe en abondance », écrit-il dans ses « Souvenirs de guerre ». Dans ces froides Ardennes, les habitants disent que cet hiver est l'un des plus rigoureux qu'ils aient connus. Nombreux sont les matins où le thermomètre marque – 27 °C ». Le 16 janvier, il note : « Il fait un froid glacial, – 21°C... On couche dans une grange, mais impossible de se réchauffer », et plus loin, « On sent le froid qui envahit tout le corps ». Les femmes d'Avranches s'inquiètent comme le souligne le correspondant de *L'Ouest-Éclair* : « Les charmes de l'hiver et la poésie de la neige ont peu de prises sur nos pensées toutes dominées du souci de savoir exposés aux intempéries de la saison ceux des nôtres qui sont partis au front. »

« Un malheur n'arrive jamais seul ! », assure Roberte, une Vendéenne de quatre-vingt-dix-neuf ans mais qui conserve des souvenirs extrêmement précis de sa jeunesse. « En novembre 1940, on a connu un véritable raz-de-marée comme ceux qu'on voit à la télé en Floride ou dans les îles. Ici, c'est plein de marécages. Il y a des digues. En 1940, toutes celles de Saint-Michel-en-l'Herm ont cédé. Au Nord aussi, du côté de Bouin. Ça a tout inondé, les champs, les routes, même des maisons. Y'avait personne pour nous aider. Alors, on s'est débrouillé comme on a pu. D'abord, on s'est installé chez ma grand-mère à Nieul-sur-l'Autize et puis, quand ça a été sec, on a tout jeté sauf les casseroles, les assiettes, les choses comme ça ». La tempête occasionne des dégâts considérables en Vendée mais aussi dans la région nantaise où des toits sont arrachés. Des centaines de personnes sont sinistrées.

La pénurie de bois et de charbon frappe la majeure partie des habitants de la zone occupée. En ville, le froid envahit les maisons. « Le matin, l'eau était gelée dans le broc, se souvient Annick. Pour se laver, nous devions casser la pellicule de glace qui s'était formée pendant la nuit. Une fois par semaine, maman faisait chauffer un peu d'eau pour la grande toilette. Ma tante Le Dû nous donnait un peu de bois. Son mari abattait des arbres du côté de Lampaul ». « Nous tâchions bien d'avoir un peu de bois chez des parents, mais c'était au compte-gouttes ! » ronchonne une habitante de Bressuire aussitôt approuvée par Maryvonne : « Les gens étaient moins généreux qu'on veut bien le dire. Le bois manquait et ceux qui en avaient le gardaient pour eux ! ». « Pendant l'hiver 1942, je crevais de froid à Châteaubriant, dit Paulette avec colère, alors qu'à Riaillé où habitait ma sœur y'avait du bois coupé qui pourrissait ». Des exemples de générosité existent pourtant. Ainsi, Mademoiselle Harivel offre deux stères de bois aux indigents de Vire en mai 1944.

Tous n'ont pas la chance de ces Virois. Alors les vols se multiplient. Pour se chauffer, une femme de Beauvoir-sur-Mer vole le bois de ses voisines et arrache les piquets de clôture de Madame Vincendeau.

La carte de charbon est instituée en septembre 1940 et, plus le temps passe, plus le rationnement est draconien alors il faut « avoir des idées ». « Deux de mes amies de Briouze sont allées ramasser des petits bouts de charbon sur la voie ferrée Flers-Argentan. J'ai toujours refusé d'y aller. C'était bien trop risqué. Je préférais encore mourir d'une congestion plutôt que d'être arrêtée par la *Gestapo* ». Et Denise se passe de charbon car pour en obtenir bien souvent il faut soit un certificat médical attestant un état de santé précaire, soit avoir des enfants en bas âge, soit héberger une personne âgée. Un trafic s'instaure. Aux Sables-d'Olonne, les hommes qui déchargent les cargos dans le port parviennent à subtiliser de précieux boulets.

Jusqu'au 11 novembre 1942, la partie est des départements de la Vienne et de la Charente est en zone libre. « On trouvait facilement du bois. Au besoin, on allait le chercher en Limousin. Après, on a été logé à la même enseigne que les autres dans les villes mais à la campagne on s'est toujours débrouillé », nuance Hélène.

Privées des sources d'énergie traditionnelles, les femmes de l'Ouest rivalisent en effet d'ingéniosité comme Georgette qui brûle de la sciure de bois ou comme Andrée qui, au plus fort de l'hiver 1940-1941 transporte son lit et celui de ses enfants dans l'étable où « il fait plus chaud près des vaches que dans la maison non chauffée ».

De fréquentes coupures d'électricité et de gaz

À l'instar du bois et du charbon, l'électricité et le gaz sont rationnés.

Cependant, dans ce domaine, les différences de traitement des usagers ne résident pas entre les habitants de la zone libre et ceux de la zone occupée mais entre les citadins et les campagnards. Georgette rappelle à juste titre « qu'il n'y avait ni gaz ni électricité dans les villages et les hameaux ». Même en ville, tous ne sont pas raccordés.

« À Pédernec, nous n'avions pas l'électricité, on s'éclairait encore à la lampe à huile et les Allemands nous donnaient des bons pour en acheter ». Effectivement, à défaut d'électricité publique, les lampes à pétrole reprennent du service en ville et continuent d'être utilisées dans les campagnes. La commune de Saint-Varent reçoit en novembre 1940, vingt-cinq litres de pétrole et cent cinquante-cinq litres d'essence pour l'éclairage. Ce carburant est distribué aux ménagères par M. Dessèvre-Clochard, l'épicier du bourg, sur présentation d'un bon délivré par la mairie. Les Avranchaises, munies de leur carte d'alimentation, peuvent obtenir de l'alcool, du pétrole et des bougies en janvier 1943. La distribution a lieu par ordre alphabétique. « Autant dire que ceux dont le nom commençait par T ne devaient pas avoir grand-chose ! » s'exclame vigoureusement une Guingampoise. « Je suis une fille Tual, et je peux vous dire que j'ai souvent fait la queue pour rien ».

En ville, les coupures de lumière sont très fréquentes et la consommation d'électricité est surveillée. « J'étais fleuriste à Caen sous l'Occupation. À partir de janvier 1944, je n'ai plus eu le droit d'ouvrir le dimanche matin ni le lundi. Seuls les commerces d'alimentation étaient autorisés à ouvrir ces jours-là ».

Un nombre de kilowattheures à ne pas dépasser est déterminé pour chaque foyer. En cas de consommation excessive, des pénalités sont prévues. Il peut s'agir d'une amende. À partir du 17 décembre 1942, celle-ci se monte à vingt-sept francs par kilowattheure supplémentaire. Des coupures temporaires d'électricité font également partie des mesures répressives. Un usager peut être privé de courant pendant quinze jours en cas de dépassement de 30 % de sa consommation autorisée si au cours des six derniers mois il a déjà été sanctionné.

Les coupures persistent au-delà de la Libération. À Brest et à Lorient, il n'y a pratiquement plus d'électricité à partir de janvier 1943 et l'arrivée des Américains n'y met pas un terme, les dégâts sur les lignes électriques sont bien trop importants. Au moment du débarquement, les pilonnages et les tirs d'obus détruisent les réseaux électriques de la Basse-Normandie. « Quand reverrons-nous l'électricité à Caen ? » s'interroge un journaliste le 23 septembre 1944. Un mois plus tard, la presse vendéenne informe ses lecteurs et lectrices qu'il n'y aura pas d'électricité un jour par semaine.

Pour certaines, rien ne vaut le système D à condition de ne pas s'embarrasser de scrupules : c'est ainsi que la famille X de Chanteloup n'hésite pas à brancher ses fils électriques sur l'installation de ses voisins !

Quant aux coupures de gaz, elles sont encore plus fréquentes aussi faut-il faire preuve d'astuces. Jacqueline achète un tire-gaz. « Comme son nom l'indique, il aspirait le maximum de combustible vers le brûleur. Il offrait aussi un meilleur mélange air gaz si bien que de grandes flammes sortaient d'une simple gazinière. Cela nous permettait de cuire les aliments beaucoup plus vite. Pour réchauffer les plats, nous utilisions des petits réchauds à alcool dont la flamme était très faible. C'était insuffisant pour faire une grande cuisine mais pratique pour les aliments qui n'exigeaient pas une longue cuisson à feu vif ».

7

L'Occupation au pays de l'élégance féminine

Malgré les difficultés qu'elles rencontrent pour se procurer des cosmétiques et des vêtements, les femmes de l'Ouest refusent de se laisser aller, de se vêtir de haillons et de montrer à l'occupant des visages défaits et des cheveux ébouriffés. La France est le pays de l'élégance féminine et doit le demeurer. Pendant toute la durée de l'Occupation, les femmes de l'Ouest participent à l'effort national des femmes qui font tout pour rester présentables et qui, pour ce faire, rivalisent d'astuces et ont recours au système D.

S'habiller sous l'Occupation

Si en zone libre, les magasins continuent d'être achalandés pendant tout l'hiver 1940-1941, essentiellement d'ailleurs parce qu'ils épuisent leurs stocks, en zone occupée, la pénurie s'installe. Dès les premiers temps de l'Occupation, les Allemands, servis par un taux de change qui leur est favorable, dévalisent les boutiques. Comme des « doryphores » dans un champ de pommes de terre – c'est ainsi que les surnomment les vendeuses – ils raflent les robes et les manteaux, les bas de soie et les pièces de lingerie fine, les escarpins et les sandales.

Le temps des restrictions commence. Deux mesures sonnent le glas de la quantité des produits vestimentaires offerts et de la liberté d'achat des femmes de l'Ouest.

Le 1er septembre 1940, *le Journal Officiel* publie un décret signé par Pétain qui limite la fabrication des textiles à 30 % des ventes de l'année 1938. Puis, le 1er juillet 1941, les occupants mettent en circulation une carte de textile. Désormais, pour obtenir un vêtement, il faut des tickets. À l'annonce de cette mesure, les Poitevines fulminent. Elles sont d'autant plus furieuses qu'en 1939, lorsqu'elles avaient appris l'existence d'une carte similaire outre-Rhin, elles s'étaient félicitées d'être françaises car elles pensaient qu'en France jamais un gouvernement n'oserait imposer une telle mesure.

En outre, l'existence de la ligne de démarcation désorganise le commerce des matières premières et des produits finis tandis que les importations connaissent un brutal coup d'arrêt et que la pénurie est aggravée par les prélèvements allemands. Ainsi, la petite commune de Romagny qui ne compte pourtant pas beaucoup d'ovins sur ses terres, est tenue de livrer de la laine au centre de regroupement de Mortain au titre des réquisitions. Enfin, les circuits commerciaux établis dans le cadre du marché noir soustraient une partie de la production et font s'envoler les prix. Une blouse de femme qui coûte trente francs au début de la guerre atteint deux cent soixante-dix francs à la fin de l'Occupation, soit une augmentation de 800 %. Il devient donc difficile d'acheter des vêtements neufs. « Le souvenir le plus douloureux que j'ai de la guerre, ce sont les vieux souliers et le vieux manteau que ma mère m'a obligée à porter, avoue Lucette. Du coup, j'ai toujours fait très attention à bien habiller mes sept enfants ».

« Nous avions tellement peu de vêtements neufs que lorsque les Allemands nous autorisaient à aller acheter un nouveau costume, c'était la joie pour nous les adultes mais aussi pour les enfants qui étaient fiers d'étrenner quelque chose de neuf ». En effet, sous l'Occupation, les femmes ne peuvent plus acheter un tailleur ou un manteau sur un coup de tête, les ventes sont planifiées. Le 2 janvier 1945, la *Dépêche des Charentes* informe les familles Biseuil, Bordelais, Duchêne, Rebierne, Rebeyrat,... qu'elles sont priées de retirer leurs bons d'achat de vêtements, munies de leurs cartes de textile.

« Dans le Choletais, affirme Lucie, nous n'avons jamais rencontré de gros problèmes pour se procurer du tissu. Il m'est souvent arrivé d'en acheter et de le revendre ensuite. Ça me faisait un petit plus... Il fallait bien vivre ! » « Mais ce tissu n'était pas de bonne qualité, ajoute une femme de Pamproux. Souvent, il rétrécissait au premier lavage ». « Le tissu ne valait rien, confirme Jeanne et en plus on devait l'acheter au compte-gouttes tout comme le fil d'ailleurs. Je me suis vue acheter six grammes de fil à coudre et encore avec des tickets ! »

À défaut de pouvoir acheter des vêtements neufs et des tissus tout juste sortis des usines, les femmes de l'Ouest ont recours au « Système D » et ne manquent pas d'idées : « Nous utilisions des draps d'autrefois que nous teignions nous-mêmes. J'ai eu un costume en draps teints ». « J'ai fait des paletots à mon fils dans une vieille couverture. Comme je n'étais pas très douée en couture, ce n'était pas très joli mais au moins il n'avait pas froid ». « Pour fabriquer un manteau, nous prenions de vieilles couvertures. Ma fille en a porté un ». « La mienne a eu un manteau fait avec des peaux de lapin cousues ensemble. Elle était superbe là-dedans. Des mamans se retournaient sur son passage et disaient : « Oh ! la belle petite fille ! » C'est bien la seule satisfaction que j'ai eue pendant la guerre ». Yvette se souvient s'être cousu une jupe dans les jambes d'un pantalon ayant appartenu à son père. « J'ai tanné des peaux de lapin. Cela m'a fait un gilet bien chaud ». « Beaucoup de vieux vêtements étaient réutilisés. Découpés, teints, retaillés, bien agencés, ils faisaient de nouveaux habits tout à fait corrects ». Les magazines féminins viennent à la rescousse des jeunes femmes. « Elle », la « Mode du Jour », « Le Petit Écho de la Mode » leur apprennent régulièrement à faire « du neuf avec du vieux ». La revue *Modes et Travaux* n'est pas en reste. Ouvrages à réaliser, conseils pratiques et « petits plus » pour rester élégante font le bonheur des lectrices.

Le troc est aussi pratiqué. Ainsi, le Secours national de Saintes organise des séances d'échange de vêtements les premier et troisième jeudis de chaque mois.

« Il m'est arrivé d'acheter du tissu au marché noir. À La Baule, une commerçante dont ce n'était pas la spécialité, arrivait à s'en procurer. Malheureusement, elle a été arrêtée très rapidement. Après, il a fallu se débrouiller autrement ».

Il est tout aussi difficile de se procurer de la laine. Seules les jeunes mamans obtiennent les indispensables tickets. « Et encore ! proteste Georgette. J'ai filé la laine à la main avec un rouet en bois et j'ai pu faire une brassière pour mon bébé. Je lui ai aussi tricoté des culottes avec la laine des chaussettes que mon mari avait ramenées de l'armée ».

Des matières nouvelles, éphémères ou promises à un brillant avenir, remplacent parfois les textiles traditionnels.

La toile de parachute est très prisée. « Ma belle-mère participait aux opérations de parachutage vers Sillars. De ce fait, on avait des chemisiers en toile de parachute », se souvient Jacqueline. « Autour de Saint-Marcel, les femmes avaient récupéré des morceaux de parachute mais comme moi, elles se gardèrent bien de les utiliser. C'était beaucoup trop dangereux. Je connais des gens qui se sont fait embarquer pour moins que çà ! »

« À défaut de bonnets de laine, cet hiver, Mesdames, vous porterez des bonnets de poil de grenadiers », affirme une publicité parue en octobre 1942 dans les différentes éditions de *L'Ouest Éclair*. Mais surtout, les années de guerre correspondent à la mise au point de fibres nouvelles promises à un long et brillant avenir, la rayonne qui se présente en fils continus et la fibranne qui est composée de fibres rayonne coupées. Puisant son origine dans la pâte de bois, la rayonne donne des lainages et des tissus agréables au toucher et au regard. Si sa diffusion reste limitée pendant l'Occupation, sa commercialisation s'apprête à se développer de façon spectaculaire dans l'après-guerre. Le Mémorial de Caen présente à ses visiteurs des vêtements réalisés dans ces fibres nouvelles : une robe d'été en fibranne de 1942, une robe d'été en rayonne de 1943 et une robe de mariée en Nylon.

Que portent les femmes de l'Ouest dans les années 1940-1945 ? À la campagne, l'Occupation n'entraîne guère de changement dans la tenue vestimentaire des femmes âgées. Des robes noires, des tabliers, des bonnets, des coiffes continuent de constituer le costume traditionnel des paysannes. « Je portais la coiffe avant la guerre, je l'ai portée sous l'Occupation, je la porte toujours », m'a dit un jour la grand-mère d'une de mes élèves de Pont-l'Abbé, dans le pays bigoudin. Dans les villes, l'été est propice aux petites robes à pois, à carreaux ou à rayures serrées à la taille, aux jupes larges et encore longues au début des hostilités, nettement plus courtes à la fin de la guerre par souci d'économiser le tissu. Hélène m'a dit avoir reconnu les femmes arrêtées dans les premiers temps de l'Occupation à la longueur de leur jupe parmi toutes celles qui étaient comme elle déportées vers Ravensbrück en 1944. Comme le moyen de locomotion le plus utilisé est la bicyclette, la jupe-culotte, jusque-là peu portée, devient le vêtement idéal des années de guerre. Elle est portée avec une jaquette, des mitaines et, autre innovation, avec un sac en bandoulière. « À Argenté-du-Plessis, j'ai fait sensation en débarquant avec ma robe-manteau que j'avais mise pour aller au ravitaillement. Ma cousine n'en avait jamais vu, glisse Juliette un peu moqueuse. Pourtant, je l'avais faite moi-même dans une ancienne couverture ».

Mais quand vient l'hiver, la tenue change et les femmes n'hésitent plus à épaissir leur silhouette pour lutter contre les frimas. « Je mettais souvent deux ou trois gilets sous mon manteau, confie Albertine qui ajoute, consciente de son grand âge, comme maintenant en somme ! Il m'arrivait aussi de glisser des feuilles de papier journal entre ma combinaison et mon chemisier. Ce plastron me protégeait des morsures du froid ». À la campagne, les femmes remplaçaient les journaux par des plumes ou des peaux de lapin. « Nous portions toutes le même type de manteau en drap épais, avec des revers de velours au col et parfois aux poches, très cintré, resserré à la taille et évasé en bas ». Quelques femmes osent porter le pantalon mais « beaucoup se contentent d'épais bas de laine ou de chaussettes. À la campagne, les femmes glissaient de la paille dans leurs sabots et, en ville, il n'était pas rare de voir du papier journal dépasser des chaussures ».

Jambes teintées et semelles de bois

Dans les années trente, aucune femme digne de ce nom ne peut se permettre de sortir sans bas. Or l'Occupation d'une grande partie de notre territoire et l'arrêt des importations en provenance d'Extrême-Orient entraînent la quasi-disparition des bas de soie dès 1940. Les seules paires qui restent atteignent rapidement des prix extravagants. Vendus 15 francs en 1939, une paire de bas de soie est cédée à 190 francs en 1944, soit

1 267 % d'augmentation ! Les Poitevines sont donc obligées de prendre un soin infini des bas qu'elles possèdent. Les ateliers de remailleuses se multiplient dans les premiers temps de la guerre avant de tendre à disparaître lorsque l'usure des bas devient irréversible.

Des produits de remplacement existent. « Nous portions des socquettes au printemps et en été, dit Marcelle, et dès que les grands froids arrivaient, nous mettions des bas de laine ». Jacqueline acquiesce : « Tant qu'on a eu des bas, on les a raccommodés. Puis, quand c'est devenu impossible, on a mis des socquettes, du moins jusqu'à ce que la teinture pour les jambes apparaisse. »

Les bas de soie sont introuvables ou vendus à des prix prohibitifs, qu'à cela ne tienne ! Les chercheurs du laboratoire de cosmétologie Élisabeth Arden trouvent une solution : se teindre les jambes avec une lotion transparente qui donne l'illusion des bas. « Il nous arrivait même de tracer sur notre mollet un trait noir afin d'imiter la couture du bas. C'était presque parfait, poursuit Jacqueline. Le seul problème était que cette teinture ne tenait pas très bien ». Très vite, Élisabeth Arden est copiée par ses concurrents. Une marque au nom évocateur Filpas, apparaît sur le marché. L'Oréal lance à grand renfort de publicité un nouveau produit qui répond au doux nom d'Ambresoie : « Profitez de l'été pour économiser vos bas de soie », peut-on lire dans les journaux poitevins. « Remplacez-les par Ambresoie qui revêt les jambes d'une belle teinte ambrée et donne l'illusion des bas de soie les plus fins. Ambresoie affine et idéalise la jambe. Il s'étend avec une régularité parfaite, sans plaques et sans coulures, il ne tache pas les robes et résiste à la pluie ». Les jambes teintées sont citadines. Dans les campagnes de l'Ouest, les traditionnelles chaussettes sont de rigueur. « Si une femme se teignait les jambes, elle passait pour une gourgandine », affirme Marcelle.

En l'espace de quelques mois, trouver une paire de chaussures relève de l'exploit à moins de recourir au marché noir. C'est pourquoi des « bons de chaussures » sont institués en janvier 1941. Environ deux fois par an, les femmes sont autorisées à renouveler leurs chaussures. En fonction des tickets qu'elles possèdent, elles peuvent acheter des modèles ville, intérieur, fantaisie. Mais, elles doivent souvent se contenter des arrivages. La *Dépêche des Charentes* prévient ses lectrices que les demandes de chaussures seront acceptées en octobre 1942 pour les types « Fantaisies cadets et grandes fillettes (14 à 17 ans), femmes et hommes, Galoches montantes et basses de toutes pointures, Espadrilles au-dessus du 27 et Usage-travail sur présentation de la carte professionnelle d'artisan ou d'un certificat de l'employeur ». Seuls les sabots et les nu-pieds sont en vente libre. « Nous avions deux bons de chaussures par an, se souvient Marie-Thérèse. En hiver, c'étaient des galoches. Notre voisin sabotier dans le Pont-Neuf me mettait des semelles de caoutchouc pour que ça fasse moins de bruit. L'été, j'avais des chaussures à semelles de liège. Pour ne pas les user, à la maison, on marchait pieds nus. Maman nous fabriquait des pantoufles avec de vieux vêtements et brodait le dessus. Elles servaient à l'école où nous devions nous déchausser ».

Parfois, tous les moyens sont bons pour sauver sa paire de chaussures : une Charentaise vole la capote de cuir d'une calèche pour ressemeler ses chaussures !

En 1943, Maurice Chevalier triomphe avec *La Symphonie des semelles de bois*. Depuis deux ans en effet, les femmes portent aux pieds ces fameuses chaussures si caractéristiques de la silhouette féminine des années de guerre. « L'été, nous avions des semelles de bois qui étaient maintenues sur le dessus du pied par des lanières de tissu, de raphia, des morceaux de corde ou des sangles de cuir découpées dans un vieux sac de voyage. Le plus dur, c'était de tenir debout car ces chaussures à semelles compensées étaient très hautes ». Et Marcelle conclut dans un éclat de rire : « Je suis souvent dégringolée ! » Je me souviens avec émotion de Denise, la grand-mère aujourd'hui décédée de mon amie d'enfance qui me racontait souvent cette chute mémorable qu'elle fit rue Jean-Jaurès à Brest : « J'étais juchée sur mes fameuses chaussures à semelle de bois quand tout à coup j'ai glissé. Je suis partie en arrière et mon chapeau – une sorte de capeline – s'est envolé. Il a filé droit devant et s'est écrasé trois ou quatre mètres plus loin alors que moi je m'affalais sur le sol. La scène était si comique que les passants se sont mis à rire. Je n'ai pas mis longtemps à me relever, à fondre sur mon chapeau et à disparaître ! » Au cours de la guerre, les semelles de bois connaissent des perfectionnements comme l'explique Jacqueline : « Dans les années 1943-1944, marcher avec ces chaussures était devenu un peu plus facile puisque les semelles étaient articulées. Enfin, c'était ce que les vendeuses disaient ! Des encoches pratiquées dans les semelles les rendaient un peu plus souples mais c'était encore loin de valoir les chaussures d'avant-guerre. »

La pénurie persiste après la Libération. En novembre 1945, la presse régionale établit un pronostic peu encourageant : « Des semelles de bois sont prévues jusqu'en 1947 même si la situation doit être meilleure en 1946 qu'en 1944 ou 1945. Quarante et un millions de paires de chaussures seront fabriquées. Mais cette production sera insuffisante. L'effort est porté principalement sur la production de chaussures pour les enfants de moins de quinze ans qui pourront recevoir une paire de chaussures et une paire de galoches ».

Ah ! ce savon...

« Je crois que c'est le souvenir qui m'a le plus marquée sous l'Occupation. Sans doute parce qu'il fallait le faire soi-même et que ce n'était pas toujours une réussite », raconte Georgette en souriant. « Quand on le tournait comme une mayonnaise, ça prenait ou ça ne prenait pas et, dans ce cas, toute la soude caustique s'en allait, le gras restait au fond du récipient et il fallait recommencer. En plus, ça ne sentait pas bon et je devais faire des kilomètres pour me procurer de la soude caustique ».

Le savon ! Que de souvenirs surgissent à ce simple mot ! « Maman récupérait du gras à l'abattoir de Poitiers et le mélangeait à de la soude », se souvient Marie-Thérèse. « Nous utilisions du suif que l'équarrisseur de la Mothe-Saint-Héraye nous fournissait ». « Mais attention ! Impossible de l'utiliser pour le corps ! Il nous aurait emporté la peau ». « Il servait surtout pour le linge, poursuit Colette mais on utilisait aussi des orties. Au moins, y'avait pas besoin de ticket pour en avoir ! » « Pour la lessive, heureusement il y avait de la cendre. Ça nettoyait très bien ». Des ersatz font aussi leur apparition sur le marché de la lessive. Ainsi, Panamyr est réputé dégraisser, détacher et nettoyer tous les tissus qu'ils soient de laine, de soie, de coton ou de flanelle. Mais, de l'avis de toutes les femmes interrogées, il est presque aussi difficile d'entretenir sa garde-robe que de se procurer des vêtements neufs.

« La toilette se faisait à l'eau froide. À l'époque, c'était normal à la campagne. Y'a que pour la grande toilette qu'on faisait chauffer de l'eau dans la lessiveuse ». « Les savonnettes étaient rares et chères. Un savon de toilette de 100 g devait durer quatre ou cinq mois. Ce n'était pas le moment de laisser les enfants jouer avec ». « Nous n'avions presque pas de savon. Pourtant, nous arrivions à rester propres », conclut Albertine.

« La majorité des femmes gardaient les cheveux longs, le plus souvent attachés par des barrettes ou des peignes », signale Yvonne. « C'est que nous n'allions pas au coiffeur, explique Andrée, du moins à la campagne. Les femmes portaient des chignons retenus par des pinces ». « Même en ville, la plupart des femmes n'allaient pas chez le coiffeur. Certes il ne fallait pas de ticket mais c'était trop cher ! »

De même, les cosmétiques deviennent des produits de luxe. Alphonsine sait comment s'en passer. Cette jeune femme qui habite Paris place, dès le début de la guerre, ses deux enfants dans sa famille en Vendée. Pour leur rendre visite, elle fait Paris-la Vendée en vélo. « Il me fallait une semaine », assure-t-elle. Ces contraintes ne l'empêchent pas de rester coquette, bien au contraire. « Comme je n'avais pas de rouge à lèvres, je mettais du jus de betterave sur mes lèvres pour les colorer ! »

Être élégante malgré tout. Coll. auteur.

8

On s'amuse aussi sous l'Occupation

On s'amuse pourtant sous l'Occupation. Certes, la plupart des réjouissances ne connaissent pas le même retentissement qu'avant guerre. Elles ne drainent ni les mêmes acteurs ni le même nombre de gens. Beaucoup sont confidentielles. Les contraintes qui les entourent sont nombreuses et paralysent la joie qu'occasionnent habituellement les activités festives et de loisir. De nombreux interdits existent.

Le maintien des loisirs traditionnels

Tout au long de la période, les femmes de l'Ouest continuent d'avoir des loisirs dans des domaines artistiques aussi divers que le cinéma, le théâtre et la musique.

Pendant la drôle de guerre , les projections cinématographiques se poursuivent. En janvier 1940, on joue au Majestic de Caen, *Le Café du Port,* au Sélect, *Soubrette* et *L'évadé d'Alcabraz* et à l'Eden *Les moulins dans le soleil* tandis que les spectateurs de Granville peuvent découvrir sur l'écran du Casino *Les gens du voyage.*

Jacqueline et Rolande, célibataires, sont des habituées des salles obscures et se rappellent avoir vu sous l'Occupation quelques bons films : *Remorques* avec Jean Gabin et Michèle Morgan, *Les visiteurs du soir* réalisé en 1942 par Marcel Carné et présenté à Poitiers en février 1943, *Goupil mains rouges,* tous les films de Tino Rossi, ceux de Fernandel et notamment *La fille du puisatier* tourné par Marcel Pagnol en 1940. Des Vendéennes assistent à la projection du *Corbeau,* le chef-d'œuvre d'Henri-Georges Clouzeau avec Pierre Fresnay et Ginette Leclerc et à celle de *La Bête humaine* d'après l'œuvre d'Émile Zola avec Jean Gabin et Simone Simon. À partir du printemps 1942, les « Tournées Cinématographiques du Poitou » diffusent des films dans les campagnes poitevines. Du 9 au 15 octobre 1943, à Auxances le lundi, à Jaunay-Clan le mardi et à Vouillé le mercredi, les spectatrices peuvent découvrir *Le Tigre du Bengale* puis du 16 au 22 octobre de la même année, *Un de la Canebière* diffusé à Ducey dans la Manche dès le mois de janvier. Marcelle se souvient avoir vu *Marajo* au Rex, le cinéma de Sourdeval tandis que Huberte de Vannes, Alix de Rennes, Jacqueline de Poitiers et Élise du Mans conservent le souvenir émerveillé d'*Autant en emporte le vent.* Sur l'Île de Ré, en août 1944, le cinéma La Cigale présente à Sainte-Marie, à la Flotte, à la Couarde puis au Bois un film de la mer *Tempête* et à Rivedoux *L'assassinat du Père Noël* avec Harry Baur. Jusqu'au 15 octobre 1942, il est possible de voir des films anglais et américains. Passé cette date, leur diffusion est interdite. Seuls les films produits par des sociétés françaises ou allemandes sont à l'affiche.

Andrée se rend au cinéma tous les jeudis. Chaque séance se déroule selon un processus presque immuable. Elle débute par un petit film d'entrée. Les actualités militaires allemandes suivent. « De la propagande ! » lance Rolande. « De la désinformation ! » laisse tomber une autre femme. Puis, le film est projeté.

Se rendre au cinéma n'est pas exempt de contraintes. « Les séances avaient lieu l'après-midi. Certaines étaient proposées le soir, vers 20 heures au plus tard. Il fallait absolument être rentré avant le couvre-feu ». Parfois, les projections sont perturbées, le plus souvent par des alertes, par des coupures d'électricité ou par des vérifications d'identité. « À La Rochelle, il est arrivé que le film soit retardé par mesure de rétorsion car des jeunes avaient sifflé les actualités ». Ailleurs, des amendes sont infligées à ceux qui manifestent trop bruyamment leur hostilité.

Malgré tout, la fréquentation des salles obscures demeure importante. Entre le 31 décembre 1940 et le 1er décembre 1943, le cinéma Normandie de Caen reçoit un million de spectateurs.

Il en est du théâtre comme du cinéma. Pendant la drôle de guerre, les représentations continuent et le public répond présent comme lors de la tournée du Théâtre de la Renaissance de Paris qui propose au printemps 1940 sa pièce *Mon curé chez les riches,* dans l'ouest de la France.

Des acteurs régionaux ou de grand renom donnent des représentations théâtrales dans toute la zone occupée. C'est le cas des « Gâs de Plonevez » à Loquéffret le dimanche 13 juillet 1941 devant un parterre enthousiaste. Les femmes de Normandie découvrent Musset grâce à la Compagnie du Regain qui joue *On ne badine pas avec l'amour.* Au Comoedia, le vendredi 8 janvier 1943, les Poitevines peuvent applaudir *25 ans de bonheur,* une pièce distribuée dans le cadre des Tournées Baret. En novembre de la même année, les habitants de La Roche-sur-Yon peuvent applaudir Fabienne Darlay dans *La Souris.* Un grand gala théâtral est organisé à La Mothe-Saint-Héray par les Tréteaux Mothais qui présentent *L'Ouragan* de René Bastin en novembre 1942. L'année suivante, *Polyeucte* puis *Les Précieuses ridicules* sont joués à Nueil-sous-les-Aubiers par les jeunes filles de la commune. Dans l'ensemble, ce sont des pièces issues du théâtre de boulevard qui remportent le plus de succès auprès des femmes. Dans les grandes villes, seule une élite assiste aux représentations. Dans les campagnes, le public est plus varié.

Des incidents surviennent parfois. La comédienne, Madame Délia-Col, arrive en retard un soir de première. Le début de la représentation est différé. Lorsque la pièce de Paul Géraldy *Aimer* commence enfin, les comédiens reçoivent l'ordre d'accélérer leur débit. Les répliques fusent. L'entracte est supprimé. La représentation peut s'achever comme prévu vers 10h45 afin de permettre aux spectateurs de rentrer chez eux avant le couvre-feu.

Les Allemands apprécient la musique. Ils organisent des concerts de musique classique donnés dans des kiosques. « Cela m'arrivait de m'arrêter pour les écouter, confesse Marcelle, ... enfin, juste quelques minutes. Je ne les ai jamais applaudis mais certains le faisaient. Au premier rang, il y avait des femmes très fardées, très bien habillées, vous voyez ce que je veux dire... elles, elles applaudissaient... Vous savez, à Angers, il y a eu des femmes tondues !... » ajoute-t-elle sur le ton de la confidence. « J'ai aussi assisté à des concerts de très bons musiciens parisiens, à quelques pièces de théâtre. Sous l'Occupation, la culture française a continué d'exister. C'est ce qui nous a permis de tenir », conclut avec vigueur cet ancien « professeur de grec-latin-français » comme elle aime à se définir. « Il m'est arrivé d'écouter de la musique au jardin des plantes à Nantes et de faire le voyage jusqu'à Cholet pour écouter les artistes de la troupe Ternay qui se produisait au théâtre. J'ai aussi assisté à des opéras. Nous mourions de froid en hiver mais écouter de la musique me faisait tout oublier ».

Toutefois, en règle générale, c'est le music-hall et ses vedettes qui recueillent tous les suffrages des femmes. « Celles qui possédaient la TSF écoutaient Tino Rossi, Jean Lumière, Charles Trénet qui a d'ailleurs dû venir dans la région pendant la guerre, Fernandel et André Claveau », se souvient Albertine. « La TSF diffusait aussi les chansons de Mistinguett, de Damia et de Fréhel ». Quelques femmes se passent des disques sur leur phonographe mais la plupart achètent le texte des chansons qu'elles aiment et les fredonnent.

Dès l'été 1940, les bals sont interdits en zone occupée. Les autorités municipales de Parthenay le rappellent par voix de presse en janvier 1941 : « [...] par ordonnance du commandant en chef des armées d'occupation en France, les danses sont interdites sur tout le territoire occupé ». De l'autre côté de la ligne, les Poitevines et les Charentaises peuvent continuer de danser jusqu'en novembre 1942. « Je ne me souviens pas être allée à un vrai bal, s'excuse Marie de Confolens, mais lors des foires, je suis sûre que nous dansions. Même sous l'Occupation, il y avait un orchestre. Nous étions jeunes et c'était plus fort que nous ».

Dans toute la France de l'Ouest, puis dans l'est de la Vienne et de la Charente à partir de novembre 1942, les gendarmes reçoivent l'ordre de verbaliser toute personne qui organise ou qui participe à un bal. En février 1943, les mesures répressives sont renforcées. Le préfet est désormais habilité à prononcer « l'internement administratif dans un centre de séjours surveillés » des organisateurs. À Urville, un débitant est verbalisé pour avoir autorisé des jeunes gens et des jeunes filles à danser dans son établissement.

Après la Libération, la joie est dans tous les cœurs et la jeunesse a une folle envie de s'amuser, peut-être pour rattraper le temps perdu. Toutes les outrances sont permises. Dans les villes, les zazous connaissent leur heure de gloire. Mais ce n'est pas au goût de tout le monde. En octobre 1944, un journaliste de *Ouest-France* se fait l'écho de certains de ses lecteurs : « Les bals organisés dans la région sont une insulte pour les morts. Il est impossible de tolérer de telles distractions. Les Préfets doivent être rigoureux sur ce sujet. »

Des loisirs à but caritatif

La durée de la guerre, l'Occupation, l'idéologie du régime de Vichy et la détention des prisonniers en Allemagne génèrent de nouveaux loisirs. Kermesses, fêtes officielles, fêtes religieuses se succèdent avec l'accord des autorités occupantes. En effet, toutes les réunions publiques doivent « être soumises à l'examen des autorités, au moins deux semaines avant la date prévue pour la manifestation ».

Dans tout l'Ouest, des kermesses sont organisées, nous l'avons vu, au profit des prisonniers de guerre et de leur famille. Ces kermesses existaient de longue date mais la finalité est nouvelle, l'organisation, tâche réservée aux femmes, plus contraignante et les lots plus alimentaires. Comme l'écrit Marcel Miocque dans son livre *Houlgate sous l'Occupation*, lors des deux ou trois kermesses qui ont eu lieu, « quelques loteries permettaient de gagner le plus souvent un lapin, ce qui à l'époque n'était nullement à dédaigner! ». En Vendée, les préveils disparaissent au profit de ces fêtes charitables. « Notre kermesse se déroulait dans le parc de la Gibraye. C'est le comité d'entraide qui l'organisait. Pour beaucoup de femmes de Saint-Sébastien en Loire-Inférieure, c'était le seul jour de fête de l'année ».

Noël est l'occasion de petites réjouissances en famille, terme qu'il faut entendre au sens le plus strict selon Marie. La messe de minuit est célébrée mais à 17 heures par endroits, à 20 heures ailleurs, en tous les cas suffisamment tôt pour que les paroissiens puissent regagner leur domicile avant le couvre-feu. « Le repas de Noël était constitué de l'ordinaire », dit Paulette d'un ton maussade au souvenir des incontournables rutabagas et autres topinambours !

Les fêtes religieuses : un regain d'intérêt

Les fêtes religieuses connaissent un regain d'intérêt y compris dans des départements ou des régions où la ferveur religieuse s'était atténuée depuis le XIXe siècle, comme la Sarthe, la Mayenne, la Normandie, le Poitou ou les Charentes. Inversement, en Bretagne et en Vendée, la loi qui a promulgué la séparation de l'Église et de l'État le 9 décembre 1905 a contribué à renforcer l'union de la population derrière l'Église. De ce fait, les fêtes religieuses ont occasionné dès cette époque de grands rassemblements qui perdurent sous l'Occupation.

Beaucoup de femmes désespérées, inquiètes, perdues cherchent un refuge dans la religion et assistent en nombre aux processions, aux ostentations et aux pèlerinages.

Yvette, catholique vendéenne, se souvient particulièrement de la Fête-Dieu : « La procession attirait beaucoup de monde. Le sol était jonché de fleurs. Les enfants des écoles, les fidèles, les jeunes filles toutes vêtues de blanc formaient un long cortège. Des enfants de chœur les suivaient et précédaient le prêtre qui portait l'ostensoir. Les habitants de Tiffauges s'inclinaient. Un grand office était célébré en l'honneur du Saint-Sacrement. » Les femmes de l'Île de Ré assistent en nombre au pèlerinage de saint Sauveur à La Noue en août 1944 priant pour un dénouement rapide de la guerre.

Denise Vitalis célèbre Jeanne d'Arc dans le *Réveil de l'Ouest*, un hebdomadaire du Mans, un temps sous-titré *L'hebdomadaire du Maréchal*. Comme elle, des centaines de femmes assistent chaque printemps aux cérémonies organisées en faveur de Jeanne d'Arc. En mai 1941, la sainte est célébrée avec une grande ferveur à Argenton-Château : « La fanfare a joué à la grand'messe des morceaux de circonstance dont le plus émouvant fut, en final, l'hymne national ». « Tous les ans, ma mère nous emmenait à l'église – Saint-Joseph ou de la Madeleine je ne sais plus – à Segré. Nous y allions en char à banc. On le laissait chez des cousins à l'entrée de la ville sur la route de Marans. Nous écoutions la messe en silence puis, avec mes frères, on regardait les anciens combattants défiler en musique. Parmi eux, il y avait mon grand-père. Un pétainiste convaincu. Beaucoup de mes amies y allaient avec leurs parents. C'était une belle fête et puis, ça soudait les gens, ça donnait de l'espoir. Après tout, Jeanne d'Arc avait chassé les Anglais, on finirait bien par chasser les Allemands. Je crois que c'est ce que les gens se disaient ».

En Bretagne, les pardons continuent d'attirer les foules à Sainte-Anne-d'Auray, à Rumengol, au Folgoët près de Lesneven, etc. En juillet 1941, Yvonne assiste coup sur coup au grand pardon de sainte Barbe à Roscoff puis à celui de sainte Anne à Kernilis. Julienne, sa mère, ses tantes participent au pardon de Notre-Dame de Bon Voyage à Plogoff. « La ferveur de tous était intense. Bien sûr, nous avons prié pour nos pêcheurs mais aussi pour les gars de l'Île de Sein, pour le retour des prisonniers et pour la France, pour que la liberté nous soit rendue ».

« À bicyclette »

Pour rejoindre les leurs à la campagne, les femmes de l'Ouest se déplacent à bicyclette. « À l'époque, faire vingt kilomètres à vélo ne me faisait pas peur. Le samedi, vers cinq heures du soir, je prenais ma bicyclette et je quittais Janzé pour rejoindre mes parents à Bain. J'étais loin d'être la seule sur la route. Je rentrais le lundi matin de bonne heure. Mon patron ne me disait rien car, à chaque fois, je rapportais des légumes ou des œufs. Ma collègue était de Châteaugiron. Elle faisait comme moi. Et comme son fiancé était de Châteaubourg, le dimanche elle allait le retrouver. Ça en faisait des kilomètres dans l'année. Mais à ce moment-là, ça faisait pas de peine. On ne connaissait pas la voiture ». « Nous habitions Sées. Mon mari était artisan et parfois un client le payait en nourriture mais ce n'était pas suffisant pour rassasier les cinq gamins que nous avions à l'époque. Alors le dimanche, nous partions à vélo faire la tournée des fermes. Les deux plus jeunes étaient devant nous, les trois autres suivaient, un dans une petite charrette que mon mari avait fabriquée avec une caisse en bois et des roues de landau, les deux grands sur leur petit vélo. On faisait une boucle, toujours la même : La Chapelle, Neauphe, Boitron et retour par Aunou. Parfois, Jean poussait jusqu'à Neuville ou Chailloué. Pas les petits, c'était trop dur pour eux. Ça nous permettait d'améliorer l'ordinaire et de voir nos parents ».

Chaque propriétaire doit immatriculer sa bicyclette à l'aide d'une plaque métallique puis d'un simple carton fixé à l'arrière du vélo sous peine d'être verbalisé comme l'apprennent à leurs dépens deux jeunes filles de Lessais dès avril 1940 avant même l'occupation allemande.

Ces précautions ne dissuadent guère les voleurs. Or, ils sont légion dans la France de l'Ouest au cours des années quarante. Une série de vols de bicyclettes a lieu à Thouars en janvier 1943.

Parmi les victimes figure Madame Landais. Une mésaventure similaire arrive à Catherine Rio de Rochefort. Mais comme les vélos sont reconnaissables, les voleurs préfèrent dérober pièce par pièce de quoi constituer une nouvelle machine. D'autres font commerce de pièces détachées qui se vendent très cher au marché noir. Ainsi, un pneu et une chambre à air sont soustraits au vélo de Louise Martin de Cléré. Madame Launay se rend à la messe à Brix. Elle dépose sa bicyclette dans un champ proche de l'église. À son retour, une roue a disparu !

Troisième partie

les femmes souffrent dans leur cœur et dans leur corps

Femme de prisonnier, elle devient cuisinière
pour faire vivre sa fille
Coll. auteur.

9

Femmes de prisonniers

Un million cinq cent mille Français sont faits prisonniers. La plupart sont envoyés en Allemagne. Outre-Rhin, ils sont répartis dans des camps : des oflags pour les officiers, des stalags pour les sous-officiers et les simples soldats. Ce sont ainsi, dix-sept mille Vendéens, trente mille Finistériens, quinze mille hommes de Loire-Atlantique, mille cinq cents habitants de la seule ville de Poitiers, quatre mille du Mans… qui sont retenus par les troupes allemandes.

« J'ai rempli une carte-questionnaire, que le comité local de la Croix-Rouge m'a fournie. Trois semaines plus tard je savais que mon mari était prisonnier du côté d'Amiens ». Comme Jeanne, elles sont des milliers à apprendre par la Croix-Rouge ou par un soldat qui a réussi à s'échapper que leur mari ou leur fils est prisonnier.

D'autres découvrent la triste réalité dans la presse. En août 1940, *L'Ouest Éclair* cite chaque jour les noms de prisonniers originaires du Grand-Ouest tels Félix Le Bigot de Mantilly, Emile Berthou de Cormier-des-Landes, Charles Finck de Vannes. Certains sont prisonniers à l'hôpital de Tonnerre comme Marcel Tavard, du 222e RA.

Loin des yeux mais toujours présents

Un an, deux ans.... quatre ans. La majorité des femmes restent près de cinq ans sans revoir leur époux. La solitude du cœur s'abat sur les femmes. Des mères ne supportent pas la séparation. En 1942, deux femmes, l'une du nord des Deux-Sèvres, l'autre de Coulonges-sur-l'Autize, se suicident.

Pourtant, la majorité fait face avec courage. Rares sont celles qui oublient leur prisonnier. Léone, tout juste fiancée avant le début des hostilités, attend pendant cinq ans le retour de Frantz, un jeune pâtissier. À la Libération, ils se marient et s'installent à La Rochelle.

Quelques femmes, courageuses ou inconscientes, en tous les cas follement amoureuses, bravent les dangers que représentent la présence des Allemands, les lignes de démarcation, les interdictions de circuler la nuit pour rejoindre l'être aimé, non pas en Allemagne, c'est impossible, mais dans les camps de prisonniers établis dans l'Ouest et le Nord et qui accueillent de nombreux soldats de nos régions. Ainsi, Louis de Souvigné, Albin de Monbayet, Urbain des Adjots et Louis de Mazerolles sont détenus au camp de Mulsanne près du Mans puis détachés en équipes agricoles dans la Sarthe. D'autres encore sont au camp d'Angoulême spécialement agrandi pour recevoir des prisonniers de guerre en plus des prisonniers algériens et du cantonnement des travailleurs annamites de la poudrerie.

Comme Eugénie qui traverse toute la France pour rejoindre Clément, prisonnier dans les Vosges, Hélène abandonne tout pour retrouver Jean. « J'avais la ferme intention de le faire libérer ou à défaut de le faire évader. J'ai pris le train pour Villers-Bretonneux puis j'ai fait sept kilomètres à pied jusqu'à la ferme où il était. « Ma pauvre dame, votre mari n'est plus là. Il est parti ce matin ». Les paysans m'indiquent la direction prise par les prisonniers. « On va essayer de le rattraper ». Le jeune fils de la maison attelle la voiture à cheval et nous partons sur leurs traces. Nous arrivons sur la place de l'église dans un village. Il y a un attroupement. Ce sont eux. J'aperçois mon mari. « Jean, j'ai des papiers comme quoi on a besoin de toi ». Il me dit d'aller les remettre à un officier. « Bien Madame ! Vous reviendrez demain matin. On prendra une décision », me dit l'Allemand. Des gens très accueillants acceptent que je passe la nuit chez eux. Mon mari vient me rejoindre. Le lendemain, à l'aube, il regagne son cantonnement. La journée passe sans que je revoie l'Allemand. Le soir, je dis à mon mari : « J'ai des vêtements civils, tu vas partir. Je te remmène ». Jean refuse. Il veut la liberté dans la légalité. Des gens me logent pour une nouvelle nuit. Le lendemain, c'est trop tard ». Au petit jour, les prisonniers sont partis pour l'Allemagne. Hélène et Jean ne se retrouveront qu'en 1945 !

Le courrier, lien tenu entre les femmes et les prisonniers

Le seul lien qui relie désormais les femmes de l'Ouest à leur mari prisonnier est une petite lettre : quelques mots indispensables pour préserver l'amour.

Mais qui sont ces prisonniers ? Le *Journal de Normandie* de décembre 1943 puis *La Croix du Bocage* de décembre 1944 dressent une étude démographique et sociologique des onze mille six cent quatre-vingt-huit captifs originaires du Calvados. Environ six mille cinq cents sont mariés, cent huit sont divorcés, deux sont dits « en état matrimonial incertain » et les autres sont célibataires. La majorité est née en 1918, 1919 et 1920.

Les prisonniers sont donc des hommes jeunes qui ont laissé chez eux des mères inquiètes et des épouses âgées d'une vingtaine d'années souvent mères d'enfants en bas âge voire de nourrissons conçus lors des permissions de l'hiver 1939-1940.

Lien ténu entre les femmes de l'Ouest et les prisonniers, le courrier est strictement réglementé dès 1940 comme l'indique cette circulaire conservée aux archives de la Charente :

« Paris, 20 septembre 1940

Le Général de corps d'armée à Messieurs les préfets,

Il est possible d'envoyer... à partir de la zone occupée... Pour l'Allemagne, des lettres et des cartes non recommandées expédiées de préférence ouvertes, des paquets-poste de poids maximum d'un kilo, des colis postaux jusqu'au poids de cinq kilos...

Le courrier doit être rédigé uniquement en Allemand ou en Français avec des caractères allemands ou latins sous peine d'interruption de la correspondance... »

De quoi parlent les femmes dans leurs lettres ? Tout d'abord de leur santé, des maladies de leurs enfants, de leurs proches, de la scolarité des aînés, des progrès des tout-petits. « Dans la première lettre que j'ai adressée à mon mari, je lui ai annoncé que j'allais avoir un bébé ; dans la seconde, qu'il était père. J'étais restée tellement longtemps sans savoir où il était que je n'avais pas pu l'avertir plus tôt que j'étais enceinte... Il a eu du mal à s'en remettre, m'ont dit ses camarades ! » Elles évoquent longuement les difficultés de leur vie quotidienne. « Quand j'écrivais à Auguste, je lui disais combien il m'était pénible de faire la queue. Je lui ai parlé des bombardements mais sans trop insister. Je ne voulais pas l'inquiéter. Puis quand on a été évacué, je lui ai seulement dit que j'étais chez ma mère parce que je m'ennuyais toute seule à Royan. C'était un mensonge mais je ne pouvais lui dire que sa ville natale n'était plus qu'un tas de ruines ».

Les prisonniers ont le droit d'écrire à leur famille. Ils disposent d'enveloppes lettres ou de cartes-lettres sur lesquelles ils peuvent s'exprimer à peu près librement. Seules les injures proférées contre les Allemands sont censurées par de larges bandes noires. Quel bonheur de recevoir quelques lignes qui, au-delà des mots conventionnels, signifient que l'amour perdure et que les pensées font fi des barbelés et de l'éloignement. « Mes chères petites, surtout faites bien attention à vous, soignez-vous le mieux possible et ne commettez aucune imprudence, car une fois encore vous êtes tout ce que j'ai de plus cher au monde et votre souvenir et l'espoir de vous revoir le plus vite possible est mon seul réconfort », écrit Gaston, prisonnier en Bavière. Louis, agriculteur en Mayenne avant la guerre, travaille dans une ferme près de Kiel. « Je suis bien traité et au moins ici, on mange bien, écrit-il à sa femme en mars 1943. Dans la journée je suis aux champs. Ce qui est dur, c'est le climat. Le sol est gelé, impossible de le retourner. Prends bien soin de toi et de notre fils. Dis-lui que son papa pense bien à lui ». Clément souffre de ne pas voir grandir ses enfants : « Rends à tes deux lutins leurs gros baisers. Je pense beaucoup à eux. Et dire que pendant toute cette période, je ne les aurai pas connus. Ainsi, le petit "Gégé" est adorable. Et Michel est plus réservé. Nous l'aiderons et tu verras qu'il fera lui aussi son petit bonhomme de chemin. »

« Ce que nous préférions, confie Andrée, c'étaient les lettres dans lesquelles Pierre décrivaient ses journées ». Curieuses de nature, les femmes ? Certainement. Dans son *Journal d'un engagé volontaire* Lucien Racinoux raconte à propos de René, un compagnon de captivité originaire de Charroux, qu'à leur retour, sa femme l'a questionné : « Disez-moi donc quelle vie qu'il a menée là-bas, il a été plus de six mois sans m'écrire ? » Comment avouer à la brave femme que son mari n'avait pas le temps d'écrire parce qu'il avait une « petite amie » ? Eugénie s'inquiète quant à elle des fréquentations de son mari. Celui-ci lui répond : « Tu me demandes quel est l'entourage. Pomalo est vrai parisien, croque-mort de son état. De Rocquigny est noble et descendant des Vikings. Perrin appartient au Service du génie ».

Albertine est choquée lorsque Marcel lui écrit qu'il apprend l'allemand. Ce qu'elle ne sait pas, ce que Marcel ne peut lui écrire, c'est qu'il souhaite s'évader. Pour que son entreprise réussisse, il lui faut maîtriser la langue de Goethe. Les mois passent. Marcel poursuit son effort. Bientôt, il est fin prêt. Il s'évade… Repris, il recommence une fois, deux fois, toujours en vain. Il ne retrouve le sol de ses ancêtres qu'en 1945. « Parti un des premiers, il est revenu dans les derniers », souffle Albertine avec tristesse en repensant à son jeune époux fauché par la mort en 1947 : « Nous nous sommes si peu connus… »

Enfin, de temps en temps, les prisonniers adressent un mandat à leur épouse et prennent soin de les en informer par lettre : « Le 27 septembre 1942. Petite femme bien aimée et petite fille chérie... il y a deux jours, je vous ai expédié un petit mandat de 15 marks ou 300 francs » et de s'inquiéter si l'argent a pu être touché. Inquiétude ô combien justifiée ! Dans le Calvados, un facteur est interpellé après avoir dérobé dix mandats envoyés par des prisonniers à leur femme.

Mais ces lettres impersonnelles ne comblent pas l'envie de communiquer, le désir de se rapprocher, le souhait de faire partager sa vie quotidienne à l'époux lointain. C'est pourquoi, au sein d'un colis, un message est souvent caché dans un endroit des plus insolites. Germaine a l'habitude de rouler une lettre dans un tube d'aspirine qu'elle cache au cœur d'un pâté maison. Jeanne utilise le même contenant mais le dissimule dans un bocal de haricots verts. « Lorsque nous étions fiancés, nous avions un code pour communiquer, avoue Émilie. Tout naturellement Jean l'a utilisé pour le premier message qu'il m'a envoyé. J'ai répondu de même. Pendant tout le temps qu'a duré sa captivité, nous avons pu échanger des nouvelles intimes au nez et à la barbe des Allemands qui croyaient que nous parlions de la météo en France et en Allemagne ! » Que contiennent ces petits mots ? Essentiellement des nouvelles de la famille. En tous les cas, rien qui puisse entraîner des représailles. Il n'est pas question d'inciter son mari à s'évader. C'est trop dangereux. Et puis, il est tellement loin ! Leipzig, Düsseldorf, Hambourg, le bout du monde !

À Saint-Gemme-la-Plaine, Bl. n'hésite pas à profiter du désarroi des femmes de prisonniers. Moyennant finances, il les reçoit dans un café et leur donne des nouvelles de leurs maris retenus dans les geôles allemandes alors qu'il ne les a jamais rencontrés. Un homme de cinquante-neuf ans, originaire de Saint-Malo, se faisant passer pour un amiral, va jusqu'à promettre à des mères et des épouses la libération de leur fils ou de leur mari en échange d'une coquette somme d'argent. Des aigrefins proposent également d'acheminer lettres et colis vers les oflags et les stalags répartis sur tout le territoire allemand. « Monsieur B. m'a accostée alors que je sortais de la Maison du Prisonnier. Il m'a expliqué qu'il était marié à une Allemande et que son beau-frère était d'accord pour remettre du courrier à mon mari prisonnier à Hambourg. J'étais amoureuse et naïve. Je lui ai fait confiance et pendant plus d'un an je lui ai confié deux lettres par mois. Mon mari n'y répondait pas mais Monsieur B. m'avait expliqué que c'était normal à cause de la surveillance du courrier. Je ne me suis pas méfiée et j'ai continué à le payer jusqu'au jour où il a disparu. À la Libération, André m'a dit qu'il n'avait jamais reçu mes lettres ».

Le colis aux prisonniers

Une à deux fois par mois, les femmes de prisonniers peuvent expédier à leur mari un colis au poids réglementé. Pour cela, elles ont besoin d'une étiquette. Celle-ci est indispensable, même si le colis est offert par un tiers. Ainsi, en janvier 1943, le curé de Périers prie les familles de prisonniers de remettre leur étiquette de janvier à Mademoiselle Blondel afin qu'elle expédie un colis gratuit en son nom à tous les prisonniers de sa paroisse.

Que contiennent ces colis ? Essentiellement des denrées alimentaires, des cigarettes et des lainages. Les femmes de l'Ouest répondent ainsi à l'attente de leur mari qui se plaignent régulièrement de la faiblesse des rations alimentaires : « Comme menu, c'est simple, à part nos colis, toujours la même chose, soupe aux pommes de terre le midi et, le soir, un morceau de pain avec une petite rondelle de saucisse et de la margarine », commente Marcel. « Même en n'étant pas très maigre, on n'a aucune force, explique Louis, médecin avant la guerre. À part ceux que l'on reçoit dans nos colis, les aliments que l'on consomme sont très peu riches en vitamines ». C'est pourquoi, les mères et les épouses usent de toutes les ressources possibles pour expédier à l'être aimé de la charcuterie, des conserves de viande et des bocaux de fruits et légumes. Toutefois, il est certain qu'un prisonnier issu de la campagne est favorisé. À la ville, il n'est pas toujours facile de trouver des denrées pour le colis.

Dans les Comités du secours aux prisonniers, les femmes peuvent faire sertir leurs boîtes de conserve et préparer les fameux colis dont le contenu varie d'abord en fonction des disponibilités et des besoins de chacun puis est fixé d'office. Ainsi, en novembre 1942, les prisonniers originaires de Caen reçoivent grâce à la générosité des Caennais libérés, 200 g de pain d'épice, deux paquets de 250 g de pâtes, deux paquets de gâteaux, 500 g de pain concentré, une crème de gruyère, une boîte de sardines, un paquet de tabac, deux paquets de cigarettes, 300 g de savon et deux paquets de pâtes de fruits.

Quels que soient les produits envoyés, il faut faire attention à ne pas dépasser le poids réglementaire. « Un jour mon mari m'a demandé une paire de chaussures, se souvient l'une des pensionnaires du foyer Crozet; la paire dépassait le poids autorisé et je n'avais qu'une étiquette. Ce mois-là, je n'ai envoyé qu'une seule chaussure. Mon mari a reçu la seconde dans le colis du mois suivant ». C'est une chance car tous les colis n'arrivent pas. Certains disparaissent complètement, d'autres sont amputés d'une partie de leur contenu. Les cigarettes et le chocolat arrivent rarement à destination. En novembre 1943, des colis destinés aux prisonniers disparaissent à Biéville-sur-Orne. À Conquereuil, c'est la gérante de la halte SNCF qui pille les colis.

Les religieuses hospitalières de Beaupreau participent indirectement au soutien moral des prisonniers catholiques. « Nous avons confectionné des hosties pour les prêtres prisonniers. Entre le 1er septembre 1941 et février 1942, nous en avons fait 162 000. Elles étaient portées à Paris par une dame amie et remises à l'abbé Rodhain qui les acheminait jusqu'en Allemagne ».

Une solidarité sans faille envers les prisonniers et leur famille

La solidarité envers les prisonniers et leurs femmes n'est pas un vain mot. Un Comité de secours aux prisonniers est créé dans toutes les villes importantes de l'Ouest. Les femmes y trouvent une aide morale et matérielle. Les plus démunies reçoivent des bons de solidarité. Le Comité d'assistance aux prisonniers de Penmarc'h est présidé par Madame Jean. Mesdames Rocaboy, Stéphan, Dagorn, Péron, Guichaoua, Loussouarn et Chapalain assurent les permanences le jeudi de 14 heures à 16 heures. C'est le même jour, aux mêmes heures que celui du Croisic assure les siennes au 2, rue de l'Église. Madame Jean est à l'écoute des femmes isolées au Centre d'entraide de Port-en-Bessin. Les mêmes services fonctionnent à Segré, Pouancé, Argenton, Beligné, Lorient... Des centaines de femmes accueillent ainsi celles que la guerre a esseulées. D'autres apportent une aide financière à des centres comme Mademoiselle Rigaud ou Mesdames Bésiers-Lafosse et Fagault.

Ces comités d'assistance aux prisonniers ferment leurs portes le mercredi 31 octobre 1945. En Vendée, les fonds restant sont remis à la Croix-Rouge. Beaucoup de femmes s'investissent alors dans le Mouvement des prisonniers de guerre et des déportés comme Mesdemoiselles Coiffard, et Charleux et Mesdames Raveneau, Dupont, Inbach et Teneau à Angers ou Mesdames Bocage et Barthélémy à Caen.

Régulièrement, des manifestations sont organisées au profit des prisonniers et de leur famille : kermesses, galas, soirées, représentation, dont les bénéfices vont aux colis des prisonniers. Une soirée récréative avec au programme *La Farce du Cuvier* et *La Nuit orageuse* a lieu à Banneville-sur-Ajonc au profit des prisonniers de la commune et de ceux du Mesnil-au-Grain et de Saint-Agnan-le-Malherbe. Des tombolas sont organisées comme à Evrecy en 1942 ou à Château-d'Olonne en septembre 1944.

À Poitiers, le colis de janvier 1943 est envoyé gratuitement grâce au produit de la kermesse du mois de septembre précédent. Celles-ci sont nombreuses dans nos pays d'Ouest : la kermesse de Saint-Aubin-sur-Mer propose des jeux, des denrées diverses, une loterie au cours de laquelle deux bicyclettes neuves peuvent être remportées tandis que l'animation est assurée par Daisy Moriss'B, Davignon et Watson ; celle de Soignolles commence par une messe ; celle de Landelles propose une dégustation de produits normands.

Les quêtes sont fréquentes sous l'Occupation et malgré la rigueur des temps, tout le monde donne. En janvier 1943, celle de Sortosville-en-Beaumont rapporte quatre mille cinq cent quatre-vingt-cinq francs et la petite commune de Pluguffan est citée en exemple.

Les jeunes mariés tout à leur bonheur n'oublient pas pour autant les familles désunies par la guerre. À Grimesnil, une quête faite au mariage d'Alexandre Dudouyt et de Marie-Louise Leconte produit la coquette somme de trois cent cinquante francs. Celle organisée au mariage de J.-F. Gouzier et de M. Richard à Locmaria-Plouzané en rapporte deux cent cinquante.

Une allocation insuffisante

Les femmes de prisonniers perçoivent une petite allocation mais si médiocre, qu'elle est insuffisante pour faire vivre une famille. « Les prix ne cessaient d'augmenter mais ma pension restait la même ! » déplore Suzanne.

De plus, ces femmes sont confrontées à une injustice criante. L'allocation versée aux mamans pour élever leur premier enfant diminue au bout de cinq ans si un second bambin n'est pas venu agrandir la famille. « Comment voulez-vous faire un enfant avec un mari retenu à des milliers de kilomètres ? » interroge Maryvonne qui a subi cette discrimination.

Alors comment faire pour survivre ? Trouver un emploi ? C'est ce que font la majorité des femmes de prisonniers. D'autres bénéficient de l'aide familiale, d'autres encore de la générosité de leurs concitoyens. Le Comité d'entraide de Botsorhel distribue des denrées aux enfants dont le père est absent tandis qu'une kermesse est organisée à Trouville au bénéfice des familles de prisonniers.

Quand rentrera-t-il ?

Dès la fin des hostilités, en juillet-août 1940, des femmes prennent leur plume et sollicitent la démobilisation ou la libération de leur mari.

Beaucoup placent leurs espoirs dans ces congés qu'obtiennent les agriculteurs pour s'occuper des récoltes de la fin de l'été. Toutefois, seule une minorité de prisonniers est concernée. Le maire de Mesquer met fin aux espérances de quelques femmes qui ont entendu dire que ceux qui sont détenus près du Mans vont être libérés : « Seuls les prisonniers rappelés pour la rentrée des récoltes ou des autres travaux agricoles obtiendront un congé. Toute autre réclamation sera sans effet. D'autre part, aucune demande ne sera prise en considération si elle provient de départements autres que ceux de l'Eure, l'Eure-et-Loir, l'Orne et la Sarthe. »

D'autres femmes comptent bénéficier des mesures prises en août 1940 que résume ainsi le préfet de la Gironde :

« Les prisonniers de guerre internés dans les camps soit en France soit en Allemagne peuvent être envoyés en permission aux conditions suivantes :

– dans la zone occupée, si le prisonnier de guerre est indispensable pour l'administration publique ou civile et si la demande est faite par les autorités allemandes,

– dans la zone non occupée, si le prisonnier est demandé individuellement. Ces permissions sont limitées strictement à d'importantes personnalités. »

J.-M. s'empresse d'écrire au préfet de Charente : « Je reçois ce matin une lettre de mon mari prisonnier à Vesoul. Il me dit que si la préfecture de la Charente le réclame en tant que vérificateur des poids et mesures à Ruffec, il sera libéré beaucoup plus vite. »

La lettre de Madame M. est plus vindicative :

« C'est une épouse et une maman qui s'excuse et vient vous soumettre son cas. J'ai deux enfants. Mon mari mobilisé au début des hostilités est maintenant en zone libre. À Orange Centre Démobilisateur (Vaucluse) et ne peut arriver à être démobilisé.

Ne trouvez-vous pas anormal qu'un homme de 36 ans, père de deux enfants, Service auxiliaire, ayant son travail assuré ne puisse être rendu à son foyer, alors qu'il y en a tant, et plus jeunes, qui sont rentrés ?

Je vous demande de tout mon cœur si cela est en votre pouvoir d'intervenir auprès des autorités françaises ou allemandes pour activer le retour de mon mari près de nous. »

Peut-être ému par ce courrier, le préfet s'empresse de répondre. Certes, il ne peut intervenir mais il rassure la jeune femme. La démobilisation de son époux ne saurait tarder à s'accomplir, en raison de la classe à laquelle il appartient ».

Souvent sollicités, les préfets sont forcés de reconnaître qu'ils sont impuissants à accélérer la démobilisation des soldats et à faire libérer les prisonniers. À Madame H. d'Ille-et-Vilaine, le préfet répond qu'il ne peut intervenir : « Seule l'autorité militaire est compétente pour effectuer la démobilisation de l'intéressé. »

La démarche de ces épouses est parfois anticipée ou relayée par les employeurs ou les administrations. L'inspection académique et la mairie d'Angoulême demandent le retour de Lucien Chagnaud, marié et père de deux enfants, instituteur à Ruelle. Le maire précise que « Madame Chagnaud déclare pouvoir héberger son époux lors de sa libération » et ajoute que « Monsieur Chagnaud est de très bonne conduite et moralité ».

Cependant, malgré l'avis favorable de la mairie, de la préfecture et de la *Ortskommandantur* locale, malgré l'assurance que le prisonnier retrouvera sa place au sein de sa famille, rares sont les hommes qui sont libérés. Quelques cultivateurs ont parfois cette chance comme Jean-François et Guillaume qui retrouvent leur terre de Lopérec en avril 1941.

En Bretagne, d'autre part, selon Kristian Hamon qui vient de consacrer un livre aux nationalistes bretons sous l'Occupation, entre juillet et décembre 1940, six cents prisonniers bretons sont libérés grâce à l'intervention des dirigeants du PNB.

À la faveur de l'arrestation de « dangereux terroristes » – pour reprendre la terminologie allemande – par la police française, des prisonniers sont libérés. Ainsi, en échange de l'aide apportée par deux policiers lors de l'arrestation en 1942 du communiste Marc Nepoux, les deux policiers obtiennent l'élargissement de deux de leurs parents : Étienne de Quimperlé et Maurice de Montmorillon, tous les deux mariés et pères de famille. D'autres ne retrouvent pas leur foyer ce qui, pour leur épouse ou mère est une déception mais sont transformés en travailleurs libres. À la suite de l'arrestation du « dangereux terroriste Tasse », arrestation lors de laquelle les membres de la police d'Angoulême se sont distingués, la *Sicherheitspolizei* de Poitiers a demandé des propositions pour la libération de prisonniers de guerre, parents des inspecteurs qui ont, selon elle « fait preuve de courage ». Quatre prisonniers sont concernés par cette décision. Deux d'entre eux sont transformés en travailleurs libres tandis qu'un troisième refuse de devoir sa liberté à l'arrestation d'un homme.

Beaucoup de femmes placent également leur espoir dans la relève. Pour trois Français acceptant librement d'aller travailler dans les usines allemandes, un prisonnier doit être libéré. Vaine espérance ! La proposition Lagardelle du 23 juin 1942 reste presque lettre morte. Rares sont les Français qui sont prêts à se sacrifier. Seuls quelques jeunes hommes se portent volontaires pour le plus grand bonheur de quelques femmes de Normandie, de Bretagne, de Mayenne, de Vendée, d'Anjou, des Charentes et du Poitou. En revanche, de nombreux jeunes sont réquisitionnés d'office et sont contraints d'abandonner leur foyer causant ainsi le désespoir de leur mère, comme me l'a rappelé un habitant de Niort soumis à cette décision arbitraire et sans appel.

Lorsqu'un train de la relève est annoncé, les autorités municipales et préfectorales sont chargées de donner de l'ampleur à l'événement. Aussi, lorsque le 18 septembre 1942, Henri de Saint-Michel, Jacques de Richemond, Henri de Baignes, Ernest de Plaizac et André de Segonzac rentrent au pays, plusieurs personnalités sont là pour les accueillir et notamment le préfet, le maire d'Angoulême, le colonel Jaubert du Centre d'accueil ainsi que Messieurs Courty, Sura et Gianinazzi de la Maison et de l'Amicale des prisonniers.

L'Ouest Éclair du 12 octobre 1942 raconte ainsi le rapatriement de huit prisonniers malades : « Voici le convoi. Rapidement, le petit groupe est dirigé vers la salle où une réception est organisée. Mais avant, c'est l'instant émouvant entre tous : la seconde même où la femme et le mari se revoient pour la première fois depuis plus de deux ans. Les larmes coulent... Mais rapidement, sans transition, c'est le plus beau sourire qui s'épanouit. « Bonjour papa mais tu sais, je ne te reconnais pas ! » dit à son père la petite Verhoven, âgée de deux ans et demi. Et on la comprend puisqu'elle avait trois mois lorsque celui-ci l'a vue pour la dernière fois ! Les coupes sont remplies et on « trinque » au retour de ces huit prisonniers... Ils vont rejoindre leur commune : Lisieux, Aunay-sur-Odon, Deauville, Saint-Julien-le-Faulcon... Mais avant de nous serrer la main, M. Verhoven nous déclare : « Dites-leur bien qu'il ne faut pas les oublier, ceux qui sont restés là-bas. » Parmi ces huit prisonniers se trouve André Guillemette, horloger à Caen. Cet homme doit sa libération à un acte de bravoure. Il a sauvé deux enfants allemands à Aix-la-Chapelle.

La libération des prisonniers se poursuit en décembre 1942 et en janvier 1943. Au total toutefois, peu de femmes de l'Ouest ont la joie de retrouver leur époux grâce à la relève ou au Service du travail obligatoire, créé le 2 février 1943. En janvier 1943, ce ne sont que qatre cent dix-sept hommes du Calvados qui ont pu regagner leur foyer grâce à la relève. De même, seuls mille Vendéens bénéficient de ces deux mesures !

Les années passent. Certains prisonniers décèdent avant d'avoir pu regagner leur terre natale. Paludier à Ker-Valet, François-Marie Lehuédé meurt en captivité. Marié depuis 1939, il laisse une fillette qu'il n'a vue qu'une seule fois, lors d'une courte permission accordée pour sa naissance. L'épouse d'Alfred Dodemard garde l'espoir de voir revenir son mari dans leur petite maison de Landelles d'autant que, de prisonnier de guerre, il a été transformé en travailleur libre. Mais le destin en décide autrement. Alfred meurt en captivité le 17 avril 1944 des suites d'un accident du travail. Son épouse ne peut le revoir une dernière fois. Il est inhumé au cimetière de Zossen en terre ennemie.

Maurice, jeune adjudant-chef, a la douloureuse tâche d'informer une épouse, une sœur et un oncle de la mort de son camarade de chambrée. La lettre qu'il écrit à l'oncle du défunt évoque avec délicatesse et humanité la fin d'un jeune soldat qui laisse derrière lui une épouse au seuil d'une vie maritale pleine de promesses :

« *Je suis un camarade d'enfance de votre neveu Marcel. La captivité a resserré encore les liens de notre amitié. Aussi, c'est le cœur serré que j'ai suivi l'évolution de sa maladie. Quoique fort bien soigné et avec dévouement par les docteurs et les sœurs, son âme vient de s'envoler vers des régions meilleures.*

Victime de la guerre, ce vaillant fils de France a bien mérité de la Patrie. Aimé de tous, le vide qu'il laisse dans nos rangs est durement ressenti. J'ai prévenu avec tous les ménagements possibles sa malheureuse épouse ainsi que votre nièce Marie.

Croyez que je partage votre douleur

M.A. »

Les prisonniers vieillissent. Certains s'aigrissent. Les femmes s'émancipent. Les enfants oublient jusqu'au visage de leur père.

Le retour de l'absent n'en est que plus dur. Pourtant tout est fait pour l'aider. À l'automne 1945, des festivités ont lieu dans toute la France de l'Ouest. Un banquet et un bal saluent le retour des détenus de la petite cité de Longeville tandis que le 20 octobre 1945 l'arrivée du dernier soldat français de Saint-Gilles donne lieu à des réjouissances dans cette commune de Vendée. Lors de la fête du retour de Tonnay-Charente, les prisonniers et les déportés défilent jusqu'au monument aux morts puis se réunissent pour un banquet clôturé par un grand bal à l'hôtel de ville. Les habitants de Chasseneuil et de Saint-Laurent-de-la-Prée choisissent le 11 novembre pour danser au son d'un orchestre tandis que ceux de Fleurac attendent le 2 décembre.

Toutefois, l'inquiétude persiste. Des prisonniers ne rentrent pas. Sont-ils encore en vie ? Mères et épouses s'inquiètent à juste titre. Certaines s'enhardissent jusqu'à passer un appel à témoin dans la presse régionale. La *Dépêche des Charentes* ouvre ses colonnes à plusieurs d'entre elles : « Les personnes susceptibles de pouvoir donner des renseignements sur M. Guillon Fernand, prisonnier de guerre transformé en travailleur libre à Nuremberg sont priées de bien vouloir passer à l'annexe de la Maison du prisonnier de Saintes. » « Qu'est devenu Auguste Paquet fait prisonnier le 25 mai 1940, transformé en mai 1943, arrêté par la *Gestapo* le 24 septembre 1944 et interné au Dora ? »

Pour les prisonniers qui rentrent, pour les femmes qui les accueillent après cinq années d'autonomie, une autre vie commence qui n'est plus celle d'avant guerre.

Fête des prisonniers, septembre 1942. Coll. Yvette Mazeran.

10

La femme sous Vichy

La place de la femme dans la société

Lorsque la guerre éclate, les femmes ne sont ni électrices ni éligibles.

Cela ne fait qu'un an, grâce à la loi de février 1938 que les femmes peuvent, sans l'autorisation de leur mari, ouvrir un compte en banque, faire un chèque, s'inscrire à l'université... Toutefois, le mari continue de jouir seul de la puissance paternelle et gère les biens de son épouse qui doit obtenir sa permission pour travailler.

Le « Nouveau statut familial » paru au *Journal Officiel* le 3 novembre 1942 définit la place réservée à la femme au sein de sa famille.

Le garde des sceaux, J. Barthélémy, résume ainsi le contenu de ce statut : « Le mari demeure le chef de la famille ; [...] la femme concourt avec son époux à la direction morale et matérielle du foyer. En cas d'empêchement du mari, la femme le remplace de plein droit. Par exemple, une femme de prisonnier peut choisir l'école de son enfant ; en matière de biens meubles et immeubles, les droits de la femme dépendent désormais de son contrat de mariage. En régime de séparation de biens, la femme peut dorénavant vendre ses terrains ou maisons sans l'autorisation de son mari. En régime de communauté, la femme a besoin du consentement de son époux pour vendre un bien. Mais que faire si le mari est prisonnier? La nouvelle loi prévoit que l'épouse mariée sous le régime de la communauté doit requérir l'autorisation auprès d'un juge d'instruction ou qu'elle doit être mandatée expressément par son mari pour réaliser une vente ».

A priori, le régime de Vichy accorde aux femmes plus de droits et de libertés qu'auparavant. Toutefois, il s'agit d'une loi pragmatique liée à la nécessité de pallier l'absence des maris retenus prisonniers outre-Rhin. La politique familiale mise en place par le gouvernement tempère largement les avancées contenues dans ce statut.

Une politique familiale conservatrice

Avec le pétainisme, la population se tourne vers un passé antérieur. Par son idéologie et par les mesures qui en découlent, la Révolution nationale qui prône le retour aux valeurs traditionnelles bouleverse la vie des femmes. Le gouvernement de Vichy esquisse en effet une politique familiale conservatrice. Comme il s'agit de réinsérer l'homme dans ses « communautés naturelles », la famille est exaltée. De ce fait, la natalité est encouragée, les familles nombreuses sont récompensées et les mères sont célébrées.

La presse régionale participe à l'effort de prise de conscience des mères potentielles. Dans *Le Journal de la Vienne* du 1er octobre 1942, Jean de Rochereuil fustige les femmes savantes et lance un long plaidoyer en faveur de la maternité : « Les femmes, en dépit de Molière, sont devenues de plus en plus savantes, disputant aux hommes [...] et la connaissance et le pouvoir [...] Après tout, pourquoi pas ? La liberté d'agrandir son horizon intellectuel ne semble pas *a priori* devoir être refusée à nos aimables compagnes. Malheureusement, ce libéralisme a pour contrepartie d'ajouter aux causes de la dénatalité un fléau redoutable [...] : nos étudiantes ont des préoccupations absolument étrangères à la maternité [...] Les événements que nous venons de vivre ont prouvé que les bataillons de nos bachelières n'ont joué qu'un rôle médiocre dans la défense de nos destinées. Les événements de demain prouveront qu'un pays ne se relève d'une défaite qu'à la condition de vivre, si bien qu'à l'obsession du parchemin, il serait peut-être bon de substituer, dans l'esprit de nos jeunes filles, l'obsession du berceau ».

C'est dans ce contexte idéologique que sont prises des mesures en faveur des futures mères et des jeunes mamans.

Comme il s'agit de stimuler la natalité, les allocations familiales sont relevées. Des primes à la natalité sont distribuées. Selon le journal *Ouest-Éclair*, au 1er janvier 1940, la prime à la naissance d'un premier enfant est fixée à deux mille francs ce qui est une somme considérable quand on sait, toujours d'après ce journal, que le salaire départemental moyen est de mille francs en Loire-Inférieure, neuf cents francs dans le Finistère et huit cent cinquante francs en Ile-et-Vilaine, dans les Deux-Sèvres, dans les Côtes-du-Nord, dans le Morbihan et en Charente-inférieure, de huit cents francs dans l'Orne et la Sarthe, de sept cent cinquante francs dans la Manche et en Mayenne et seulement de sept cents francs en Vendée.

Le 26 août de cette même année, voit la création d'une carte de priorité pour les mères de famille, toujours en vigueur de nos jours d'ailleurs, qui donne aux mamans un « droit de priorité pour l'accès aux guichets des administrations, aux transports publics et aux magasins de commerce. Ces cartes sont accordées aux mères ayant au moins trois enfants vivants de moins de 14 ans ou deux enfants de moins de 4 ans ainsi qu'aux mères décorées de la médaille de la Famille française ».

Enfin, à partir de janvier 1942, des prêts ruraux sont accordés aux jeunes ménages qui souhaitent s'installer. Les nouveaux mariés peuvent emprunter à l'État de cinq mille à vingt mille francs remboursables en vingt mois pour l'achat de matériel, de mobilier ou d'un cheptel. La dette du couple est réduite à chaque naissance.

Les futures mères de famille bénéficient d'avantages divers autres qu'alimentaires comme des *Ausweis* pour aller accoucher dans leur famille. Judith peut ainsi quitter la Sarthe pour le pays de Pareds en Vendée.

Certaines femmes, dont Mesdames Brottier et Audebaud, de Fénery, respectivement mère de six et de quatre enfants, bénéficient de l'aide gratuite d'une assistante lors de leurs couches.

Tout est fait également pour aider les jeunes mères de famille.

En juillet 1942, l'association « Pour l'aide aux mères de famille » est heureuse de faire savoir aux mamans de Caen qu'une garderie destinée aux bébés de un mois à deux ans fonctionne en plein air, qu'elle est ouverte tous les après-midi et que les bambins sont surveillés par une infirmière diplômée de la Croix-Rouge.

Le Secours national organise régulièrement dans toutes les villes de l'Ouest un goûter réservé aux femmes enceintes et aux mères de très jeunes enfants. Ce goûter se compose le plus souvent d'aliments nourrissants et de pastilles vitaminées, le tout servi pour une somme modique (deux ou trois francs). Pour les plus déshérités, le Secours national accorde la semi-gratuité, voire la gratuité totale. « J'avais entre trois et sept ans pendant l'Occupation et mes souvenirs sont très vagues. Je ne me souviens pas avoir été malheureuse ni même avoir souffert de la faim. Mais, par contre, je me rappelle très bien du goûter que nous recevions à peu près une fois par mois. Pensez donc, il y avait du chocolat ! Parfois même du pain frais, tellement doux qu'on aurait dit de la brioche. En fait, c'est la seule chose dont je me souvienne... avec les bombardements bien sûr, Rennes a été tellement touchée. Ça, on ne peut pas l'oublier ! Jamais... ».

L'Association des familles nombreuses distribue de temps en temps des bons de pain et des repas aux membres de ses sections dépourvus de ressources.

Les autorités prêtent une attention toute particulière aux familles nombreuses et leur attitude est relayée par la presse qui ne ménage pas ses félicitations aux couples prolifiques comme l'atteste cet article concernant une famille de Bayeux : « Nous apprenons avec plaisir la naissance de la petite Nicole, 12e enfant de Monsieur et Madame L.B. Monsieur L.B., 37 ans est maçon à Bayeux. Elle, Aline, a 34 ans. Mariés en 1928, ils connurent chaque année la joie d'un nouvel enfant. Cette belle famille qui compte quatre garçons et sept filles – un enfant ayant été enlevé à leur affection – est titulaire depuis 1941 d'un prix Cognacq. Madame L.B. est décorée de la famille française. L'avant-dernier des enfants a comme parrain Monseigneur Lemercère, vicaire général. » Comme cette maman de Normandie, les mères d'une nombreuse progéniture reçoivent la Médaille de la Famille Française à l'instar de Mesdames Le Nir de Briec, Eude de Le Gast, Lissot de Courson, Vent de Saint-Ouen-des-Besaces [...] qui obtiennent la médaille d'or pour avoir eu dix enfants, Mesdames Calvarin de Ploudalmézeau, Grall de Saint Renan, Hémily et Quilliec de Ergué-Cabéric, Durant de Saint-Jean-des-Essartiers, Voegele de Saint-Germain-du-Crioult [...] qui ont la médaille d'argent grâce à leurs neuf enfants.

Une grande marque d'aliments pour bébé profite de la situation pour innover en matière publicitaire. Le prix Nestlé récompense chaque année un couple remarquable par le nombre de ses enfants et par son aptitude à les élever. En décembre 1943, Jean et Marie Mergault sont les heureux bénéficiaires de ce prix. Celui-ci, d'un montant de cinq mille francs, tombe à point pour les aider à élever leurs onze enfants. Le prix Cognacq-Jay est également remis à des couples méritants. Monsieur et madame Pignon, du Puy-Saint-Bonnet, reçoivent deux mille francs : ils ont dix enfants. En août 1943, c'est Madame Poiron de Nantes qui reçoit ce prix. Elle n'a que six enfants mais elle est la présidente de la « Ligue de la mère au foyer ». Sont aussi récompensées les familles Audebert d'Availles-sur-Chizé, Pointecouteaux d'Argenton-Château, Chauveau de Saint-Généroux, Goulard de Plougastel-Daoulas, Guivarch de Tréflez, Potin de Tréglonou-Catméal, Audrain de Vertou mais aussi le couple Morin dont l'épouse a mis au monde quatorze enfants dans l'Orne et les époux Langromme de La Chapelle-en-Juger qui sont les heureux parents de seize enfants. La liste pourrait s'allonger longuement car malgré l'Occupation, les familles nombreuses continuent d'être fréquentes dans les campagnes de l'Ouest.

En janvier 1942, le maréchal Pétain est parrain du quatorzième enfant d'un couple de l'Aiguillon-sur-Vie et le bébé, prénommé Philippe, est baptisé par Monseigneur Cazaux, évêque de Luçon. Cruel dilemme pour un couple de Cholet quelque temps plus tard : le maréchal Pétain accepte d'être le parrain de leur quinzième enfant. Cependant, ce couple du May-sur-Evre a eu des jumeaux. « L'insigne honneur du parrainage sera-t-il réservé à la fille ou au garçon ? » s'interroge le chroniqueur du *Journal de l'Ouest* qui relate l'événement. Pas d'hésitation dans le Finistère. Une maman de Coray met au monde des triplés. Ce sont ses onzième, douzième et treizième enfants. Le préfet sollicite le parrainage du maréchal. Celui-ci accepte d'être le parrain d'une des deux petites filles.

La Journée des mères donne lieu à des grandes réjouissances en l'honneur de toutes les mamans de France. C'est à Lyon, le 16 juin 1918, que l'on consacre pour la première fois une journée aux mères de famille. Mais c'est seulement en 1926 que les pouvoirs publics instituent une fête annuelle. Elle va connaître un certain développement sous le régime de Vichy.

Pourtant, il ne semble pas que la Journée des mères sous l'Occupation ait marqué beaucoup de femmes. Une seule des femmes rencontrées pour cette étude se souvient avoir reçu des fleurs tandis qu'une autre évoque des poèmes lus par ses enfants. À part elles, aucune des nombreuses femmes interrogées ne se souvient avoir été gratifiée le premier juin 1942, le 30 mai 1943 ou le 21 mai 1944.

Pourtant, dans la France de l'Ouest comme ailleurs, la Journée des mères donne lieu à de grandes réjouissances. En 1942, dans la Vienne, une messe célébrée par Mgr Mesguen, évêque de Poitiers, ouvre les festivités. Au cours de la cérémonie, le chanoine Frouin prononce un éloge de la mère de famille. L'après-midi, en présence des plus hautes autorités de la ville, les femmes ayant eu de nombreux enfants sont décorées ; elles reçoivent un diplôme et quelques cadeaux.

En mai 1944, la fête des mères est célébrée avec solennité dans la petite ville de Vire. Un chroniqueur de *La Croix du Bocage* raconte sa journée : « Le matin, une foule de fidèles se pressait dans les églises Notre-Dame et Sainte-Anne. L'après-midi la foule s'est portée dans le jardin public qui entoure l'hôtel de ville. Les discours ont défini le rôle et la mission de la mère au foyer et les mesures de protection de la famille. Des médailles de bronze ont été décernées à Madame Prével, Madame Bouvet, Madame Dutremblay. Une partie artistique et musicale a été parfaitement assurée par les enfants de toutes les écoles de Vire qui ont interprété des chants, des danses, des saynètes, des chœurs. La musique municipale a donné également plusieurs morceaux de son répertoire ».

Une vie sentimentale sous surveillance

Dans le cadre de cette politique familiale conservatrice prônée par le régime de Vichy, tout manquement aux devoirs familiaux est impitoyablement sanctionné.

C'est pourquoi des juges nantais condamnent lourdement deux mères qui vendent les tickets de beurre, de chocolat et de savon de leurs enfants pour satisfaire leur soif de muscadet. De même, le tribunal de Saintes condamne à quinze jours de prison avec sursis un habitant de Gémozac pour abandon de famille.

Le divorce est interdit avant un délai de trois ans après les noces et l'adultère est réprimé. Une femme qui trompe son mari est passible du tribunal. À Alençon comme à Mayenne, à Niort ou à Poitiers, les amendes ou peines infligées à ces « femmes qui outragent les mœurs familiales », qui « tirent dans le dos de leur mari » ou « qui ne valent guère mieux que de vulgaires prostituées » selon la presse de l'Occupation sont sévères : cinq cents francs d'amende avec sursis dans les Deux-Sèvres, mille francs en Mayenne, de la prison avec sursis dans l'Orne et la Vienne.

Mais lorsque la femme adultère est l'épouse d'un prisonnier de guerre, la justice se montre impitoyable. Les juges ne pardonnent jamais cet écart de conduite commis en l'absence de celui qui s'est courageusement battu pour la France ou qui s'est dévoué dans le cadre de la « relève ». Au contraire, ils augmentent la peine prévue pour « la femme scélérate ». Le 19 mars 1943, le tribunal correctionnel de Poitiers condamne E., jeune femme de 28 ans, à quinze jours de prison ferme pour avoir trompé son époux alors que celui-ci était détenu par les Allemands. Le mari, de retour d'Allemagne, se porte partie civile lors du procès. L'amant écope de la même peine que son amie. Sa condamnation est assortie d'une amende de mille deux cents francs. Parfois, l'adultère pousse au drame. Une jeune femme qui vit près d'Yvetot trompe son mari prisonnier. Se voyant enceinte, elle décide de se débarrasser de son époux. Comment faire ? Rien de plus facile ! Elle lui envoie du beurre saupoudré de strychnine. Le malheureux prisonnier s'en aperçoit à temps, prévient son capitaine qui l'incite à porter plainte. La jeune femme est condamnée au bagne à perpétuité par la cour d'assise de la Seine-Inférieure.

À la libération, la même politique drastique est maintenue à l'encontre des femmes adultères. Ch. de Coutances, dont le mari est prisonnier de guerre, entretient des « relations coupables » avec un employé. Lui nie les faits. Clémente, la justice le relaxe, mais Ch. est condamnée à trois mois de prison !

De toute façon, sous l'Occupation, toute inconduite féminine est impitoyablement sanctionnée. De nombreuses jeunes filles et femmes plus âgées, faisant commerce de leurs charmes, sont poursuivies pour outrage à la pudeur.

Bien que l'accouchement anonyme soit autorisé depuis 1941 pour préserver l'honneur des soldats absents et que l'abandon des nouveau-nés soit permis dans les établissements hospitaliers, il ne se passe pratiquement pas une audience du tribunal correctionnel sans qu'une affaire d'avortement soit évoquée. L'État condamne cette pratique. L'Église fustige les femmes qui y ont recours. La presse régionale sert de relais et dénonce les interruptions volontaires de grossesse. Un seul article, paru dans *l'Avenir de la Vienne* du 19 janvier 1943 suffit à illustrer la violence des propos journalistiques : « C'est le geste lâche des femmes qui, pour refuser la maternité, n'hésitent pas à recourir au crime. C'est la sinistre industrie de gens tarés qui par esprit de lucre consentent à jouer le rôle d'assassins d'enfants. »

Grâce aux planques près du domicile des matrones, aux filatures, aux malaises ressentis par de récentes avortées, à la surveillance de tous par tous et surtout aux dénonciations anonymes, rares sont les avortements qui demeurent inconnus des services de police. Des affiches mais aussi la presse encouragent la délation. Les journaux relatent ensuite avec force détails l'arrestation des faiseuses d'anges et se délectent des échos des salles d'audience où matrones et ex-parturientes sont lourdement condamnées.

Dans ces conditions, nous imaginons la terreur des jeunes filles et des femmes partagées entre la honte d'avoir conçu un enfant sans père, comme cette native de Melle qui, vivant à Niort, attend un enfant illégitime alors que son mari travaille en Allemagne, et la hantise d'être arrêtées et incarcérées pour s'être livrées aux instruments d'une avorteuse.

Pourtant, celles qui font appel aux faiseuses d'anges sont nombreuses. Elles appartiennent à toutes les catégories sociales et sont originaires de la ville comme de la campagne. Certaines sont forcées à se débarrasser du fœtus par leurs employeurs. J. est une fille soumise. Se trouvant enceinte au début de 1941, elle a recours à un produit qui lui procure sa patronne pour faire disparaître son état gênant. D'autres agissent par peur d'un mari violent comme P. qui se fait avorter en août 1944 alors qu'un télégramme vient de lui apprendre le retour imminent d'un mari alcoolique qu'elle espérait disparu à jamais. L'inconscience préside à la destinée de M. une réfugiée de l'Oise. Mariée très jeune, elle est vite séparée de son mari par la guerre. Alors commence pour elle une vie aventureuse qui la conduit à être enceinte. Paniquée, incapable de faire face à l'arrivée d'un nourrisson, mais n'osant pas aller voir une faiseuse d'anges, elle pratique sur elle des manœuvres abortives. Infection, hémorragie, la jeune inconsciente manque d'y laisser la vie. Enfin, le cas des sœurs H. mérite d'être évoqué ici tant il est dramatique. Toutes trois ont mis au monde au moins un, voire deux enfants très handicapés. Persuadées qu'elles n'auront jamais « la chance d'avoir un enfant comme les autres », elles s'adressent à plusieurs reprises à une laveuse « spécialiste » des avortements.

Or, toute interruption volontaire de grossesse est lourdement sanctionnée. Ainsi, une serveuse des Sables-d'Olonne qui, sur les conseils d'une amie, a eu recours aux services d'une sage-femme de Loire-Atlantique est condamnée à six mois de prison. Son « âme damnée » écope de la même peine tandis que la sage-femme passe dix mois derrière les barreaux. La justice des deux Charentes est encore plus sévère. Heureusement, certaines arrivent à prouver leur innocence. Une femme de chambre de la Flotte-en-Ré est accusée de s'être fait avorter à Saint-Martin en août 1942. Elle parvient à prouver qu'elle est l'objet d'une vengeance et est relaxée. En revanche, une femme de Matha est condamnée à deux ans de prison. Un médecin du Calvados qui a « voulu aider » deux femmes de prisonniers est écroué en même temps que ses patientes.

La pression idéologique est telle que les rumeurs et les dénonciations sont fréquentes. « Nous vivions dans un climat malsain, raconte Georgette, femme de chambre dans un hôtel de la côte normande. Tout le monde se méfiait de tout le monde. Comme l'hôtel était occupé par des officiers de la *Wehrmacht*, y'en avait qui disaient qu'on « couchait » avec eux. Y'en a peut-être eu une ou deux mais pas plus ! En tout cas, moi jamais ...! Mais on nous surveillait, au cas où ? Après la guerre, y'a eu des lettres anonymes pour dénoncer telle ou telle qui avait « fricoté » avec un Allemand ou qui avait fait passer. Faut le dire, c'était ça aussi la Libération : beaucoup de dénonciations ! »

11

Juives et Tziganes : du racisme à la déportation

« Il n'y a pas d'histoire plus difficile à raconter dans toute l'histoire de l'humanité », écrit H. Arendt dans *L'image de l'enfer.*

C'est pourquoi, dans ce chapitre, l'auteur ne prétend pas retracer tous les événements qui conduisent à la persécution des femmes juives et tziganes de l'ouest de la France et reconnaît être incapable d'exprimer par de simples mots toute la souffrance de ces deux communautés. Son but est de faire en sorte que les jeunes générations n'oublient jamais l'holocauste. Les chiffres parlent d'eux-mêmes, les descriptions sont éloquentes et les témoignages poignants. Ils évoquent les communautés israélite et tzigane avant guerre au temps où elles vivaient entre intégration et rejet, la montée des périls, la traque, l'internement dans les camps y compris dans ceux dits « d'hébergement » avant guerre, puis « de transit » ou « d'internement » implantés sur le territoire français comme celui situé sur la route de Limoges à Poitiers, celui établi près du Mans ou encore celui de Monsireigne.

La plupart des femmes interrogées ne conservent que très peu de souvenirs de la tragédie qui s'est jouée dans les années 1942-1944. « C'est seulement en mai-juin 1945 que nous avons découvert le sort horrible réservé aux Juifs », affirme Simone aussitôt approuvée par Juliette : « Vous savez, la Mayenne est un département rural. Il y avait peu de Juifs. Je n'en connaissais pas personnellement, ma famille et mes amis non plus, alors comment vouliez-vous qu'on sache ? » « J'ai hébergé toutes sortes de gens chez moi, des maquisards, des agents de liaison, un aviateur canadien, deux Anglais et deux Juifs. Je savais qu'ils devaient se cacher pour éviter d'être arrêtés mais jamais je n'aurais imaginé le sort qui leur était réservé en Allemagne. Bien sûr, des bruits circulaient sur la déportation mais de là à penser à cette ignominie. Jamais ! » « À la campagne, nous n'aimions pas beaucoup les Tziganes alors ne plus en voir ne nous a pas marqué », ose avouer Adelaïde. « Comme nous-mêmes, on ne pouvait plus voyager, alors ça nous a pas surpris de ne plus voir de Manouches. On a pensé qu'ils restaient dans leur campement, celui qu'ils avaient avant l'armistice ». Ignorance réelle ou gêne d'avouer qu'il est possible de garder les yeux fermés sur la souffrance d'autrui ?

Les communautés israélites et tziganes dans la France de l'Ouest en 1940

Avant l'exode de septembre 1939 puis de mai – juin 1940, les Juifs ne sont pas nombreux dans l'ouest de la France.

En 1939, trois cent mille à trois cent trente mille Juifs vivent en France. Seuls cent mille sont français depuis plusieurs générations, la plupart des autres étant arrivés des pays de l'Est au milieu des années trente. Sur cette population, vingt mille seulement habitent la province. Dans l'Ouest rural, ils sont disséminés dans les grandes villes mais sont peu nombreux dans le bocage normand, en Bretagne, en Mayenne, en Poitou et en

Vendée. Dans son *Mémorial de la déportation*, Serge Klarsfeld cite notamment les Kirzner implantés à Caen, les Suganas au Mans, les Bobulesco à Granville et les Mielnicki à Cherbourg. D'autres sont issus de l'immigration des années trente comme les Perper du Finistère.

En mai-juin 1939 puis au printemps 1940, de nombreuses familles juives trouvent refuge dans l'Ouest. La première vague est constituée de Juifs mosellans, de Juifs persécutés en Allemagne et de Juifs originaires de pays annexés au Reich ou susceptibles d'être envahis par les troupes allemandes. Tous, Hongrois, Polonais, Roumains, Tchèques, fuient la barbarie nazie.

Originaires des Ardennes, les Kormann se réfugient dans la Vienne tandis que les Goldsand s'installent à Niort.

Le Maine-et-Loire accueille des Juifs de Frieboug, de Berlin, de Coblence... La famille Grunberg espère être à l'abri des persécutions à Saint-Sauveur-le-Vicomte dans la Manche.

Pensant échapper aux nazis, les Appel de Lodz en Pologne s'arrêtent à Poitiers, les Rotblat de Varsovie à Chantrigné, les Juris de Clerwitz à Caen, les Hanen de Salonique à Larmor, les Bonnen de Merzig à Alençon, les Icbizcky de Drazaline à Angoulême et les Behar-Eliakim de Sofia à Liffré.

Au printemps 1940, ils sont rejoints par des Juifs venant du nord de la France et de la région parisienne. En juillet-août 1940 arrivent aussi des Juifs d'Alsace et de Lorraine, expulsés de leur région par les Allemands ainsi que des Juifs étrangers qui, dans un premier temps, avaient trouvé un havre de paix à Paris et dans la banlieue parisienne.

Ainsi, la famille Hofnung, originaire de Metz, trouve refuge à Poitiers en 1940. Les Charentes, les Deux-Sèvres et la Vienne sont une terre d'accueil pour beaucoup de Juifs lorrains et alsaciens comme les Borower, les Cyterman, les Kaplan, les Freymann, les Erner, les Anzel ou les Cukerman. D'autres Mosellans gagnent la Sarthe ou la Mayenne comme les Fiszycki et les Felzenstajn originaires de Metz qui pensent être protégés les uns à Saint-Jean-La-Mothe, les autres à Laval. Venus de Roubaix, les Bulka font halte à Tuffé.

De nombreux Juifs de Paris, à l'instar des Behar, des Bursztynski ou des Neimann gagnent les grandes villes de l'Ouest : Angers, Rennes et Nantes.

De ce fait, la population juive des départements de l'Ouest croît sensiblement. Les témoignages le confirment : « Plusieurs familles juives sont venues s'installer à La Baule », se souvient Paulette. « Lorsque j'habitais la Grand-Rue, une famille uive d'origine lorraine est venue s'installer près de chez nous ». « Des étrangers ont loué l'appartement juste au-dessus du nôtre. Ils sont restés un an. On se saluait. Ce n'est que lorsqu'ils ont été arrêtés que j'ai su qu'ils étaient juifs. Ils sortaient peu et je ne m'étais même pas aperçue qu'ils portaient l'étoile jaune. Ça m'a fait pitié quand je les ai vus, ces deux pauvres vieux, partir avec leur petit baluchon. On a dit que les Juifs étaient riches. C'est faux. Ceux-là n'avaient rien, rien à manger, rien à emmener ». « C'est quand ma fille m'a demandé pourquoi sa petite amie avait une étoile jaune sur sa veste, que j'ai compris que nos voisins étaient juifs. Ils sont arrivés vers octobre 1939. Des gens très comme il faut, très polis. Une nuit, j'ai entendu du bruit. Ils partaient. J'ai entrouvert ma porte et je leur ai glissé du pain, une boîte de sardines et un peu d'argent. Je ne savais pas pour les camps mais je me suis dit qu'ils allaient en avoir besoin. Je ne les ai jamais revus mais je sais par une voisine, qu'ils ont réussi à aller en Amérique ».

Un recensement de la population juive est réalisé à l'automne 1940. Le nombre de Juifs présents en Charente-Inférieure est estimé à mille quatre cents, il est du même ordre en Loire-Inférieure ; huit cent trente-six Juifs sont comptabilisés dans la Vienne, un peu plus en Ille-et-Vilaine et en Maine-et-Loire. Les autres départements de l'Ouest comptent quelques dizaines de Juifs, rarement plus de deux cents ou trois cents. Au total, la présence juive, même si elle a fortement augmenté, demeure peu importante. Cependant, beaucoup sont d'origine étrangère, la moitié voire plus dans certains départements. Ce pourcentage est à souligner car il influe sur la perception des Israélites par la population locale. Non seulement les Polonais, les Tchèques, les Autrichiens, les Alsaciens, les Mosellans arrivent complètement démunis mais en plus ils ne parlent pas le français. La méfiance s'installe. Le rejet n'est pas loin. La peur de l'étranger accroît l'antisémitisme latent.

Il est en revanche impossible de chiffrer la population tzigane transitant chaque année dans l'ouest de la France.

De l'antisémitisme latent à l'application des lois antijuives

L'antisémitisme virulent, composant indissociable du nationalisme allemand, rencontre un écho favorable auprès du régime de Vichy et se développe dans l'Ouest où il trouve un terrain parfois propice à une complicité active. Mais le plus souvent, c'est dans la plus grande indifférence qu'il se développe.

Quelques rares femmes témoignent du climat anti-israélite qui règne dans notre région avant guerre mais surtout dans les années 1940-1941. « Un antisémitisme latent existait », affirme M. qui poursuit avec franchise : « Les gens ne détestaient pas les Juifs mais ils ne les aimaient pas ». « La plupart d'entre eux étaient des étrangers. D'une façon générale, tous les étrangers étaient mal vus. Eux pas plus que d'autres ». « On s'en méfiait parce qu'ils ne parlaient pas français, mais cela concernait tous les étrangers, même les réfugiés espagnols. Eux étaient déjà dans des camps bien avant l'arrivée des Allemands ». En cherchant ses mots, M. tente de justifier l'attitude des Français : « Deux éléments ne plaidaient pas en faveur des Israélites. Beaucoup étaient commerçants et véhiculaient l'image du Juif usurier. Quant aux nouveaux venus, ils n'étaient pas français. On ne les comprenait pas. On se méfiait d'eux. On les prenait parfois pour des espions car ils parlaient allemand. »

Le journal *Au Pilori*, lu par toute une population d'extrême droite, renforce ce sentiment de méfiance voire de haine envers la population juive. Dans son numéro du 10 avril 1941, il signale qu'à « Rochefort, deux tailleurs intriguent à la Préfecture pour éviter de coller l'étiquette jaune sur leur vitrine. À Fontenay-le-Comte, poursuit le journal, c'est un Juif qui essaie d'escroquer quinze mille francs à son gérant ». L'antisémitisme latent d'une partie de la population est également accru par la projection de films tels que *Le Juif Suss* projeté dans les cinémas de l'Ouest, l'été 1942.

C'est dans ce contexte que vont avoir lieu les arrestations des Juifs. Comment réagissent les femmes de l'Ouest ?

« Encore aurait-il fallu le savoir ! » lance Yvette alors que son amie Lucienne baisse les yeux : « J'ai assisté à l'arrestation d'un couple et de leur petite fille... C'était en octobre 1942. La petite pleurait. Elle avait sans doute été réveillée en peur. Les parents se tenaient par la main et le papa portait la fillette. Je les ai vus tourner le coin de la rue à pied, encadrés par des policiers français. Ca m'a fait mal au cœur pour la petite. Je croyais que ses parents avaient fait une bêtise et qu'on les emmenait en prison. Ce n'est qu'après la guerre que j'ai su ». « Ce qui m'a choquée, poursuit H., c'est qu'ils prennent aussi les enfants !... » « C'est la réaction typique des Françaises, s'insurge Yvonne qui a caché une famille juive pendant près d'un mois au moment de la rafle de juillet 1942. Qu'on emmène les hommes, les femmes, les vieillards, les gens s'en moquaient mais les mères de famille françaises avaient mauvaise conscience quand il s'agissait d'enfants innocents. Coupables de quoi ? Je vous demande ! C'était l'indifférence la plus complète, oui ! Mes voisins ne m'ont pas dénoncée parce qu'ils étaient de bons chrétiens mais ils m'ont mise en garde : « J'allais avoir des ennuis ! Après tout, je ne les connaissais pas ! Et s'ils avaient quelque chose à se reprocher ? »

Les témoignages à chaud des préfets sont intéressants car ils contredisent en partie les souvenirs de mes témoins : « L'arrestation massive de Juifs... y compris parfois de nationalité française, a fortement ému la population. Les mesures prises à leur égard : embarquement dans des fourgons à bestiaux, portes scellées, séparation des parents et des enfants, ont suscité un mouvement de réprobation jusque dans les milieux ecclésiastiques », prévient le préfet du Maine-et-Loire. « Les antisémites eux-mêmes se sont indignés de voir des familles dispersées et des mères brutalement séparées de leurs enfants », ajoute le préfet de la Vienne tandis que celui de Loire-Inférieure précise que «[...] souvent les mesures prises contre les Juifs les ont fait prendre pour des martyrs ».

Toutefois, il semble que seuls quelques centaines de personnes manifestent leur réprobation. C'est peu face à l'indifférence de la majorité de la population.

Dans son ouvrage *Les Normands sous l'Occupation*, Thibault Richard avance une explication pour justifier l'absence de réaction de la plupart des habitants de Normandie : « Les disparitions de familles entières choquent la population, du moins une partie, mais elles ne se traduisent pas par une absence visible, puisque ces mêmes familles avaient déjà presque totalement disparu de la vie sociale d'où elles avaient été soigneusement exclues. De toute manière, la population française dans son ensemble, sans être profondément antisémite, est trop préoccupée par ses propres malheurs pour être très réceptive à ceux d'une minorité dont on rabâche à grand renfort d'une propagande absurde, ignoble mais habile, les côtés négatifs ». Et comme le reconnaît Josette, « nous étions paralysés par la peur. Que pouvions-nous faire face à la machine à tuer allemande ? Au moindre signe de révolte pour protester contre le sort réservé aux Juifs, elle nous aurait broyés inexorablement ».

Dès leur installation en zone occupée, les Allemands appliquent leur politique discriminatoire et sont relayés par l'État français. La France est en effet le seul pays de l'Europe occupée à avoir établi une législation antisémite : entre le 3 et le 7 octobre 1940, l'État français promulgue le Statut des Juifs et la loi sur les ressortissants étrangers de race juive. Le statut des Juifs du 3 octobre définit l'Israélite et précise les différentes professions qui lui sont interdites à commencer par les métiers de la fonction publique et notamment l'enseignement. Les Juifs sont aussi exclus des professions libérales, des postes de direction dans la presse, etc. Les ressortissants étrangers peuvent être assignés à résidence. Le deuxième statut des Juifs renforce le précédent. Désormais, les banquiers, les agents immobiliers [...] ne peuvent être de confession israélite. Les Juifs étrangers, quant à eux, peuvent « être internés dans des camps spéciaux par décision du préfet du département de leur résidence ».

Le 27 septembre 1940, les autorités d'occupation ordonnent que tous les Juifs résidant en zone occupée soient recensés.

Le 18 octobre, elles exigent « l'aryanisation » des biens juifs. « Près de chez moi, il y avait une épicerie tenue par des Juifs. Du jour au lendemain, elle a été fermée. J'ai dû aller me faire inscrire ailleurs ». « En tant qu'employée à la mairie de Rennes, j'ai vu circuler pas mal de dossiers concernant la saisie des biens juifs. Il y avait de tout : des maisons, des immeubles, des commerces ». Angèle travaille dans une étude notariale à l'automne 1940. « Mon patron a eu à s'occuper des biens d'une famille juive. Il n'y avait pas grand chose : une petite boutique et un terrain cultivable sur la route de Segré ».

Dans une interview donnée à *la Nouvelle République*, l'historien Paul Lévy livre les conclusions de ses recherches concernant la Vienne : « trente-quatre entreprises ou commerces de Poitiers et onze de Châtellerault sont "aryanisés". Cela va de l'étal du marchand forain... au commerce de fourrure..., de la machine à coudre d'un modeste travailleur à domicile à la boutique de vêtements affichant un chiffre d'affaires de 2,4 millions de francs... ». En Bretagne, environ deux cents entreprises et commerces sont vendus d'office à des prix souvent bien inférieurs à leur véritable valeur. Dans l'Ouest, on peut estimer que les 2/3 des commerces et ateliers appartenant à des Juifs ont été « aryanisés ». Ainsi, le 5 janvier 1941, le *Journal de l'Ouest* informe ses lecteurs que les « entreprises juives de Rennes ont été saisies. Trois d'entre elles, présentant un caractère d'intérêt national, ont été pourvues d'un commissaire-gérant. Les vingt-six autres ont été fermées et leurs biens placés sous scellés ».

Après s'être attaqués aux possessions de la communauté israélite, les occupants s'en prennent aux personnes. La mention « Juifs » devient obligatoire sur les papiers d'identité et sur la carte d'alimentation. En février 1942, il est interdit aux Juifs de changer de lieu de résidence sous peine d'emprisonnement, d'amende et – le mot apparaît pour la première fois dans la presse poitevine –, sous peine « d'être interné dans un camp ». Enfin, le 29 mai 1942, les Allemands imposent le port de l'étoile jaune à tout Juif âgé de plus de six ans. Reconnaissables grâce à ce signe distinctif, les Juifs sont désormais bannis de tous les lieux publics et, à partir de juillet 1942, les ménagères israélites sont obligées d'effectuer leurs achats de denrées alimentaires entre 15 heures et 16 heures, à un moment où les étals sont presque vides. Dans leur grande majorité, les citadines sont frappées par l'apparition de ces étoiles jaunes. « L'une de mes amies est arrivée un matin à Saint-Hilaire avec cette étoile cousue sur sa veste, se souvient Francine. Pour les filles de ma classe, cela n'a rien changé. Elle est restée notre copine. Mais dans son attitude, il y avait quelque chose de différent. Elle était gênée et tentait de dissimuler l'étoile. C'était comme si elle avait honte. Elle avait peur également et, à l'époque, nous étions trop jeunes pour comprendre à quel point elle avait raison. Quand l'école a repris après les grandes vacances, nous ne l'avons pas revue ». « C'est triste à dire mais quand nous croisions des Juifs qui portaient l'étoile jaune, nous tournions la tête comme s'ils étaient pestiférés », ajoute Andrée. « Ma mère m'avait interdit de jouer avec mon amie Élise qui était juive. Elle avait peur, je crois, que je sois prise pour une Juive moi aussi. Peut-être savait-elle ce qui les attendait ? Quoi qu'il en soit, nous nous rencontrions en cachette, elle avec son étoile jaune, moi avec mon calot comme une bonne petite élève de l'école des sœurs. Deux petites françaises sans histoire que l'Histoire a détruites. Élise a dû fuir. Je n'ai jamais pu retrouver sa trace. Moi, la guerre a pris mon père et mon frère et 20 ans plus tard c'est mon mari qui est mort à Oran », conclut Alice.

Mais toutes les femmes ne sont pas indifférentes. Jeanne Fayolle, aujourd'hui connue sous le nom de Madame Caillaud, est rédactrice à la préfecture de Poitiers, au bureau de police générale qui recense les Juifs. Avant la première grande rafle de Poitiers, elle apprend que des autobus sont réquisitionnés et qu'on fait venir de la paille pour le camp d'internement de la route de Limoges. Elle saute sur son vélo et avec l'aide du professeur Latreille, elle tente de prévenir les Juifs de la ville. Trois heures durant, elle parcourt les rues pentues. Le soir, elle envoie un télégramme à tous les Juifs du département qu'elle n'a pu prévenir. Elle a ainsi sauvé bien des familles. Son plus grand regret est que beaucoup ne la crurent pas et le payèrent de leur vie !

L'internement des Tziganes : le camp de Montreuil-Bellay

Dès le mois d'avril 1940, les Tziganes n'ont plus le droit de circuler.

Très vite, tous sont orientés vers des « centres de séjour surveillés » comme celui de Poitiers, celui de Monsireigne et surtout celui de Montreuil-Bellay dans le Maine-et-Loire.

En décembre 1940, tous les Tziganes présents dans la Vienne sont internés dans le centre des réfugiés de la route de Limoges à Poitiers qui a été créé pour accueillir les républicains espagnols à la fin des années trente et qui est rebaptisé à ce moment-là : « Camp de concentration des Nomades ». Ceux-ci sont environ quatre cents à quatre cent cinquante dans les années 1941-1942. Parmi eux se trouvent les sœurs Lagrené, encore des enfants, qui ont été arrêtées près de Libourne, ont séjourné à Pithiviers avant de gagner Poitiers, mais aussi la famille de José-André Fernandez qui confie son témoignage à Jacques Sigot : « Nous avons été arrêtés à Poitiers, en 1941, et internés, mon père et ma mère, mes deux sœurs, mon frère et moi, dans le camp de la route de Limoges, vaste ensemble composé de deux parties qui se touchaient : l'une renfermait trois mille nomades et l'autre un millier de Juifs. Mais bientôt, il n'y eut, d'un côté comme de l'autre, que des femmes, des enfants et des vieillards. Les hommes disparaissaient par fournées... C'est le 27 décembre 1943 que l'on nous transféra dans le camp de Montreuil-Bellay » (*Un camp pour les Tziganes... et les autres. Montreuil-Bellay 1940-1945*).

Le camp de Montreuil-Bellay en Maine-et-Loire accueille des nomades depuis 1941. Ils arrivent de tout l'ouest de la France : de l'Indre-et-Loire, du Finistère (deux cent treize personnes en décembre 1941), du Maine-et-Loire bien sûr, du camp de Montsûrs en Mayenne, des camps de Coudrecieux et de Mulsanne dans la Sarthe (ils sont sept cent quatorze en août 1942), de Barenton dans la Manche, de la Chapelle-Huon, de Poitiers, de Moison-la-Rivière en Loire-Inférieure, des Deux-Sèvres, de la Vendée, de la Gironde et de l'Ille-et-Vilaine. Tous restent « parqués » à Montreuil-Bellay, dans des conditions sanitaires et alimentaires effroyables, pendant toute l'Occupation et même au-delà de la Libération. Le dernier interné tzigane de France sort du camp des Alliers en Charente seulement à la fin du mois de mai 1946 !

Le temps des rafles

Les premières arrestations commencent au printemps 1941 et se poursuivent ensuite par vagues. Toutefois, les premières grandes rafles ont lieu dans l'Ouest les 15 et 16 juillet 1942 en même temps que la grande rafle du Vél d'Hiv à Paris. La *Feldgendarmerie* assistée parfois par les gendarmes français procède à l'arrestation de quatre-vingt-quinze personnes en Loire-Inférieure dont soixante-six provenant de l'arrondissement de Saint-Nazaire. Les premiers Juifs sont arrêtés dans les Deux-Sèvres et en Vendée. « Aucune arrestation n'a lieu dans les Côtes-du-Nord par manque de Juifs ! », note sèchement un rapport administratif. En revanche, le commandant de la *Sipo SA* d'Angers est particulièrement efficace. Sans tenir compte des ordres qui conseillent de laisser en liberté les Juifs français, il ordonne l'arrestation de tous les Juifs de sa zone de commandement. Au total, il peut envoyer vers Drancy 824 Juifs raflés dans neuf départements de l'Ouest.

Le 26 août 1942, quarante-deux personnes sont arrêtées dans l'arrondissement de Confolens. Parmi celles-ci figure Germaine Tauckel. Germaine, née d'une famille juive d'origine russe, est native de Paris. Fuyant les arrestations de la zone occupée, elle gagne la zone libre en juillet 1942. Arrêtée, elle est déportée en juin 1944 à Auschwitz. Sa jeunesse et son bon état de santé la sauvent. Elle est sélectionnée pour le travail et échappe ainsi à la chambre à gaz. Elle résiste aux privations, aux brimades, aux persécutions morales et fait partie des quelques rares femmes revenues de l'enfer d'Auschwitz.

Entre les rafles, les arrestations se multiplient. Dominique Labarrière dans *Survivre, la vie des Français sous l'Occupation* évoque Marie, l'organiste d'Hambye. Marie est aveugle. Elle n'a qu'une passion, jouer de l'orgue. Mais elle est juive. Les Allemands viennent l'arrêter pour un voyage sans retour. Aux Sables-d'Olonne, une jeune femme enfreint les ordres. Elle tente d'acheter du lait un matin alors que la vente de denrées à la population juive n'est autorisée qu'en fin d'après-midi à un moment où bien souvent les étals sont vides. Son audace lui vaut d'être interpellée, transférée à Poitiers au camp de la route de Limoges, puis déportée en Allemagne.

Les 9 et 10 octobre 1942, une nouvelle rafle de grande envergure a lieu en zone occupée. Elle vise cette fois « les hommes, les femmes et les enfants sans considération d'âge ». À l'issue de cette rafle, le centre de Poitiers envoie à Drancy six cent vingt Juifs dont deux cent vingt-sept de la Vienne, trente-cinq de Niort, huit de Bressuire et trois cent quatre-vingt-dix d'Angoulême. Celui de Rouen, fédérateur des départements normands, compte dans son convoi dix Juifs de Caen, six de Cherbourg, quinze d'Alençon. Une trentaine de Juifs partent de Rennes. Enfin, la *Sipo SD* d'Angers transfère deux cent quatre-vingt-quatorze personnes du Maine-et-Loire, de la Sarthe et de Nantes. Désormais, il n'y a plus de Juifs dans la région nantaise.

Dans le cadre de cette rafle, le préfet du Finistère a des ordres précis. Il doit arrêter onze Juifs nominalement cités. Parmi eux figurent plusieurs femmes dont Eugénie Kronte réfugiée à Douarnenez, Ita Apolojy de Brest, Blima Le Bris qui habite rue Jean Macé à Brest avec sa famille et Ella Fried qui vit à Beuzec-Conq.

De nouvelles rafles ont lieu en janvier 1944 notamment en Poitou-Charentes où quatre cent quatre-vingt-quatre Juifs sont arrêtés dont quatre-vingt-douze en Charente, quatre-vingt-treize en Charente-Maritime, quatre-vingt-dix-huit dans les Deux-Sèvres, trente-huit en Vendée et cent soixante dans la Vienne. À la même époque, quarante nouvelles arrestations ont lieu en Bretagne. En avril 1944, soixante personnes sont encore transférées de Poitiers vers Drancy.

Il est impossible de citer ici toutes les femmes juives arrêtées et déportées avec leur mari, leurs enfants et leurs parents. Seuls quelques noms nous inciteront à nous souvenir comme celui de ces élèves du Lycée Victor-Hugo de Poitiers : Myriam Bloch, Myriam Holz, Paulette Jackimowicz, Odette Kahn et Paulette Zaydmann. Des familles entières sont arrêtées : les Kalinski à Sanxay, les Heumann à Mouchamps, les Mizrahi à La Roche-sur-Yon, les Barbanel à Poitiers, les Lévy à Saumur, les Angel à Saint-Michel-Chef-Chef, les Baum à Cholet, les Beiser à Château-Gontier, les Bandler à Niort, les Lehrer à Rouillé, les Samilowas au Mans, les Laufbaum de Chalais et tant d'autres.

À Poitiers, l'internement de ces familles se fait au camp de transit de la route de Limoges. Paul Lévy a consacré un ouvrage remarquable à cet établissement : *Un camp de concentration français : Poitiers 1939-1945*. L'auteur y renvoie le lecteur qui souhaite découvrir « l'horreur avant l'horreur ». En moyenne, en 1941, trois cent quarante prisonniers vivent dans ce camp, ensemble, dans des conditions souvent très précaires.

Denise habite près de ce sinistre lieu : « Les nomades sont arrivés les premiers dans l'indifférence générale. Des voleurs de poule ! Pensez-donc, nous n'y faisions pas attention. À cette époque, ils vivaient encore dans leur roulotte et parvenaient à s'échapper quelques heures ». « Plutôt que d'avoir pitié d'eux, poursuit Jeannine, nous avions peur qu'ils commettent un larcin dans notre jardin. Et puis les Juifs sont arrivés. Déjà, à partir du moment où ils ont arboré leur étoile jaune, l'opinion a changé. Nous avons éprouvé de la peine pour eux, une grande tristesse. C'était les livrer au bourreau. Alors les voir là, parqués comme des animaux derrière des barbelés, vivant dans la boue, faméliques, c'était trop. Mais nous ne pouvions rien faire pour eux, cela nous aurait coûté trop cher ! » « Certaines femmes évitaient même d'en parler. Vu ce qu'elles avaient dit des Juifs avant guerre, elles avaient bien trop mauvaise conscience ».

Comment fuir la barbarie nazie ?

Beaucoup de Juifs pensent qu'en franchissant la ligne de démarcation et en gagnant la zone libre, ils seront à l'abri.

C'est pourquoi, les passages clandestins sont nombreux en 1941 et 1942 pour culminer en août 1942 juste après les rafles de juillet. « Ils étaient nombreux à vouloir passer, se souvient Arlette mais il fallait de l'argent, beaucoup d'argent car la surveillance s'était renforcée ». Toutefois, les passeurs qui réclament de l'argent ne sont pas majoritaires surtout parmi les femmes.

Des centaines de Juifs doivent la vie à des Poitevines et à des Charentaises qui les ont aidés à fuir. C'est le cas d'une assistante sociale de Poitiers, Mademoiselle Bourlat qui cache des enfants dans son appartement de la rue des Carmes puis leur fait franchir la ligne à Fleuré.

Dans l'Ouest, des dizaines de femmes permettent ainsi à des enfants juifs mais aussi à leur maman d'échapper à l'holocauste. Citons notamment Irma Jouenne de Saint-Benoît, Claire Chauveau dite « tante Claire » d'Iteuil, Clémentine Coquineau de Saint-Pierre-le-Vieux, les habitantes du village de Noirvault, Sidonie Geoffriau qui accueille la famille Cohen-Bacri de Nantes, Marie Loiseau qui accepte d'être la marraine d'un enfant juif lors de son baptême catholique, Idalie Augereau, Hélène de Mornac, Madame Brault de Chaunay...

Le petit bourg de Chavagnes-en-Pailler, en Vendée, est situé à trente kilomètres de La Roche-sur-Yon. Entre 1941 et 1945, quelque cinquante enfants juifs de deux à onze ans y demeurent cachés par des familles du village. « La plupart des gens étaient au courant. Mais chaque enfant juif qui était là croyait être le seul, explique le maire actuel Claude Coutaud. On leur apprenait à prier, à aller à la messe et parmi les autres réfugiés venus des Ardennes ou de Paris, personne ne faisait attention à eux ». Marie-Élise Roger fait partie de celles qui ont hébergé un enfant juif : « Mon mari était prisonnier de guerre, c'était normal que je vienne en aide à d'autres. Si ce n'avait pas été moi, ç'aurait été une autre », explique la vieille dame qui a recueilli cinq enfants au cours de la guerre. « C'étaient des enfants qu'il fallait bien sauver. Ils étaient massacrés dans les camps », ajoute-t-elle, avant d'avouer que, plus de cinquante ans après, elle ne comprend toujours pas : « Mais pourquoi donc les Juifs ? »

Gilbert de Guerry le maire de l'époque savait : « Nous n'avons fait que notre devoir mais je crois que nous n'avions pas conscience du danger que cela représentait. »

La même solidarité s'exprime à Noirvault, un hameau des Deux-Sèvres près de Moncoutant autour de Noémie Fradin. Une quinzaine de personnes dont dix enfants trouvent refuge dans ce village. Les petits, souvent sous de fausses identités, fréquentent l'école de Pugny. Un jour, sur dénonciation, la *Gestapo* fait une descente. Aucun Juif n'est arrêté. Tous sont bien cachés grâce à ces agriculteurs deux-sévriens.

Individuellement, des femmes ouvrent leur cœur. Madame de Saint-Seine et son époux cachent la famille Cerf au domaine de la Roche à Vouneuil-sous-Biard. Pierrette Proust vient par hasard à Poitiers en 1942. Elle découvre de petits Juifs, étoile jaune sur le paletot, fouillant dans les poubelles de la place du marché. Ils sont « parqués » dans un appartement du quartier surveillé par des gendarmes. Ceux-ci ferment les yeux quand Pierrette entreprend de sauver un à un ces enfants en leur trouvant une famille d'accueil. Toujours en Poitou, Germaine Cabourdin, secrétaire à la mairie de Poitiers, héberge des Juifs chez elle et leur procure de fausses cartes d'identité sur lesquelles elle met l'empreinte de son propre pouce. « Des Juifs étaient cachés dans la région, assure Marie-Thérèse.

À la Providence, les trois filles Max étaient scolarisées sous un faux nom. D'autres étaient cachés à La Puye, à Larnay, par des épiciers de la Grand'Rue à Poitiers et au monastère de Ligugé ». Madame Dubois, une institutrice à la retraite, native de La Puye, confirme les dires de Marie-Thérèse Fleury : « Les sœurs de La Puye cachaient des Juives. Il y en avait aussi au pensionnat de Montmorillon. Elles n'ont jamais été ennuyées ». Jacqueline m'apprend que les Mathias notamment étaient hébergés dans des fermes de Sillars.

À Confolens, selon Joël Giraud, la famille Deschamps résistante de la première heure, héberge souvent des Juifs. Lorsqu'en juillet 1944, M. Deschamps est prévenu que les Allemands réclament la liste de tous les Juifs réfugiés dans la commune et que le maire tente de gagner du temps en refusant de la fournir, il prévient les Israélites qu'il connaît et avec l'aide des employés de la mairie, de la sous-préfecture et d'une femme d'origine allemande, Madame Fischer, il réussit à faire vivre dans la clandestinité plusieurs familles.

Au nord de la Loire aussi, des femmes dissimulent des Juifs. Au printemps 1943, Yvon Chicheportiche, jeune garçon à l'époque, se réfugie à Clefs chez Madame Androuin qui l'héberge jusqu'en 1945. Louise habite Le Mans : « L'entreprise de serrurerie où je travaillais a caché quatre Juifs, un homme, sa femme et deux petites filles. Ensuite, quelqu'un les a emmenés à Bonnétable puis de là ils ont gagné le Midi ». Parmi les « Justes » du Maine-et-Loire, citons encore Juliette Martin de Vaulandry, Marguerite Piaumier, Odette Bergoffen, Joséphine Gaultier et Marie-Thérèse Urbain.

« Alix – c'était son prénom de clandestinité – resta deux ans avec nous, se souvient sœur Adeline Vitré, religieuse hospitalière de Beaupreau. Elle savait aller et venir sans problème. Elle restait très blessée par le souvenir des cris affreux de sa mère et de ses deux sœurs, arrachées à leur appartement parisien par la *Gestapo*, pour être emmenées en Allemagne où elles mourront. Alix, cachée dans un réduit, ne fut pas découverte par les Allemands. Sitôt les bruits de bottes et de camions éteints, elle remplit deux valises, rassembla l'argent de la famille et courut à la gare prendre un billet pour Angers. Elle demanda asile à une dame de Beaupreau mais ce n'était pas possible de rester ainsi dans une petite bourgade. Cette personne vint la présenter à notre mère supérieure qui la garda ».

La déportation

Ceux qui n'ont pas la chance d'échapper aux Allemands prennent un chemin irréversible, celui des camps de la mort.

Soixante-quinze mille sept cent vingt et une personnes sont déportées en France de 1942 à 1945, dont onze mille enfants. Près de quarante-trois mille sont immédiatement envoyés dans les chambres à gaz. Les autres décèdent à cause des privations, des coups, du travail forcé ou des expériences médicales. En 1945, on compte deux mille cinq cent soixante-six survivants, hommes, femmes et enfants confondus. Et il faut ajouter au nombre des victimes trois mille personnes décédées dans les camps en France avant d'être déportées.

Le bilan de la Shoah dans l'ouest de la France est terrible. Sur les milliers de Juifs déportés, seuls quelques-uns survécurent. On estime qu'ils furent de 2 à 5 % à revenir. « Ne t'inquiète pas. Je pars travailler en Allemagne. Je reviendrai », dit Madame Barbanel à sa fille Félicia âgée de quatorze ans. Ce seront ses derniers mots.

Jeanine Guillemot-Meyer fait partie de ces miraculés et coule une retraite paisible à Plouharnel dans le Morbihan. « Le 1er mars 1944, deux Allemands sont venus nous arrêter, mes parents, mes deux sœurs de vingt ans et seize ans et moi-même dix-neuf ans », raconte Jeannine dans la revue « Ami, entends-tu... » Après quinze jours de prison, la famille Meyer rejoint Drancy puis c'est le voyage vers Auschwitz en wagon plombé : « À la descente des wagons, hurlements des SS, chiens policiers, séparation des hommes et des femmes. Je n'ai plus revu mon père. Les camions attendaient leur chargement humain. Pour ceux qui étaient fatigués, nous avons su par la suite qu'ils étaient dirigés directement vers les chambres à gaz. Nous avons été parquées dans une grande salle à même la terre ; sans nourriture et sans boire jusqu'au lendemain, où nous avons été dépouillées de tout ce que nous avions sur nous, puis nos cheveux ont été tondus et notre bras gauche tatoué.

Lever à quatre heures, appel, puis travaux de terrassement ; plus de douze heures d'un travail épuisant. Les rappels se prolongeant tard dans la nuit sous la pluie, la neige, le froid sans rien d'autre sur le dos qu'une robe de coton ! Nous étions des esclaves... Le crématoire marchait à plein et la fumée épaisse envahissait le camp. Ma mère... est décédée au bout de cinq mois. Ma sœur aînée a été séparée également de nous et je suis restée avec ma jeune sœur de seize ans. Nous avons souffert du manque d'hygiène, de la faim (soupe liquide avec quelques morceaux de rutabagas et de choux, une tranche de pain noir le soir avec un petit bout de margarine). Le froid – moins 30 °C – en Haute-Silésie, la chaleur l'été... furonculose, dysenterie, typhus, ravageaient les rangs des détenus.

En janvier 1945, les troupes russes avancent. Alors commence la longue marche dans le froid, la neige. En wagons à bestiaux découverts nous sommes arrivées à Bergen-Belsen. Toujours les longs appels. La faim. La maladie... Nous voyons passer les chars remplis de cadavres.

Avril 1945. Les Allemands sont partis en catastrophe. Ils n'ont pas eu le temps de nous donner le pain empoisonné qui nous était destiné.

Puis les Anglais sont arrivés.

... Ma jeune sœur était au plus mal. Elle a été transportée par avion sanitaire à l'hôpital de La Salpétrière où elle est décédée deux mois après.

Treize membres de ma famille ont péri dans les chambres à gaz. Je suis la seule rescapée ».

Quatrième partie

les femmes dans la tourmente

Hélène Venot, résistante déportée.
Coll. Hélène Venot.

12

Les femmes de l'Ouest au travail

Aux yeux de la loi

Dans le cadre de la « Révolution nationale » décrétée par le Maréchal Pétain, la place de la femme est redéfinie. L'épouse dont le mari peut subvenir aux besoins de sa famille, doit demeurer au sein de son foyer.

D'autre part, le gouvernement de Vichy craint que la crise de reconversion et l'excès de main-d'œuvre connus après la guerre 1914-1918 ne se reproduisent à un moment où l'armistice franco-allemand implique le redémarrage d'une économie de paix et le retour des prisonniers. Afin de prévenir tout risque de chômage, Vichy décide de « renvoyer les femmes à leur foyer ».

Dès le 7 juillet 1940, les chefs d'entreprise sont invités à licencier leurs employées qui ne sont ni veuves de guerre, ni épouses de soldats encore sous les drapeaux, ni célibataires sans ressources et qui n'ont pas d'enfants à charge.

Le 11 octobre, le gouvernement précise ses intentions : L'article 2 de la loi stipule que « le recrutement des femmes mariées dans les emplois des administrations et services de L'État, des départements, communes, établissements publics... » est interdit. Seules les femmes dont le mari est absent ou invalide et celles qui viennent de subir avec succès les épreuves des concours de recrutement font exception à la règle. L'article 7 ajoute que « les agents mariés de sexe féminin employés dans les administrations, services ou entreprises visés à l'article 2 et dont le mari subvient aux besoins du ménage pourront être mis en position de congé sans solde » sauf si le couple a trois enfants et plus à charge.

Enfin, une somme qui peut atteindre dix mille francs est offerte à toute jeune fille sur le point de convoler si elle s'engage à ne jamais retravailler sauf dissolution de son mariage aux torts de l'époux ou décès de celui-ci.

Les lois de Vichy sont parfois relayées de façon surprenante par les Allemands. Le 2 août 1940, la *Feldkommandantur* de Saint-Lô avise les femmes du département que l'emploi de personnel féminin est rigoureusement interdit, à partir du 1er août, dans les ateliers de manipulation et de préparation des viandes, des fabriques de viande et de saucisses. Ce personnel ne pourra être employé que dans les opérations d'étiquetage et de manipulation des boîtes !!!

La loi du 11 octobre 1940 n'est pas appliquée. « Jamais nous n'avons entendu parler d'une telle interdiction. Heureusement d'ailleurs ! La guerre 14-18 nous avait permis de quitter le cocon familial, de découvrir le monde extérieur, de nous faire des amies. Beaucoup avaient pris goût à leur travail, à l'indépendance financière qu'il impliquait, aux rencontres qu'il suscitait. Certaines y voyaient un tremplin vers l'émancipation, vers ce droit de vote que l'on attendait encore. Il était hors de question de nous renvoyer à nos marmites et à nos mioches ! Au contraire, l'absence des hommes rendait vacants bon nombre d'emplois. Les femmes privées de soutien financier les ont occupés ». Odette est l'exemple même de ces femmes qui remplacent les hommes au pied levé : « Je faisais des intérims dans les postes, partout où mes collègues masculins étaient absents. »

Comment expliquer la non-application de cette loi ? Il est tout d'abord impossible de licencier toutes les femmes qui exercent un emploi. « À la conserverie, nous étions près de soixante femmes pour une dizaine d'hommes. Si le patron nous avait renvoyées chez nous, il aurait été bien embêté. Dans tout le pays bigoudin, y'avait pas un homme pour nous remplacer ! » Ensuite, parce que la crise qui guette la France n'est pas due à un excès mais à une pénurie de main-d'œuvre. Dans les départements côtiers de l'ouest de la France, les hommes sont recrutés par les autorités allemandes pour participer à la construction du mur de l'Atlantique au sein de l'Organisation Todt. Dès 1941, cette organisation ne compte plus qu'un cinquième d'Allemands, les ouvriers et manœuvres étant des Charentais, des Vendéens, des Bretons et des Normands pour l'essentiel. Ce sont eux aussi qui construisent les bases sous-marines de Brest, La Rochelle et Saint-Nazaire ainsi que les installations portuaires de Bordeaux, Royan, Lorient et Cherbourg. L'arrivée massive de ces ouvriers provoque d'ailleurs dans les ports une augmentation importante du nombre des prostituées.

Dans tout l'Ouest, l'appel à la main-d'œuvre féminine est donc massif.

Par ailleurs, les femmes les plus méritantes sont récompensées. Ainsi, une agricultrice, qui exploite seule sa ferme de quarante-six hectares à l'Île d'Elle, tout juste aidée par des femmes de journée, reçoit une médaille à l'effigie du Maréchal Pétain. En mai 1944, une cultivatrice d'Estry, Madame veuve Le Chartier reçoit la médaille Sully pour « ses qualités remarquables dans la direction de son exploitation agricole ».

En mai 1944, les résolutions de 1940 sont oubliées. Au contraire, les autorités allemandes préconisent une mise au travail d'office des femmes de dix-huit à quarante-cinq ans n'ayant pas d'enfants à charge. Seront exemptées les épouses de prisonniers de guerre, celles dont le mari travaille en Allemagne, les épouses des membres de la LVF, les veuves de guerre et les femmes enceintes. Un recensement de la population féminine est prévu. Ensuite, les femmes retenues seront affectées partout en France dans des services français ou allemand. Georgette fouille conscien-cieusement dans les multiples coupures de journaux qu'elle a pieusement conservées sa vie durant. « Le voilà, s'exclame-t-elle triomphalement » et elle me montre l'entrefilet qui l'a fait trembler en 1944 alors qu'elle avait vingt-trois ans et qu'elle était célibataire : « Selon les instructions reçues de l'autorité supérieure, il y a recensement obligatoire de toutes les femmes de dix-huit à quarante-cinq ans, c'est-à-dire nées entre 1899 et 1926 ». « Heureusement, on était le 28 mai, ça n'a pas eu de suite mais, sur le coup, quand mon père a lu l'article tout haut, je me suis dit : ma fille, ton compte est bon. Ma mère l'a pensé aussi car elle s'est mise à pleurer. Elle me voyait déjà en Allemagne ». Heureusement, cette décision des autorités allemandes intervient trop tard pour avoir ne serait-ce qu'un commencement d'application.

Quand les femmes remplacent les hommes

Dès septembre 1939, les femmes de l'Ouest font leur apparition dans presque tous les corps de métier.

« La fabrique avait été fondée par mon arrière-grand-père. Son fils lui avait succédé, puis mon père. À sa mort, c'est mon mari qui a pris les rênes. Quand il a été mobilisé, il m'a confié symboliquement les clefs devant tout le personnel. Jamais un employé ne m'a fait de réflexions et pourtant, j'en ai fait des erreurs au début, surtout dans l'approvisionnement ! Mais, au fil des années, je m'y suis mise. Quand Auguste est revenu, c'est moi qui l'ai aidé à se remettre dans le bain. Tout avait changé, les fournisseurs, les machines, le contre-maître et même une partie des bâtiments à la suite d'un bombardement. Ça n'a pas été facile pour lui, même s'il ne l'a jamais dit ». « J'ai pris la direction de la sellerie en août 1940 quand j'ai eu la confirmation que Jean ne reviendrait pas de sitôt. Je n'étais pas préparée. L'entreprise a fait faillite en juin 1941 ».

Les femmes de la campagne remplacent tout naturellement leur mari dans les travaux des champs. Yvonne « fait tourner la ferme » en l'absence de son époux. Germaine résume avec des mots simples le quotidien de milliers de femmes : « J'étais chez mes parents. J'ai aidé ». « Mon mari a été mobilisé, fait prisonnier puis il s'est évadé et s'est réfugié dans le Gers, se souvient Charlotte qui exploite une ferme à Saint-Martin-le-Héberd. J'ai tenu la ferme seule avec l'aide de jeunes commis jusqu'au retour de mon mari ». « Mon père a disparu pendant un an à partir de juin 1940. Ma mère s'est mise à faire des travaux dans la culture. Mon grand-père est venu l'aider pour tenir le cheval par exemple ». Alice n'est préparée ni à la vie rurale, ni à la vie ouvrière. Femme de médecin, ayant fréquenté l'école jusqu'au baccalauréat, elle se retrouve démunie en 1940. Sans formation médicale, elle ne peut reprendre la clientèle de son mari. Fille unique de parents décédés accidentellement lors de l'exode, elle se retrouve seule « avec deux petits en bas âge. Sans eux, je ne sais pas ce que j'aurais fait ». Alice ne baisse pas les bras. Elle découpe une annonce et devient ouvrière. « C'était presque du travail à la chaîne. Les premiers temps, je me faisais houspiller par ma chef. Puis j'ai pris la cadence. Je me suis fait des amies qui étaient, pour certaines, dans la même situation que moi. On s'entraidait surtout pour confectionner les colis pour nos maris. Les enfants mangeaient à leur faim. Parfois, je croisais d'anciennes connaissances qui s'apitoyaient sur mon sort, mais jamais elles n'ont proposé de m'aider pour trouver un travail qu'elles jugeaient « plus convenable pour une femme de médecin ». Quand l'usine a été bombardée et qu'il a fallu évacuer la ville, je suis devenue... fermière ». Petite dame frêle assise dans une bergère cossue, Alice sourit de ma surprise. « J'ai gardé les vaches, je les ai traites, j'ai évacué des kilos et des kilos de paille souillée, j'ai sarclé, j'ai biné, tout... et j'ai tenu. Maintenant, je suis à la fin de ma vie et je peux vous dire que je suis fière de ce que j'ai fait ! »

Parfois, des hommes profitent de la situation. « Moi, je faisais des journées dans les fermes. On était nombreuses à vouloir s'employer alors forcément on nous payait pas gros. Moins qu'avant guerre alors que les prix, eux, augmentaient ». « Quand mon mari est parti en 1939, je ne le lui ai pas dit mais j'étais paniquée à l'idée de devoir conserver la ferme. Heureusement, ma belle-mère habitait juste à côté. Elle s'était retrouvée dans la même situation en 1914. Elle m'a beaucoup aidée par ses conseils et sa présence. Au début, quand le maquignon venait à la ferme, il trouvait toujours que mes bêtes avaient des défauts. Je n'y connaissais pas grand-chose. J'en ai parlé au père Auguste, un vieux voisin. Quand le marchand de bestiaux est repassé, le vieil homme était là. Du coup, le prix au kilo a fait un bond. Avant, le maquignon me grugeait. Tous ces gens-là profitaient de l'absence de nos maris ». « Vous devez aussi parler de ceux qui ont abusé de femmes sous prétexte qu'elles n'avaient rien et qu'elles avaient absolument besoin de travailler ; en Mayenne, poursuit Lucie, il y en a eu plusieurs qui, par la suite, ont été condamnées pour avortement alors que c'est leur patron qui les avait obligées à se faire avorter. L'une d'elles s'est suicidée en 1945 quand elle a su que son mari allait revenir ».

Dans les fermes, des accidents surviennent parfois. Madame Coignard tient la ferme de la Girardière à Béceleuf en l'absence d'Alphonse, son mari prisonnier des Allemands. En 1940, un de ses bœufs de labour s'énerve, lui donne des coups de corne avant de la projeter dans une mare. En mai 1941, Madame Minaud dont le mari est également prisonnier, attelle son cheval à un rouleau de fonte. L'animal s'emballe. Le rouleau brise le bras de la cultivatrice.

Cependant, dans l'ensemble, les femmes de l'Ouest s'en sortent plutôt bien à l'instar de Valentine Levieux de Souvigny-en-La Rochelle qui, en 1941, obtient les mêmes résultats qu'en 1939, alors qu'elle est seule à la ferme avec sa fille.

Dans les bourgades et les villes, la majorité des professions se féminisent. Les femmes occupent les postes des absents dans l'administration. « Les services sociaux se sont largement ouverts aux femmes, précise Jacqueline. Celles dont le mari était prisonnier étaient d'ailleurs prioritaires ». À la préfecture et dans d'autres services allemands, les secrétaires, les interprètes et les traductrices sont des femmes.

L'Office départemental des mutilés, combattants et victimes de la guerre et des pupilles de la nation du Calvados fait savoir à ses ressortissants que la direction des PTT du Calvados est autorisée dès juillet 1942 à recruter en qualité de manipulatrices téléphone et télégraphe les orphelines de guerre âgées de dix-sept à vingt et un ans et titulaires du brevet élémentaire ou d'un diplôme équivalent.

Les commerces sont tenus par des femmes. Béatrice remplace son époux derrière le comptoir du bar-tabac qu'ils tenaient ensemble avant guerre. En revanche, Noémie doit « embaucher un jeune » pour l'aider à la boulangerie familiale. « Je savais vendre mais pas fabriquer le pain », dit-elle pour s'excuser. « Yvon faisait les marchés, j'ai continué ».

Toutefois, dans certains commerces, la succession ne va pas toujours de soi. À Saint-Lô, Madame Dumaine est obligée de fermer sa boucherie lors du décès de son époux en janvier 1940, car son fils, seul apte à reprendre le magasin, est mobilisé.

Les ateliers et les usines recrutent de nombreuses femmes dès 1940 : « On demande personnes des deux sexes susceptibles d'être formées en tant que machinistes et monteurs » ; « De bons manœuvres hommes et femmes sont demandés aux usines Dior, à Saint-Nicolas, près de Grandville » ; « On demande vingt-cinq piqueuses aux moteurs » ; « Les établissements Borel de Laval embauchent des dessinatrices et des femmes actives de dix-huit à trente-cinq ans pour travaux légers » ; « On demande fromagères mouleuses, tourneuses, logées nourries à la Maison Lanquetot à Les Veys, près d'Isigny ». Une entreprise de Vesoul, en Haute-Saône, fait paraître l'annonce suivante dans plusieurs éditions de *L'Ouest Éclair* : « Filets pour cheveux : entrepreneuses sont demandées par fabricant qui fournirait matière première. » Enfin, France-Studio à Nantes recherche en janvier 1942 des courtiers et des courtières tandis qu'une importante compagnie d'assurances qui désire réorganiser ses services recrute des « agents des deux sexes, énergiques et travailleurs ». Voici encore deux professions qui se féminisent !

À l'époque, le travail est-il perçu comme une libération ou une corvée par ces femmes qui restaient au foyer avant la guerre ? Marcelle, porte-parole en quelque sorte des femmes de sa génération est catégorique : « Il y avait trop de contraintes pour qu'on ressente le travail comme une libération car aux journées de labeur succédaient la queue devant les magasins, les déplacements, les contrôles et la préparation du dîner sans oublier pour les mères, la toilette des enfants, une vue rapide sur les devoirs... Non, vraiment, le travail ne favorisait pas l'émancipation de la femme à cette époque ».

13

La collaboration au féminin

Le terme « collaboration » revêt plusieurs sens. Il désigne tout d'abord la politique de coopération avec l'Allemagne menée par le gouvernement de Vichy et instituée par le maréchal Pétain dans un message prononcé le 11 octobre 1940.

Il existe également une collaboration de « cœur », selon l'expression de Robert Brasillach qui dans « Je suis partout » milite pour une Europe fasciste, dont les chantres sont Doriot avec son PPF, le Parti populaire français, et Déat avec son RNP, le Rassemblement national populaire.

Enfin, de multiples formes individuelles de collaboration avec l'ennemi existent. Les femmes de nos régions qui s'y adonnent ne se réfèrent ni aux injonctions de Vichy ou à l'idéologie véhiculée par le PPF ou le RNP mais obéissent soit à une passion, amour ou haine, soit à un besoin vital. C'est d'ailleurs pourquoi les femmes qui ont accepté d'apporter leur témoignage dans ce livre ne jettent pas la pierre à celles qui ont fauté, à ces femmes qui ont aimé ou se sont laissé aimer par des Allemands.

Amours coupables et défendus

« Amours coupables », « Amours défendus », écrivent les romanciers. « Collaboration nocturne », « collaboration horizontale », titrent les journaux à la Libération.

Quatre femmes seulement ont accepté d'évoquer ce moment douloureux de leur existence. En revanche, beaucoup de mes interlocutrices ont connu ou entendu parler des femmes qui ont noué des relations amoureuses avec un ou plusieurs Allemands. Aujourd'hui, si certaines jugent encore la conduite de ces « collaboratrices » d'un genre particulier, toutes refusent de les condamner. « On ne sait jamais de qui on va tomber amoureuse », affirme Andrée. « L'amour, ça ne se contrôle pas » enchaîne Élise. « Certaines avaient faim, elles n'ont pas réfléchi », ajoute Odette. Toutes avancent les mêmes motivations: la pauvreté, la faim, la peur, l'insouciance. La majorité des femmes incriminées ne sont pas des Mata Hari. Elles n'ont dénoncé ni voisines, ni résistants. La plupart sont de faibles femmes qui ont cédé aux pulsions de leur corps ou de leur cœur.

Plusieurs d'entre elles sont évoquées dans les lignes qui suivent. Par souci de préserver leur tranquillité et celle de leur famille, leur nom n'apparaît pas. Elles sont désignées par une lettre choisie selon l'ordre alphabétique et suivant leur ordre d'apparition dans ce livre.

Qui pourrait reconnaître dans cette vieille dame aux cheveux sagement réunis en chignon sur l'arrière de la tête, la brunette pimpante qui arpentait les quais de La Rochelle dans les années 1938-1943 ? « Comme beaucoup de filles, je venais de la campagne. Au début, j'étais bonne à tout faire chez un gros commerçant – un sourire un peu ironique rajeunit son visage. Mon premier client a été mon patron ! Je suis partie. Sans référence, impossible de trouver un emploi. J'ai connu une fille qui travaillait sur le port. Elle m'a appris le métier. Ce doit être en mai ou juin 1942 que j'ai rencontré Rudolf. Au début, ça a été un client comme un autre. Puis, il a proposé de m'installer. J'ai accepté. On a vécu ensemble pendant près d'un an. Cela ne scandalisait personne. Après tout, nous ne faisions rien de mal.

Je n'ai trahi personne moi, même pas un mari prisonnier alors que je connais des femmes respectables ! Quand Rudolf est parti pour Paris, je l'ai suivi. J'ai trouvé un travail de modiste et je m'en suis sortie... Ce serait à refaire ? Un peu rêveuse, la vieille dame réfléchit à ma question. Je crois que je recommencerais. Après tout, je n'ai rien à me reprocher », me répète-telle pour la deuxième fois.

À la Libération, la majorité des femmes qui ont eu une relation suivie avec un Allemand échappent à la vindicte de leurs concitoyens. « Dans notre petite ville, tout se sait. L'officier qui commandait la *Kommandantur* était un bel homme. Et il avait le prestige de l'uniforme. Il a eu plusieurs aventures avec des filles d'ici. Quand nous avons été libérées, nous avons fait celles qui ne savaient pas. La honte peut-être ? Pas la charité en tout cas ! Y'en a deux qui sont parties mais l'autre a récupéré son fiancé quand il a été rapatrié. Sa mère à lui ne voulait pas du mariage. « C'est une traînée », elle disait. Eh bien, il l'a épousée quand même. Ils ont fait leur vie ici. Ça s'est tassé. Et quand elle est morte, y'avait autant de monde qu'aux autres enterrements ! » « J'en connais qui ont eu un gosse avec un Allemand. Quand le mari est revenu, il a pris la femme et le gamin ». « Il y a eu beaucoup d'enfants abandonnés pendant la guerre, m'explique une responsable de la DDASS, surtout dans les années 1944-1945 quand les jeunes mères ont compris que l'Allemagne allait perdre la guerre et que leurs maris allaient revenir. Elles avaient sans doute peur de leurs réactions, du déshonneur, des coups ... »

Certaines amantes font preuve de discrétion. D'autres doivent faire taire des rumeurs parfois avérées mais parfois aussi mensongères. Deux femmes du bocage virois sont obligées d'avertir par voix de presse les personnes qui font courir des bruits sur leur réputation qu'il faut que cela cesse sous peine de poursuite.

En revanche, les femmes qui s'affichent un peu trop ouvertement avec un Allemand, un milicien ou un gestapiste sont inquiétées à la Libération. Parmi les onze femmes arrêtées et placées en résidence surveillée au centre de séjour de Tourlaville par le commissaire régional de la République le 1er août 1944, figurent des épouses de prisonniers de guerre, des femmes sans profession mais aussi une crémière, une fille de salle, une femme de ménage, une cultivatrice et une commerçante. Juste après la libération de Brest, les troupes américaines découvrent vingt et une Françaises au milieu des ruines. Toutes portent un brassard de la Croix-Rouge. La suspicion fait son œuvre. Elles sont immédiatement conduites au poste de police pour vérification d'identité. Parfois, la malchance entre en jeu. Sur la route de Guipavas, un attelage avance au trot mené par une jeune femme qui ne sait pas bien conduire. Le cheval s'arrête à la hauteur d'un groupe d'hommes. L'un d'entre eux reconnaît sa charrette volée il y a peu par des Allemands. Les hommes obligent la fille à descendre et la conduisent à la gendarmerie. « C'est une amie des boches ! » hurle quelqu'un. Le fait est bientôt confirmé et la jeune femme est incarcérée. À Redon, se souvient Francette, une jeune fille a été jetée dans la Vilaine car elle sortait avec un Allemand. Elle s'est noyée.

Travailler pour les Allemands

Des centaines de Françaises sont conduites à travailler pour les Allemands comme domestiques, lingères, cuisinières ou encore dans les services de l'administration. Bien évidemment, ces emplois ne peuvent être assimilés à de la collaboration. Toutefois, à la Libération, il faut parfois prouver sa bonne foi. Geneviève parle allemand. Elle accepte un emploi chez des occupants. Elle est inquiétée en 1945 mais se défend, elle n'a rien à se reprocher : « C'était pour gagner un peu plus cher et aider mon frère qui était dans le maquis. » Justice lui est rendue. Solange est interprète dans un service d'embauche. Mais, à ce poste, elle évite à bon nombre de jeunes Français de partir en Allemagne et protège aussi une amie anglaise recherchée par la *Gestapo.* Là encore, travail ne rime pas avec collaboration. Et que dire de l'enfer que vit Rolande au Mans : « Je travaillais pour les Allemands aux Magasins généraux. Je faisais la couture sur leur uniforme. Quand il y avait une alerte, nous allions dans des abris, le fusil dans le dos. Nous étions gardées. Il ne fallait pas bouger ni parler. Ils étaient méchants. Mais il fallait gagner sa vie. »

En revanche, certaines franchissent le pas et collaborent avec les occupants.

C. s'engage dans les services de la *Propaganda Staffel* en décembre 1942. Son travail consiste à vendre des brochures de propagande allemande dans le hall d'un cinéma.

Quelques rares femmes travaillent pour la *Gestapo* comme cette femme de Morlaix, âgée de vingt-cinq ans, qui sévit comme agent de la *Gestapo* dans la région rennaise et qui finit par être arrêtée à Rennes en octobre 1944. D'origine luxembourgeoise, née de parents lorrains, M. parle parfaitement l'allemand. Habitant Saint-Brieuc, elle devient interprète de la *Feldgendarmerie.* Elle procède aux interrogatoires de suspects et de résistants aux côtés de son amant, un *feldgendarme.* Elle permet ainsi aux Allemands d'obtenir de précieux renseignements sur les réseaux de résistance bretons, notamment sur le groupe Yannou recherché pour avoir organisé l'évasion de détenus à la maison d'arrêt de Rennes.

Les délatrices

Les dénonciations sont une autre forme de collaboration.

Dans son livre *Au bon beurre*, Jean Dutourd évoque une épicière qui dénonce le fils d'une de ses clientes alors qu'en tant que prisonnier évadé il se terre chez sa mère. L'histoire transposée à l'écran sous forme de feuilleton télévisé choque la France entière. Or, la fiction ne dépasse pas la réalité. Elle est même en dessous certaines fois comme le souligne Andrée : « Un vent de délation s'est mis à souffler sur la région. On dénonçait son voisin pour un oui, pour un non. Dans une maison, on écoutait la BBC. Eh bien ! il y avait toujours un « bon Français » pour en informer la police allemande. » Les femmes de l'Ouest dénoncent, le plus souvent par lettre anonyme mais parfois ouvertement, des membres de leur famille, des voisins avec lesquels elles ont un contentieux, des gens qu'elles n'aiment pas ou qui les insultent, des réfractaires au STO et bien sûr, des résistants.

D. travaille à la *Kommandantur* de Landerneau et se livre à la débauche. Son mari la quitte. Mortifiée, elle le dénonce une première fois ainsi qu'un de ses amis qu'elle accuse d'avoir volé de l'essence aux Allemands. Le mari est relaxé faute de preuves mais son compagnon passe neuf mois à Fresnes pour un bidon d'essence trouvé chez lui et dont il n'a pu justifier la provenance. La jeune femme devrait s'estimer satisfaite car, en plus de la joie éprouvée à se venger, elle a touché mille cinq cents francs pour sa dénonciation. Eh bien non ! En avril 1944, elle dénonce de nouveau son mari comme résistant et saboteur. Heureusement, prévenu à temps, il réussit à s'enfuir. Le 6 septembre 1941, E. de Guémené-Penfao se rend à la gendarmerie : « Mon mari est communiste. Je désire qu'il soit fusillé. » Le 8 septembre, les *feldgendarme* arrêtent son époux mais aussi M. Châtelain, maire du Gâvre ainsi que Mesdemoiselles Châtelain. Tous font de sept à seize mois de prison et, à peine remis en liberté, le malheureux époux décède d'une pneumonie. Par jalousie, F., une mère de deux enfants, dénonce son amant et sa rivale. « Dix-neuf ans mais dix ans d'âge mental », G. écrit quatre lettres anonymes pour signaler que son mari est réfractaire au STO.

Tous les motifs sont bons pour dénoncer d'anciens amis, des voisins ou de simples relations. Une habitante de Fontenay-le-Comte, âgée de soixante-sept ans, dénonce sa voisine Juliette comme gaulliste, l'un des pires crimes aux yeux des Allemands. Un homme de Saint-Herblain accuse non sans raison un couple de voisins de lui voler son vin. La femme se venge en le dénonçant comme communiste. Un Breton et sa fille s'en prennent aux propriétaires du terrain limitrophe du leur. Le père rédige un brouillon de lettre que la fille recopie : « Nos voisins ont secouru un aviateur américain. » Souvent, les conséquences de ces dénonciations sont dramatiques. Deux femmes, l'une de Dinan, l'autre de Rennes se disputent avec leur voisine. L'affaire s'envenime et, en septembre 1943, elles finissent par dénoncer la pauvre femme qui est condamnée à seize mois de prison et immédiatement transférée en Allemagne.

R. E., religieuse hospitalière n'a pas vécu les faits mais une sœur lui a raconté qu'un jour d'affluence à l'hôpital de Laval, un chirurgien « fut dénoncé aux Allemands par une sage-femme pour avoir dit que « les Boches n'étaient pas plus pressés que les Français ». Une femme des monts d'Arrée se place en 1942 comme cuisinière à la compagnie allemande de Pleyben. En 1943, naît son premier enfant dont le père est l'un des soldats de l'armée d'occupation. Accompagnant la formation allemande, elle s'installe à Landerneau. Très imbue de sa personne et de son pouvoir, elle considère de haut sa logeuse. Comme elle éprouve quelques difficultés à payer son loyer, elle dénonce sa propriétaire l'accusant de lui reprocher sa liaison avec le sergent-interprète Shaad.

Une femme de Ploézal dénonce des réfractaires au STO. Mal lui en prend. La nuit suivante, d'autres jeunes se présentent chez elle pour venger leurs amis. Elle réussit à s'enfuir mais son mari est abattu.

De simples injures et une vie peut basculer : elles sont mères de famille et ménagères au service des occupants. Leur conduite leur vaut des quolibets de la part de trois jeunes d'Orbec. Elles les font immédiatement arrêter. L'inspecteur des mœurs Pelletier apprend à ses dépens qu'il est mal vu de reprocher à deux femmes de Saint-Jean-d'Angély de « travailler pour les Boches ». Dénoncé, il est déporté en Allemagne. Il ne fait pas bon être institutrice sous l'Occupation. Madame Chauveau, enseignante à Basse-Indre a pour élève la fille d'une femme qui travaille pour les Allemands. Une réflexion et la collaboratrice l'accuse sans raison de maltraiter sa fille. Une enquête heureusement sans suite est diligentée.

Enfin, c'est l'appât du gain qui motive des filles de Cholet, qui, pour de l'argent, dénoncent à la *Gestapo* une douzaine d'artisans et de commerçants du quartier des Barrières. Tous sont déportés. Certains ne reviennent pas.

Beaucoup de dénonciations mettent en cause les résistants qui, de ce fait, paient un lourd tribut à la médisance et à la méchanceté d'une poignée de femmes. Une dactylo à la LVF dénonce un agent de la Résistance à son amant milicien. Une agricultrice de Confolens révèle à la *Gestapo* des informations sur des passeurs qui aident à franchir la ligne de démarcation. À Nantes, Spartaco et Bourdarias qui ont exécuté le lieutenant-colonel Hotz en 1941 sont livrés par la patronne d'un restaurant alléchée par la récompense offerte pour leur arrestation. Âgée de dix-sept ans au moment des faits, H. éprouve une vive admiration pour l'armée ennemie et fréquente des militaires allemands. Bottée, casquée, elle parcourt les rues de sa petite ville de l'Ouest en lançant des « Heil Hitler ! » dès qu'elle rencontre un soldat de l'armée d'occupation. Mais son exaltation ne s'arrête malheureusement pas là. En juin 1944, elle remet une liste de jeunes, habitant dans une zone comprise entre La Roche-Maurice, Lanneuffret, Plounéventer... en précisant qu'ils sont armés de fusils et de grenades. Heureusement, leur trésor de guerre demeurant introuvable, ils sont relâchés après un simple interrogatoire.

En revanche, la trahison d'une couturière de Landerneau a des conséquences dramatiques. S. travaille au domicile de sa mère qui lave le linge des soldats allemands comme le font beaucoup d'autres femmes dans l'ouest de la France. C'est ainsi qu'elle entre en contact avec les occupants et notamment avec le sergent Reimers. C'est à lui qu'elle confie les révélations de sa cousine : un ami l'a menacée avec son revolver. L'ami est arrêté et torturé mais son seul aveu concerne son revolver : Oui, il en a un, un point c'est tout ! Mais la machine est lancée. Les Allemands enquêtent et aussitôt les organisations de résistance du Faou, de Quimerch et d'Hanvec sont repérées. Au Faou, cinq jeunes gens sont arrêtés et deux sont abattus sur place. À Quimerch, les Allemands procèdent à quatre arrestations. Emmenés à Landerneau, puis à Saint-Charles, tous ces jeunes gens sont fusillés à Mousterlin quelques semaines plus tard. Ils appartenaient au groupe « Vengeance ».

Les tondues

« La Libération n'a pas été belle ». Tel est l'avis de Paulette qui n'est pourtant qu'une toute jeune fille en 1944, mais qui se souvient du « Carnaval moche » des femmes tondues et des procès expéditifs condamnant celles qui ont aimé un Allemand comme celles qui ont trahi des amis, des voisins, des parents.

Des femmes sont tondues à Moncontour, Cognac, Rouillé, Saint-Nazaire, Saumur, Tonnay, Saint-Brieuc, Angers, La Péruse, Trégastel, Cherbourg, Poitiers, Penmarch, Surgères, Charroux, Beauvoir, Fontenay-Rohan-Rohan…

En septembre 1944, un journaliste écrit : « La tonsure est devenue une cérémonie achalandée et voir la "tondue" est la distraction à la mode. L'élément féminin domine dans le public. »

Sur la place d'Armes à Poitiers, un camion amène des jeunes femmes. Jacqueline a une amie qui possède un appartement dont les fenêtres donnent sur la place. « J'ai vu ces femmes. C'est une horreur. On les forçait à monter sur une estrade devant l'hôtel de ville. On les tondait. Puis en les frappant, on les faisait monter dans un camion et en route pour la prison de la Pierre-Levée ». Gilberte décrit l'ambiance : « Il y avait foule. Des coiffeurs avaient été réquisitionnés d'office pour faire ce sale boulot. Les gens riaient. Ils assistaient à un véritable spectacle et se laissaient aller. C'était la première fois depuis des mois, des années. Enfin, ils étaient libres de s'attrouper, de chahuter, de hurler leur haine et leur joie. Certains ont agoni d'injures les malheureuses qui pleuraient. D'autres les regardaient avec dégoût. Certains, les moins nombreux, avaient un regard fuyant, un rire jaune et un peu de pitié apparaissait dans leur regard. C'était à la fois une fête populaire et un rituel macabre. »

« Avec du recul, j'ai honte. Honte d'avoir assisté à cette cérémonie macabre. Honte de ne pas avoir eu le courage ou même simplement l'idée de m'y opposer. Honte de nous tous, de l'image que les jeunes peuvent avoir de nous en voyant les photos de l'époque. Mais c'était un engrenage. Il fallait sans doute en passer par là pour expurger la peur, la haine... mais soixante ans après la honte demeure », martèle Solange.

« Certaines avaient un jeune enfant avec elle, "le bébé de la honte", comme on disait. Je pense qu'elles avaient plus peur pour lui que pour elles ». « À Angers, les tondues ont été déshabillées et on les a forcées à entrer dans le bassin du jardin du Mail ». Une femme de la Sarthe se souvient, elle aussi, de femmes tondues promenées en combinaison. « J'en ai vu une à qui on avait peint une croix gammée sur le crâne. Pauvre femme, nue, sans cheveux, cette croix... Comment avons-nous pu accepter cela ? » À Tonnay comme à Saumur, on trace une croix gammée au crayon gras sur le front de ces femmes.

Dans son ouvrage, *Août-septembre 1944 à Tonnay-Charentes et Surgères,* Henri-Jacques Gros décrit la scène et poursuit : « Un kodak est apporté et elles sont photographiées séparément puis en groupe. Ensuite, conduites [...] par quelques soldats FFI, elles marchent en rond [...] puis elles sautent, puis elles marchent au pas de l'oie... Quelques spectateurs repus s'en vont. Les autres restent. Ils ne sont pas entièrement satisfaits. Ils auraient voulu sans doute que ces femmes soient promenées en ville après la tonte ; ils auraient voulu les toucher, les insulter, les frapper peut-être... Demain dimanche à 16 heures, est prévu un second spectacle. » Car la réalité est là, c'est un spectacle.

Les femmes tondues sont rares dans les villages. Rouillé a les siennes, étrangères à la commune mais attirées par la présence du camp d'internement administratif, mais d'une manière générale la tonte n'est pratiquée que dans les villes dans un contexte particulier. « L'ordre allemand » n'existe plus et l'anarchie règne pour un temps que chacun pense très court. C'est l'instant de toutes les libertés et de tous les excès. Lors de « ces fêtes populaires » décrites par Jacqueline, Gilberte et les autres, la tondue apparaît comme le symbole de la traîtresse qui s'oppose à la résistante, de la femme soumise à l'occupant qu'il convient maintenant de rejeter avec force jusque dans son souvenir. La femme qui s'est compromise cristallise sur elle toutes les rancœurs, tous les désespoirs et paie le prix fort.

Mais pour certains, ce n'est pas encore suffisant. Le 4 novembre 1944, dans *La Liberté d'Aunis et de Saintonge*, on peut lire ces propos : « Les tondues ont résolu le problème en se faisant faire des perruques. Il y a moyen d'éviter qu'on les oublie. C'est de leur imposer le port d'une étoile avec croix gammée. Celles qui sortiraient sans leur étoile seraient passibles d'une amende de mille francs au bénéfice de la caisse de secours des FFI. La population se chargerait ainsi de faire elle-même la police et nous ne verrions plus ainsi des tondues occuper les places des établissements de la ville (Saintes) en quête d'un nouvel amoureux ! »

Certaines femmes, des jeunes filles et même des enfants ont été profondément choqués par la vision de ces femmes tondues. A., qui vivait à Segré au moment de la Libération, témoigne en ces termes : « Née en 1939, je voudrais évoquer une image d'enfance qui est restée en moi et qui a certainement eu une influence sur mon choix de vie comme religieuse du Bon Pasteur. J'étais dans le jardin du presbytère situé en surplomb par rapport à un bâtiment en contrebas : le tribunal et sa prison. Une très petite cour entourée de murs faisait l'objet des commentaires des adultes qui parlaient à mi-voix. J'ai vu des femmes toutes habillées de la même blouse bleue avec des têtes rondes sans cheveux. Elles marchaient à la queue leu leu en faisant la ronde autour de la cour. C'était très triste. »

Toutes les femmes que j'ai rencontrées aussi bien dans les Pays de la Loire qu'en Normandie, en Bretagne ou en Poitou-Charentes sont unanimes : « Plus jamais une telle humiliation pour des femmes ni pour n'importe quel être humain. »

Les condamnées

Souvenir de l'Occupation ou désir de punir tous les coupables, des appels à la délation sont lancés dans toute la France de l'Ouest. Ainsi, cet entrefilet paru dans *La Dépêche des Charentes* le 8 novembre 1945 : « Les personnes ayant eu connaissance de faits de collaboration concernant X. de Rochefort sont invitées à déposer à la police ou à lui écrire. » La délation va bon train dès les premières heures de la Libération. Les arrestations se multiplient.

Mais que faire de ces femmes ? Quelques-unes sont emmenées au Grand Séminaire d'Angers comme une habitante de La Bohale. D'autres sont internées au camp de Matha. D'autres encore, arrêtées pour intelligence avec l'ennemi, sont dirigées vers Saintes. Elles sont commerçantes, femmes de ménage, antiquaires, institutrices et viennent de La Vallée, Tugeras, La Chapelle-des-Pots, Pons, Saintes, Royan... Certaines tentent d'échapper aux FFI comme cette jeune fille qui se lance dans le vide du premier étage de sa maison de Poulan dans le Finistère.

Les procès qui se déroulent à l'automne 1944 et surtout en 1945 ne sont certes pas dénués de passion mais ont lieu dans un cadre législatif qui interdit tout débordement.

Qui sont les femmes condamnées à la Libération ?

Certaines le sont pour collaboration économique comme cette épicière, réfugiée de Seine-Inférieure, qui se livre à un intense marché noir en faveur de l'occupant.

D'autres le sont pour leur engagement politique comme S. de Brest qui a adhéré au Parti franciste en juillet 1943 et qui n'a pas hésité à revêtir l'uniforme du parti ou comme cette femme de cinquante-huit ans membre du RNP et du groupe Collaboration qui trouvait les Allemands « gentils et mignons ». La secrétaire de la section franciste d'Angers est condamnée à mort. Les adhérentes du groupe Collaboration sont souvent condamnées pour activisme en faveur des Allemands. Ainsi, cette blanchisseuse de Nantes dont la clientèle est d'ailleurs exclusivement allemande et qui se fait accompagner chez ses fournisseurs par quelques-uns de ses clients pour obtenir des délais de livraison plus courts ou encore ces deux jeunes filles de Saujon qui se déplacent à La Rochelle pour assister à une conférence de Jean-Hérold Paquis. Accusée également « d'intense propagande pour les Occupants », M. chef de section des JCN à Rochefort est condamnée à dix ans de travaux forcés. Quelques institutrices à qui l'on reproche leurs sentiments pro-allemands sont rayées des cadres. Une femme qui a prononcé des paroles injurieuses pour la mémoire de plusieurs résistants exécutés par les Allemands est condamnée. Enfin, des femmes de Jonzac, Réaux, Mirambeau, Montendre, Chepniers et Nieul-le-Vinouil sont inquiétées pour avoir subventionné la LVF.

Les femmes qui ont eu une relation suivie avec un Allemand, un milicien ou un gestapiste sont essentiellement condamnées à l'indignité nationale, peine assortie le plus souvent de quelques mois ou de quelques années de prison. La cour de justice de la Sarthe condamne cent cinquante-trois femmes, la plupart pour collaboration horizontale. N. de Segré, O. de Bagnoles-de-l'Orne, P. de Domfront, R. de La Rochelle et bien d'autres sont condamnées à l'indignité nationale à vie en janvier-février 1945. La même peine est prononcée à l'encontre de S. de Couéron. Elle est en outre interdite de séjour en région parisienne et dans la région administrative de Rennes et d'Angers. S. était en effet l'amie d'Henrich Kumann, chef de la *Kommandantur* de Saint-Herblain et tortionnaire de nombreux

Français. T., maîtresse d'un officier de la *Gestapo* est sanctionnée : cinq ans de prison. Elle est conduite à la prison de Rennes comme la plupart des femmes de l'Ouest écopant de plus d'un an d'emprisonnement.

Assister des militaires allemands au moment de la débâcle est également répréhensible comme le découvrent des jeunes femmes de Saint-Pol-de-Léon. L'une d'entre elles a donné asile le 15 septembre 1944 à deux Allemands évadés du camp de Saint-Thégonnec, une autre leur a fourni des vêtements et des vivres tandis que la troisième a procuré une carte d'identité à l'un des deux fugitifs. La sanction est souvent lourde. Dix ans de travaux forcés, tel est le prix payé par une Nantaise pour avoir hébergé un soldat allemand et s'être laissé séduire. En revanche, « la veuve joyeuse de Corné » comme l'appelle la presse de l'époque n'écope que d'un an de prison. Pourtant, les faits qui lui sont reprochés sont au moins aussi graves : « Il aura fallu l'occupation allemande, écrit un journaliste, pour que la veuve X., devienne à quarante-cinq ans l'héroïne d'une aventure sentimentale ! Son Roméo, un sous-officier allemand du nom de Willy ne devait pas être trop difficile ! » Mais il n'y a pas que cela à l'actif de la répugnante veuve joyeuse. Sa fille, âgée de quinze ans, a été placée au Bon Pasteur pour outrage à la pudeur en compagnie d'Alfred, un autre Allemand. Et au jour de la Libération, c'est chez l'inculpée que Willy, déserteur, fut arrêté avant que sa maîtresse ne soit tondue par les FFI de l'endroit. » Mais parfois la justice est injuste. Une femme écrivain de l'ouest de la France cache son futur mari. C'est un Allemand anti nazi qui a déserté. À la libération, elle est tondue !

Enfin, les traîtres et les délatrices sont lourdement condamnées. Les travaux forcés à perpétuité sanctionnent cette collaboratrice qui fait arrêter ses voisins, Mademoiselle Braud et son frère ainsi que Messieurs Chaniol et Baudet. En décembre 1944, lors du procès, on est sans nouvelles de Messieurs Braud et Baudet. La couturière de Landerneau, responsable de la mort de plusieurs membres du groupe « Vengeance » est condamnée, elle-aussi, à vingt ans de travaux forcés, peine assortie de quinze ans d'interdiction de séjour.

En janvier 1945, C., accusée d'intelligence avec l'ennemi, est condamnée à mort. Elle a vingt-neuf ans. Qu'a-t-elle à se reprocher ? Sous l'Occupation, cette Parisienne de naissance trouve à s'employer comme cuisinière au restaurant des Mouettes à Morlaix. La patronne, Madame Lecomte, fait de la résistance.

C. mise au courant en informe immédiatement son amant, un membre du parti franciste, avec lequel elle vit en concubinage bien qu'elle soit mariée avec un prisonnier de guerre. Or, son compagnon est un agent du lieutenant Schmidt, chef de la *Gestapo*. Contre deux mille francs, elle informe la *Gestapo* qu'une réunion de résistants aura lieu au restaurant des Mouettes le 11 mai 1944 à l'occasion des fiançailles du neveu de Madame Lecomte. Elle sait pertinemment que sa dénonciation va entraîner l'arrestation de tous les participants à la cérémonie… Le 11 mai, la *Gestapo* cerne le restaurant. Douze personnes sont arrêtées parmi lesquelles Madame Lecomte, son neveu et la fiancée de celui-ci, une jeune fille de dix-sept ans qui est torturée puis déportée en Allemagne. Six convives parviennent à s'échapper. Un autre, Pierre Gautier, est abattu. Lors du procès de C., une des femmes arrêtées raconte son calvaire : ses gardiens l'ont forcée à se déshabiller jusqu'à la ceinture et l'ont atrocement battue comme ses compagnes. Puis, pendant six heures, ils l'ont torturée à coups de nerf de bœuf et de câbles électriques. La pauvre femme s'est évanouie trois fois. Elle a été par la suite trente-cinq jours sans pouvoir marcher. Emprisonnée à Fresnes, puis à Poitiers, elle a réussi à s'évader, une chance que toutes ses compagnes n'ont pas eue.

La cour de justice prononce une peine similaire à l'encontre de D., jeune femme de vingt-quatre ans, qui a dénoncé son époux à la *Gestapo*. Ce dernier était agent de liaison dans un réseau de résistance et sa dénonciation a entraîné l'arrestation de quatorze personnes aussi bien à Niort qu'à Poitiers.

E., une autre femme, condamnée à mort par le tribunal militaire pour espionnage en qualité d'agent de la *Gestapo*, est fusillée le 21 juillet 1944.

À Chabanais, en juillet 1944, point de procès. Des résistants exécutent une femme à qui ils reprochent son attirance pour la Milice. Sa mort frappe les esprits : la jeune femme meurt en robe de mariée.

À Rezé, une femme est condamnée à mort pour avoir sablé le champagne avec les Allemands le jour de leur arrivée, pour s'être vantée d'avoir fait déporter un de ses compatriotes et pour avoir reçu à maintes reprises des officiers allemands et notamment le docteur Ruper, chef de la *Gestapo*.

Enfin, la cour martiale de Saintes condamne à la peine capitale une femme de vingt-neuf ans qui a dénoncé son mari et son beau-père. Tous les deux ont été fusillés. Elle est exécutée le 20 septembre 1944 à 18 heures.

Marie-Louise Troubat, résistante arrêtée le 4 août 1943, déportée à Ravensbrück.
Coll. Pierre Deville.

14

Au service de la Résistance

Beaucoup pensent encore aujourd'hui que la Résistance a été uniquement le fait des hommes. C'est faux. De nombreuses femmes se sont engagées à leur côté.

Il est impossible de citer ici toutes les femmes qui, dans les départements de l'Ouest, participent à l'héroïque combat contre les envahisseurs allemands. D'abord, parce que la majorité d'entre elles choisit de taire leurs actes de bravoure au moment de la Libération. Ensuite, parce que le nombre de pages de ce livre est insuffisant à contenir le nom de toutes ces femmes qui, malgré la répression féroce, furent des centaines à résister. Comme le dit Simone Le Port, une résistante bretonne, « leur rôle est inséparable de celui de Danièle Casanova, Lucie Aubrac, Geneviève de Gaulle, sœur Yvonne Aimée de Malestroit, Marie-Claude Vaillant-Couturier, figures emblématiques de la résistance des femmes ».

Quelques-unes sont encore de ce monde pour témoigner soit de leurs propres actions qu'elles tendent généralement à minimiser et qu'elles ponctuent d'un « Vous comprenez, c'était normal ! », soit pour évoquer l'engagement de leurs compagnes aujourd'hui disparues. Madame Gaborit, résistante nantaise du groupe Marcel Evin, dès juin 1940, se fait le porte-parole de toutes ces femmes : « On trouvait cela naturel et c'est toujours vrai. On n'avait pas envie de paraître... Et puis, vous savez à la fin de la guerre, on était trop fatiguées pour continuer à combattre… »

Bien peu entendent l'appel du général de Gaulle, même pas sa nièce Geneviève qui se trouve en Bretagne à ce moment-là et qui va bientôt rejoindre la Résistance. « À mesure que s'accentuait l'oppression nazie, nous prenions place dans le combat libérateur, poursuit Simone Le Port. Nous étions de diverses conditions sociales, celles qui croyaient au ciel et celles qui n'y croyaient pas. Nous étions aux côtés des maquisards dans les villes, les villages… ».

Héberger des résistants et des aviateurs alliés, transmettre les ordres, soigner les maquisards, aider lors des parachutages, faire passer la ligne de démarcation, telles sont les activités essentielles des femmes dont Lucien Sommen, membre des FFL et de l'Association des Médaillés de la Résistance Française, fondateur du réseau Eleuthère en Poitou, parle avec beaucoup de délicatesse et de chaleur : il y a « celles qui prennent une part active dans la Résistance..., celles peu connues, voire ignorées, victimes du machisme masculin, qui ont accompli des exploits, que leurs homologues mâles jalousaient. Et plus, il y a surtout cette cohorte de femmes admirables qui n'ont pas démissionné devant le malheur et qui ont porté l'espoir de la renaissance française... Si je rends justice à l'action des femmes dans la Résistance, c'est que j'ai pu apprécier leur efficacité : agents de liaison telles Hélène H., Huguette D., Christiane R., Micheline C., qui hebdomadairement assuraient le contact de la province avec la Centrale Praxitelle ; fonctionnaire discrète : mon épouse travaillant au service des traductions de la préfecture, rapportant chaque jour de précieux renseignements ; châtelaines, toujours prêtes à héberger nos agents et radios ; prostituées ou filles de bar de La Rochelle-La Pallice, par lesquelles il était possible de connaître avec précision les dates et heures d'arrivée des sous-marins ».

Les agents de liaison

De nombreuses résistantes sont agents de liaison. Jean Le Jeune, « commandant Émile » pour la Résistance, rend hommage « à celles qui, chaque jour, aux côtés des responsables et parfois seules, sillonnent inlassablement nos routes si dangereuses, pour réussir les liaisons indispensables entre les différentes formations, transportant ordres, messages, renseignements, tracts, journaux, tickets d'alimentation mais aussi armes et munitions ».

À bicyclette, une lettre dissimulée dans le guidon ou le cadre, des dizaines de femmes sillonnent les routes de l'Ouest. D'autres utilisent les langes de leur nouveau-né, les poignées des poussettes, le fond d'un panier, un creux dans une semelle, le double-fond d'un pot à lait, l'ourlet d'une jupe pour dissimuler les précieux messages. Jeannine Gainche et Jeannette Valy ont une autre astuce : « Il nous suffisait de fixer le message sur un peigne, de coudre un ruban par-dessus et le tour était joué. À l'époque, les cheveux retenus par des peignes étaient la coiffure à la mode.»

Le rôle des agents de liaison est essentiel. Bernadette Poisson, « Blanche » pour les FTP, est un des agents de Mathurin Le Tutour puis de Jacques Doré. Son rôle est déterminant lorsque la compagnie Bernard est encerclée le 14 juillet 1944. Avec un sang froid incroyable, elle parvient à s'échapper et prévient tous les autres chefs de compagnie évitant le démantèlement des réseaux de sa région. Certaines sont à peine sorties de l'enfance. « Bravo d'être une des plus jeunes résistantes de France », lance un jour le général de Gaulle à Annick Brézulier.

Quelques femmes comme Madame Valette de Buxerolles ou les sœurs de Robert Lajon membre de l'Intelligence Service de la région de Saint-Savin transportent des armes. « Nous allions les porter aux maquisards », se souvient Simone Lajon. Aminthe et

Yvette Guillon mais aussi Élisabeth Dupeyroux évacuent avec d'autres les armes que deux cents résistants, FTP pour la plupart, sortent des carrières de Jonzac, le deuxième dépôt de munitions de France.

Comme Odette Roux qui devient, à la Libération, la plus jeune femme maire de Vendée et les filles Dervieux surnommées « les petites hirondelles », Jeanne Blouin est une héroïne de la Résistance aux Sables-d'Olonne. Fille du résistant René Bardy, Jeanne aide son père dès 1940 en lui servant de secrétaire et en parcourant l'ouest de la Vendée à bicyclette. « Mon père a été arrêté le 12 août 1942 puis déporté à Buchenwald où il a été grillé vif ». Jeanne reprend le flambeau et entre à Libé-Nord. Avec les marins pêcheurs des Sables et de la Chaume et notamment Pacific Crémé et Emmanuel Garnier, elle va en mer à la rencontre des sous-marins anglais venus livrer des armes. « C'est à cette occasion que j'ai rencontré le convoyeur Bernard-Louis Blouin qui est devenu mon mari ». Jeanne effectue également des missions de liaison auprès des responsables de Libé-Nord à La Roche-sur-Yon, puis participe à la libération de Pornic avec le premier bataillon FFI de Vendée. « Et je n'ai jamais eu peur », conclut Jeanne.

Au service du renseignement

Beaucoup allient liaison et renseignement comme Ginette Lagrega-Buisson qui convoie des aviateurs anglais, transmet ordres et contrordres en Charente et remet de précieuses informations sur son département au commandant Auger.

Francine est le pseudonyme de Lily Noblet, de son vrai nom Eulalie Noblet née en 1924 à Nivillac. Cette jeune institutrice est, selon le général de Gaulle, un « agent de renseignements hors pair qui a, par son action, grandement contribué à la parfaite connaissance de l'ennemi dans la poche de Saint Nazaire ». Lily Noblet héberge des résistants, leur procure de faux-papiers, sillonne le Sud-Bretagne, effectue des liaisons jusqu'à Cherbourg et à La Haye-du-Puits en Normandie et réussit à empêcher les Allemands de franchir la Vilaine « protégeant ainsi les troupes de la XIXe DI du secteur de Muzillac d'une surprise certaine ».

Le plus important réseau de renseignements vendéen voit le jour à Rochetrejoux sous l'impulsion de Stanhope et Charlotte de la Débutrie qui collectent avec des amis toutes sortes d'informations sur les troupes d'occupation et le mur de l'Atlantique.

Édith Augustin est modiste. Dans les premiers temps de l'Occupation, elle passe, camouflée dans les ornements de ses chapeaux, des bijoux et de l'argent appartenant à des gens de confession israélite. Lorsque le réseau « Alliance » s'implante en Poitou, Édith Augustin en fait naturellement partie. Ce réseau a pour originalité d'être dirigée par une femme, Marie-Madeleine Fourcade, fait exceptionnel en France. Marie-Madeleine Méric – elle prendra le nom de Fourcade après son mariage – est pratiquement la seule femme à occuper un poste comportant d'aussi lourdes responsabilités dans la Résistance de 1941 à 1945 avec Claude Gérard qui est chef d'un maquis. Elle fonde avec quelques amis le réseau Alliance. Le commandant Loustanau-Lacau le dirige. Elle est son bras droit. Or, le 18 juillet 1943, Loustanau-Lacau est en prison. Elle prend le commandement. Ce réseau, rattaché à l'Intelligence Service, compte trois mille membres, dont sept cents femmes. C'est avant tout un réseau de renseignements relatifs aux agissements de l'armée allemande. Beaucoup de femmes sont choisies pour acheminer les informations, pour servir d'agents de liaison. Dans notre région, un groupe se constitue formé d'Édith Augustin, de Marie et Eugène Tillet, de leur gendre Albert Roquet qui a été le premier contacté, de Jean-Baptiste Métayer, de Louis Gavot et de Jean Kieffer. La boutique d'Édith Augustin sert de boîte aux lettres. Mais, sur les trois mille membres du réseau « Alliance », le tiers est bientôt arrêté. Édith Augustin et Marie Tillet ne parviennent pas à s'échapper et sont prises le 31 décembre 1943. Après deux mois passés à la Pierre-Levée, Édith est déportée via Fresnes et Compiègne au camp de Schirmeck, puis vers celui du Struthof où elle est probablement exécutée.

Enfin, comment ne pas évoquer Yvette Wilborts, plus connue aujourd'hui sous le nom de Marie-Jo Chombart de Lauwe. « C'est une ancienne élève comme vous », me dit Yvonne Hirrien qui me conte brièvement son histoire. Réfugiée de Paris en Bretagne, Yvette vit à Bréhat, une petite île d'où il est relativement facile de gagner l'Angleterre. Son premier acte de résistance consiste à sauver la vie d'un Anglais. Celui-ci parle d'Yvette et de ses parents à Londres. Contactés par l'Intelligence Service, ils fondent un réseau de renseignements destiné à collecter diverses informations sur les défenses allemandes de la côte bretonne qu'ils transmettent ensuite aux Anglais puis également aux services du général de Gaulle. Arrêtée en mai 1942, Marie-Jo, c'est devenu son nom de résistante, est internée à la prison de Rennes puis à celle d'Angers où elle retrouve sa mère, arrêtée elle aussi tout comme son père qui va mourir à Buchenwald. Marie-Jo Chombart de Lauwe est déportée à Ravensbrück où son courage est salué par toutes et notamment par Hélène Venot, présidente des Déportés Poitevins, qui évoque (voir p. 244) comment la jeune fille a sauvé de la mort quelques-uns des bébés du camp.

Hôtesses aux multiples visages

Les femmes de l'Ouest sont très nombreuses à mettre leur maison, leur commerce, les dépendances attenant à leur ferme à la disposition des résistants, des aviateurs alliés et des réfractaires au STO.

Madame Audo habite Inguiniel. Sa maison sert de refuge à de nombreux maquisards tels Roger Le Hyaric, Célestin Chalmé, Marcel Jan et Jacques Doré. Sa fille Emma, l'aide à recevoir les résistants. Très vite, la jeune fille est chargée de mission de renseignements notamment pour le capitaine Germain qu'elle épouse à la Libération. Les membres de la compagnie Germain sont également hébergés par la famille Kerjouan de Saint-Barthélémy dont la fille Lydie est membre du réseau.

Alice Cailbault tient, elle aussi, une ferme mais en Charente, à Saint-Laurent-de-Cognac. Lorsqu'une amie d'enfance, Margot Valina, lui demande si elle veut bien cacher quelques résistants, elle accepte sans hésiter. Dénoncée, elle est déportée et meurt à Birkenau en 1943. En septembre 1944, M. Faraud, délégué régional du Comité national de la Résistance rend hommage aux femmes de Pons : « Il y a dans notre ville des femmes admirables qui ont rendu d'immenses services à la Résistance et tout d'abord Madame Martin, résistante de la première heure qui m'a accueilli toujours chaleureusement.» Il cite également « Camille » Renaud, sa secrétaire, Henriette et « Madeleine l'Intrépide » plus connue des habitants de Pons sous le nom de Mademoiselle Brebion, directrice de l'école maternelle et qui pendant l'Occupation parcourt la Charente à bicyclette au service de la Résistance et transporte des armes.

Dans la Vienne, Madame Berthier héberge à Quinçay, Henri Rol-Tanguy qui exerce, à l'époque, d'importantes responsabilités au sein des FTP d'Anjou et du Poitou. Renée Lessertois vit en Normandie : « Notre maison devint « boîte postale », c'est-à-dire un lieu d'échanges secrets entre les agents de liaison. Ces agents, j'étais chargée de les recevoir, de les héberger… » Elle héberge notamment le résistant René Renaud.

De nombreuses religieuses ouvrent les portes de leur établissement aux résistants. Lors de l'attaque du maquis de Saint-Marcel, plusieurs hommes se réfugient chez les augustines de Malestroit. La prieure, mère Yvonne-Aimée, les cache et les soigne jusqu'à ce que la *Gestapo*, prévenue par dénonciation, force la porte des religieuses. La fouille est vaine. Les maquisards ont pu s'enfuir mais mère Yvonne-Aimée est arrêtée. Faute de preuves, la supérieure est heureusement relâchée.

Les tenancières de débits de boisson ou de restaurants sont souvent les premières à prêter une arrière-salle aux hommes de l'ombre. Comme Madame Jacquelin de Saint-Savin ou encore Marie-Louise Antigny, Marie Lesage tient un café situé à Equeurdreville près de Cherbourg où elle reçoit très fréquemment des membres du Front national. À Asnières, c'est l'arrière-cuisine de Madame Laverret qui abrite une radio très utile aux résistants de la région pour communiquer avec Londres. La patronne du Marsouin à La Rochelle, Annette Epaud, est bien connue des chefs de la résistance de Charente-Maritime. Beaucoup se réunissent chez elle. Dénoncée en même temps que ses amies Alice Cailbault, Margot Valina et Paulette Brillouet, elle est gazée à Auschwitz.

8, rue du Mur à Morlaix ! Combien de maquisards sont passés dans cette petite crêperie ? Madame Thooris les connaissait tous, les aimait tous. Eux aussi, ils avaient de l'affection pour cette dame qui, avec le sourire, leur offrait des crêpes et une bolée de cidre sans jamais accepter d'argent de leur part.

Souvent celles qui cachent des hommes dissimulent aussi des armes. Comme Marie-Louise Troubat de Poitiers, la famille Duruisseau à Bouex ouvre sa maison à la Résistance. « C'est la maison du bon Dieu », dit René Chabasse, le pionnier de la résistance charentaise. Chez eux, ce sont des allées et venues continuelles de camions qui apportent des armes que le père, Alcide, dissimule dans un grand trou recouvert par des branches. Une dénonciation et la maison est perquisitionnée, la famille interrogée. Personne ne parle. La *Gestapo* emmène la plus jeune, la plus fragile, Andrée, dix-huit ans. La jeune fille fait preuve d'un cran qui force l'admiration du « grand Alfred » son bourreau. « C'est une excellente petite Française et si la France en avait eu beaucoup de cette trempe, elle n'aurait pas connu le désastre de 1940 ». Déportée, Andrée revient vivante des camps le 2 juin 1945.

Comme Élisabeth de Corta, son mari et leur fille Inès, comme Eugénie Soulard, comme Paulette Briaud, la famille Brugier et Edith Compin à Persac, Denise Labrousse à Asnière-sur-Blour, la famille Chabot à Angles, Germaine Boulvais accueille des aviateurs anglais malgré la petitesse de sa maison : une seule pièce ! Elle les habille, les nourrit pendant près d'un mois parfois. Trois Anglais l'informent de leur retour sur leur île natale : « Bonjour à Pépette de la part de ses trois amis ». « Pépette, c'était notre fille qui avait à ce moment-là vingt-neuf mois ». En août 1943, un avion américain est abattu au-dessus de Pleuven : un seul survivant ! Une chaîne de solidarité s'organise. Monsieur et Madame Déniel, Jeanne Daniel et Christiane Mauguen lui portent secours et lui évitent de tomber aux mains des Allemands. Puis, après un court séjour chez les Caradec, il est conduit à Quimper chez Madame Moulet qui héberge souvent des aviateurs anglo-américains.

Ces femmes risquent leur vie. Un avis paru dans la presse en janvier 1943 rappelle « qu'il est défendu de cacher, d'héberger ou d'aider de quelque façon que ce soit tout membre d'un équipage d'avion ennemi ou tout parachutiste ennemi. Toute contravention est punie de mort ». C'est effectivement la mort qui attend Madame de Saint-Laurent lorsqu'elle héberge trois aviateurs, un Irlandais, un Néo-Zélandais et un Canadien. Après avoir quitté sa maison, ils se font prendre. Elle est arrêtée, transférée à Fresnes puis à la Santé avant d'être déportée vers Ravensbrück.

Germaine Boulvais héberge aussi des réfractaires. D'autres comme Hélène Venot les conseillent, leur fabriquent de fausses cartes d'identité, de fausses cartes d'alimentation, les font vivre dans la clandestinité : « Mes parents cachaient une dizaine de réfractaires chez eux. Dans l'équipe, il y avait un boucher qui tuait de temps en temps un veau, un porc, un chevreuil. Mon frère et mon beau-frère répartissaient la nourriture entre les fermes qui nous aidaient à planquer les réfractaires. Nous étions bien organisés. Mais, il y a eu un grain de sable. En face de chez moi, habitait une femme qui travaillait avec des Allemands. Elle surveillait ma maison, les réfractaires, les colis, mes déplacements, parce qu'en plus c'était moi qui allait faire honorer les tickets d'alimentation chez une épicière dont le fils avait été arrêté par les Allemands et qui nous aidait. Un jour, elle m'a dénoncée ». Le 1er mars 1944, Hélène est arrêtée. « Depuis, la maison de cette femme a été baptisée « le mur de la honte » et aujourd'hui encore on la connaît sous ce nom ».

Mira Metzler est d'origine allemande. Pourtant, grâce à son travail dans une *Feldgendarmerie,* elle procure des faux papiers à des réfractaires.

C'est parce qu'elle est secrétaire de mairie comme Hélène Venot que Marie Tiffineau établit elle aussi des faux papiers et des cartes d'alimentation pour les aviateurs alliés qui sont parachutés dans la région de Saint-Savin.

Les religieuses hospitalières de Beaupreau accueillent de nombreux clandestins. Sœur Adeline évoque leur action : « Nos possibilités d'accueil venaient du grand nombre de personnes qu'abritait l'établissement – un hôpital-hospice de deux cent cinquante-deux places et divers services dont un orphelinat et un service de prêtres malades ou âgés. Il était ainsi plus facile à des clandestins de ne pas être repérés… Des faits précis jalonnent ces années : en juin 1940, c'est la débâcle… Un officier français, pas assez prompt dans sa fuite, reste caché sous un escalier pendant que les Allemands entrent, en nouveaux maîtres des lieux… » Puis, c'est l'accueil des réfugiés dont un groupe de jeunes Lorraines. Plus tard, elles reçoivent des élèves du collège de Lannion, vingt-neuf malades de l'hôpital de Savenay, vingt-cinq sinistrés de Nantes et de nombreuses familles isolées. « Un jour, des officiers allemands viennent demander des chambres à notre maison de prêtres retraités. La sœur responsable les conduit chez un vieux prêtre tousseux, catarrheux, cracheux. Cela leur suffit ! » Heureusement, car les hospitalières de Beaupreau cachent aussi des jeunes requis pour le STO, une jeune fille juive, « des personnes plus âgées qui étaient recherchées », complète sœur J. qui fut témoin des événements en 1943. « Un jour, poursuit sœur Adeline, deux Messieurs demandent la mère supérieure. Ils lui demandent asile pour un jeune qui est recherché. Elle a l'intuition qu'il faut refuser. Quelque temps après, elle apprend qu'on lui tendait un piège… Notre ferme rendait d'utiles services. Mais il fallait beaucoup de prudence et de travail pour soustraire aux occupants le plus possible de produits lors des réquisitions. Une chambre de la communauté est remplie de sacs de blé et de farine. Mentionnons surtout l'abattage de bovins ou de porcs environ tous les quinze jours. Pour ce travail risqué, qui se faisait de nuit, il fallait trois hommes sûrs pour un bovin, puis la supérieure, la sœur cuisinière, haute et forte comme un homme, la sœur de la basse-cour, fragile de santé, mais futée et connaissant bien toutes les issues et les recoins de la ferme ; elle faisait la sentinelle. Une petite charrette transportait les quartiers de viande et, à l'approche des bâtiments, c'est à dos d'homme qu'on achevait le transport jusqu'à la chambre froide ».

Les passeuses de ligne en Charente et dans la Vienne

La présence de la ligne de démarcation qui scinde en deux les départements de la Charente et de la Vienne suscite l'apparition de résistantes originales : les passeuses de ligne.

Ce sont des femmes qui habitent les communes situées de part et d'autre de cette frontière artificielle et qui aident les prisonniers évadés, les Juifs, les résistants, tous ceux qui sont en situation irrégulière à la franchir. Elles agissent essentiellement par patriotisme, par volonté d'aider leurs compatriotes, parfois par choix idéologique ou encore par appât du gain.

Chaque commune possède ses passeuses ou ses passeurs. « Quand j'ai voulu rejoindre mon fiancé à Saint-Etienne, j'ai franchi la ligne du côté de Pleumartin. Le passeur m'a demandé quatre cent cinquante francs. À l'époque, je gagnais trois cents francs par mois ! » « La plupart des passeuses ne se faisaient pas payer », conteste Suzanne aussitôt approuvée par d'autres femmes de la région qui se rappellent avoir entendu parler à la Libération de passeuses à Archigny, à Chauvigny, à Bonnes (« Il s'agissait d'Évelyne Vachon », me dit Suzanne), à Lussac, à Saint-Rémy-sur-Creuse, à Pressac (« C'était un couple d'instituteurs », affirme Juliette) enfin à Saint-Secondin où l'épicière chargeait son fils de conduire le « passant » de l'autre côté de la ligne. « À Dienné, Madeleine Touchard faisait passer des gens », affirme sa cousine de Saint-Savin. « Des parachutistes mais aussi d'autres personnes transitaient par Leigné-les-Bois. Une jeune fille allait les chercher, les cachait dans une pièce secrète et un voisin les faisait passer ».

En Charente également de nombreuses femmes aident bénévolement et au péril de leur vie ceux qui le souhaitent à franchir la ligne. À Confolens, Élise Michelet réceptionne ceux qui traversent du côté de Pleuville. Près d'Aigre, un jeune couple de Germeville, Madeleine et Gustave Normand, héberge des résistants et les aidet à gagner la zone libre, ceci jusqu'en 1942, année où ils gagnent le maquis avant d'être arrêtés et déportés. Madeleine meurt à Birkenau, rouée de coups par une stubova.

Entre zone occupée et zone libre, le courrier transite également grâce aux passeuses de ligne.

Comme les postières de Lavoux, des femmes seules ou en couple s'en occupent. Marie et Jean Goupy sont de ceux-là. En compagnie d'un ami, M. Ginot, Jean fait passer des messages en zone libre grâce à un tunnel creusé sous la ligne de démarcation sur la commune de Jardres. Son épouse, Marie, le fait au grand jour. Quand elle franchit le poste de contrôle, elle a toujours avec elle un sac de linge sale. « Les Allemands fouillaient le sac systématiquement, explique sa fille Marie-Thérèse. Ils le renversaient. Mais s'ils tripotaient et retournaient tous les autres vêtements, ils repoussaient d'un air dégoûté les serviettes hygiéniques en tissu toutes tâchées de sang. C'était du sang de porc ou de poulet, mais ça ils ne le savaient pas. Or, c'était dans ces tissus que ma mère dissimulait les messages ». Il arrive que des femmes sans appartenir à la Résistance, y participent un jour ou l'autre. Marie-Thérèse poursuit son récit: « Un jour, papa a été interpellé dans le bois de Mignaloux. Il transportait un message caché au cœur d'un fromage. Une fouille en règle et il était bon ! À ce moment-là, la directrice de l'école des sœurs où j'allais est sortie. "Ah ! Monsieur Goupy ! Comme c'est gentil ! Qu'est-ce qu'on est contentes de voir ce fromage ! Mes sœurs avaient faim". Et elle prend le fromage des mains de papa sous le nez des Allemands qui ne songent même pas à s'y opposer. Papa est relâché, son laissez-passer étant en règle. Le lendemain matin en m'emmenant à l'école où la directrice l'attendait, mon père a pu récupérer son message. »

Faire évader des prisonniers

Quelques rares femmes ont le courage de risquer leur vie pour faire évader des prisonniers qui, souvent, n'ont aucun lien de parenté avec elles.

Mais pour les faire évader, il faut tout d'abord leur permettre de communiquer avec l'extérieur. Marie Goupy habite face à la prison de la Pierre-Levée à Poitiers. Depuis le début de l'Occupation, elle lave le linge des prisonniers. Certains jours, ceux-ci lui disent en lui remettant leurs vêtements : « Nous avons des poux, faites tremper le linge. » C'est le message convenu. Marie découd les ourlets qui dissimulent de petits mots. Les Allemands ont des doutes. Alendorf le directeur de la prison lui fait passer ce message : « Si elle veut que ses enfants ne manquent de rien, dites-lui qu'elle me donne des noms. » La réponse de Marie fuse : « Je préférerais voir mes enfants morts à mes pieds. » Marie est arrêtée. Elle passe trois jours dans cette prison qu'elle connaît bien puis elle est relâchée. Par sécurité, la famille déménage. Marie risquait gros. L'aumônier allemand de la prison passait lui aussi des messages. Découvert, il a été fusillé.

« À Laval, au début de l'Occupation, se trouvait un camp de prisonniers français, relate une religieuse hospitalière. Ces soldats venaient par groupes aux douches et bains de l'hôpital. Une dame, RL, fournissait des vêtements civils à l'hôpital ». Grâce à eux, les soldats français pouvaient s'échapper. Sœur Yvonne Arthuis poursuit : « Deux sœurs MP et AH, aidaient ces hommes soit en leur permettant de suivre un convoi funéraire qui quittait la chapelle de l'établissement, soit en leur indiquant une issue pour rejoindre la campagne mayennaise. Le soir, elles s'attelaient toutes deux à brûler l'uniforme de l'évadé dans le fourneau de la cuisinière. » Sœur R. ajoute : « Un jour, elles ont organisé la sortie d'un jeune militaire. Sœur MP l'a habillé en civil. Sœur AH l'a accompagné à la porte de l'hôpital devant la sentinelle allemande comme quelqu'un qui était venu lui rendre visite. »

Situé à trente-cinq kilomètres de Poitiers, le camp de Rouillé « accueille » des prisonniers politiques, des droits communs, des « indésirables » et des condamnés pour marché noir. Ce camp est entouré de barbelés et de ronces. Deux miradors complètent le système de surveillance. Plusieurs femmes favorisent l'évasion d'internés politiques. Trois couples notamment méritent d'être cités : Léontine et Camille Lombard qui habitent l'Augerie, Nayette et Marcel Lavigne d'Iteuil, Linette et Marius Reboisson de Saint-Georges-les-Baillargeaux. Léontine et Nayette sont arrêtées. Malgré un interrogatoire musclé, Léontine tient tête aux hommes de la *Gestapo*. Elle passe six semaines en prison puis est relâchée faute de preuves. Nayette n'a pas cette chance. Déportée à Auschwitz, elle y est abattue par un SS. Comment parler de Rouillé sans évoquer l'action de sœur Cherer ? La religieuse se dévoue corps et âme pour apporter un peu de chaleur aux internés mais aussi pour passer leur courrier, pour améliorer leur ordinaire et leur porter des vêtements. Indirectement, grâce au courrier qu'elle dissimule, elle participe aux évasions.

C'est grâce à la fabrication de fausses cartes d'identité que Marie Le Fur réussit à faire évader cent quatre-vingts prisonniers français internés sur l'île de Groix. René Conan, qui appartient au groupe France Libération, raconte dans un article de *Ouest-France* comment cette femme lui a permis de s'enfuir en mai 1944 : « J'entrai en relation avec Madame Le Fur qui me procura, comme elle l'avait fait pour tant d'autres, les pièces préparées qui me permirent d'embarquer au nez des douaniers allemands. »

Au chevet des maquisards

Parce qu'elles sont infirmières ou médecins, des femmes sont contactées par la Résistance. Certaines refusent d'apporter leur aide aux blessés mais elles sont rares. La plupart, comme Marguerite Champion, infirmière à l'Isle-Jourdain et son époux le docteur Champion rejoignent les combattants de l'ombre. En Anjou, Jeanne Eon-Canonne soigne les résistants. Originaire de Comana, Mademoiselle Trellu fait partie du groupe de résistance Arc-en-Ciel. Dénoncée à la *Gestapo*, elle est enfermée à Fresnes où elle reste trois mois au cachot avec Madame Caillaux, la sœur du général de Gaulle. Ses états de service lui valent à la Libération d'être nommée médecin sous-lieutenant à l'hôpital militaire de Neuilly. Jacqueline Lévesque-Frotté entre dans la Résistance comme agent de liaison. Mais on manque d'infirmières. Elle suit des cours et rejoint le maquis.

La résistance intellectuelle, une affaire de femmes

Si la conception des tracts est souvent l'œuvre des hommes qui par leurs options politiques s'opposent à l'occupant ou qui dirigent des réseaux de résistants, la mise en page, la dactylographie et la distribution d'une grande partie des imprimés est souvent un travail de femmes.

Léone Baugé-Jamain et Renée Moreau sont deux ouvrières de la « Manu », la manufacture d'armes de Châtellerault. Elles ont dix-neuf et vingt ans. Elles entrent dans la Résistance dès octobre 1940, dans les FTP. Au début, Renée et Léone copient ou rédigent des tracts. « Je les écrivais toute la nuit dans ma chambre chez mes parents avec une lampe pigeon pour toute lumière, sourit Léone. On les mettait le lendemain dans les boîtes aux lettres et dans les boîtes à outils des ouvriers. Dans ces tracts, on invitait la population à réagir contre l'occupation allemande et le régime de Vichy ». Elles collectent également de l'argent pour aider les clandestins qui, comme leur ami Gaston Martel vivent la Résistance à plein temps. Elles distribuent les journaux qui leur parviennent de Paris. Elles font du renseignement, montent la garde quand les hommes font dérailler les trains. Léone fait entrer de vieilles armes à la « Manu ». Des ouvriers les réparent et elle les ressort sans jamais être prise. Elles sont en première ligne lors de la grève de la « Manu » en 1942. « C'est parti de l'atelier 29, raconte Renée. Éliane Devergne et Léone ont arrêté les machines. Des hommes ont coupé ensuite l'alimentation puis tous ont circulé dans les ateliers invitant les ouvriers et les ouvrières à débrayer pour protester contre la relève ».

Les Allemands ne pouvaient laisser passer cette rébellion. Le 17 février 1943, ils arrêtent quatorze personnes. Parmi elles, Léone et Renée. « La *Gestapo* est venue me chercher à l'atelier, confie Renée. Dans le bureau du directeur allemand, il y avait déjà une dizaine de personnes. Nous devions regarder le mur sans parler, sans se faire de signes, sans rien dire. Un camion nous a emmenés à la prison de Poitiers ». « J'étais à l'hôpital, poursuit Léone : l'appendicite. Les Allemands sont arrivés, les sœurs m'ont conduite dans une pièce avec des barreaux à la fenêtre. Si je m'échappais, le docteur David et la sœur étaient arrêtés. Le docteur a retardé le plus possible mon départ mais au bout de trois semaines, ils sont venus me chercher ». « Nous étions alors quatre amies, toutes FTP, Léone, Éliane, moi et Louise Muller, une femme d'une quarantaine d'années que nous appelions Titinne, poursuit Renée. Le 27 avril 1943, nous sommes parties pour Compiègne où nous sommes restées deux jours avant de monter dans des wagons à bestiaux, direction l'Allemagne, Ravensbrück ».

Le voyage est terrible. Une centaine de femmes sont enfermées dans ce wagon sans eau, sans air, car les Allemands ont plombé les ouvertures. « Il y avait des femmes qui n'en pouvaient plus. On ne pouvait pas se coucher. Des hommes ont essayé de s'évader quand le train a ralenti. Les SS les ont poursuivis avec des chiens. Ça n'était que hurlements ». « Une camarade avait une lime à ongles. Avec on a réussi à ouvrir un coin de fenêtre. J'ai vu un jeune homme de vingt ans sur une couverture, les jambes coupées. J'ai vu ses yeux, désespérés. Je les aurais tués... ». Après trois jours de voyage, Léone et Renée arrivent au camp de Ravensbrück. « Ils ont ouvert les portes des wagons en grand. Nous étions ankylosées, nous pouvions à peine marcher mais il fallait sauter. Il y avait des femmes âgées qui n'y arrivaient pas. Elles tombaient. Les chiens les mordaient. Les Allemands hurlaient *"Schnell,*

schnell, los, en rang !" Ils avaient des fouets ! Il a fallu marcher, trois kilomètres environ ».

Léone et Renée découvrent l'horreur des camps : « On a vu des femmes, cinq par cinq, faméliques. On n'y croyait pas. On ne va pas devenir comme ça. Elles travaillaient à faire des routes. Quelques heures plus tard, nous étions habillées comme elles. Quelques mois plus tard, nous étions comme elles. »

Léone fait une pleurésie pendant la quarantaine. Elle est conduite à l'infirmerie. Un médecin allemand l'examine et lâche : « Demain, on lui fera la piqûre. On n'en parlera plus. » Heureusement, suite à une histoire de mœurs, le médecin est expédié sur le front russe. Deux femmes, prisonnières elles aussi, une Russe et une Tchèque, font des ponctions à Léone et lorsque avec ses compagnes du bloc des tuberculeuses elle comparaît devant le nouveau médecin qui a le pouvoir d'envoyer les malades en kommando ou à la chambre à gaz, elle est suffisamment remise pour que la doctoresse tchèque affirme : « Elle est apte au travail ». Léone échappe ainsi au « Transport noir ». Renée l'aperçoit souvent à la fenêtre de l'infirmerie et, en cachette, lui porte quelques petits bouts de pain que chacune prélève sur sa ration pour soutenir les femmes les plus faibles ou une cuillère à soupe de marmelade, ou encore un petit bout de margarine. Renée lui écrit aussi un merveilleux poème destiné à soutenir son moral le jour de son vingt-troisième anniversaire.

Léone se rétablit et part à Neubrandenburg, non loin de la Baltique : « Je fus désignée pour travailler dans une usine qui se trouvait à quatre kilomètres du camp. Chaque matin nous partions au travail à 6 h 30 après un appel qui durait souvent trois heures. Nous partions en colonne en rangs de cinq, sans pouvoir parler. Nous marchions difficilement car nous étions pieds nus dans des patines de bois. Je fus choisie pour faire marcher trois machines. Je devais courir de l'une à l'autre pendant toute la journée. On s'arrêtait à 18 heures. En rentrant, nous avions deux heures d'appel. Finalement, le chef d'atelier qui était un civil, me désigna un travail où j'étais assise, ce qui me sauva ».

Pendant ce temps, Renée confectionne des vêtements pour les SS puis est affectée aux travaux de terrassement. Elle décharge des péniches, tire des wagonnets chargés de pierres, route un cylindre de fonte pour aplanir la route. « Le plus dur, c'était l'appel qui durait deux heures le matin, deux heures le soir. On restait debout dans la pluie, dans la neige, dans le froid sans bouger. On a eu des moins 30 ° C. Ils se trompaient dans le compte des prisonnières alors ils recommençaient. On travaillait douze à treize heures par jour, une semaine de nuit, une semaine de jour, c'était épuisant ! Je suis restée à Ravensbrück jusqu'en février 1944. Ensuite, on m'a envoyée dans une usine souterraine en construction. Au début, je transportais des machines. Ensuite, j'ai fait des pièces secrètes pour les V2. Là, c'était bien pire. On avait toujours faim. Au printemps, on grattait le sol pour manger les germes. Il y avait des bœufs qui étaient élevés pour nourrir les SS. On mangeait ce que ces bêtes avaient en trop : des légumes, des rutabagas. Beaucoup de femmes sont mortes de faim et de froid. Je ne sais pas comment on a fait pour survivre ».

« Le pire, c'était les bébés », se souvient Léone, une immense tristesse dans la voix. « Huit cent cinquante bébés sont nés à Ravensbrück durant l'automne et l'hiver 1944-1945. Tous sont morts de faim ou de froid. Leurs mères n'avaient pas de lait. Elles ont assisté à l'agonie de leur enfant. Seuls trois bébés ont été sauvés. Une infirmière allemande, prisonnière comme nous, les a mis dans des paquets qu'elle a donnés à un convoyeur de la Croix-Rouge suédoise devant les SS en disant : « Ce sont des paquets oubliés. »

Léone et Renée retrouvent Châtellerault le 23 juin 1945 après deux ans passés dans les camps de la mort.

Comme Léone et Renée, des dizaines de femmes prennent le risque d'être arrêtées et déportées pour taper et distribuer des tracts. Ceux des résistants communistes circulent souvent sous le manteau dans le café de Marie-Louise Troubat. Simone Bernard entre dans la Résistance fin 1942 à la suite de ses frères et beau-frère. Les trois hommes lui remettent des tracts qu'elle affiche dans des lieux publics tels que la gare, la poste ou l'église. Arrêtée une première fois, battue, torturée, elle ne dénonce aucun membre du réseau. Relâchée, elle reste étroitement surveillée par la *Gestapo* mais n'en continue pas moins son travail. Arrêtée une seconde fois, elle est déportée à Dachau.

Membre du Front national des jeunes, Hélène Bolleau participe à la rédaction et à la distribution en Charente, en Vendée et dans les Deux-Sèvres de deux journaux clandestins : *La Voix des Charentes* et *Jeunesse libre de Charente-Inférieure*. Son père, résistant communiste est fusillé au mont Valérien, sa mère meurt à Birkenau, elle-même y est déportée. Comme Hélène, Angèle le Vezu distribue des journaux et des tracts clandestins que sa sœur Marie réceptionne et entrepose.

Ces tracts et ces journaux sont presque tous des appels à la résistance mais aussi des bulletins d'information non censurés. Les archives de la Charente en possèdent un certain nombre : un *Appel au Peuple Français* trouvé à Cognac, la *Lettre d'Adieu de Gabriel Péri, Français, attention* ! découvert à Barret, *Paysans, ne livrez pas vos produits* ramassé à Dignac, *La voix des Stalags* adressé à une institutrice et *l'École Laïque*, publication communiste reçue par la directrice de l'école primaire des filles de Jarnac.

D'autres femmes expriment ouvertement leur hostilité aux Allemands.

Deux mille Lanestériens, dont de nombreuses femmes assistent aux obsèques d'aviateurs alliés le 30 décembre 1940.

Une épicière de Rennes, Madame Paty, dit tout haut ce que beaucoup pensent tout bas. Cela ne plaît pas à tout le monde. Une des clientes des « Docks de l'Ouest » la dénonce. Pour faire partie de ces institutrices qui refusent de se soumettre à la dictature nazie, Irma Jouenne est déportée.

Trois jeunes femmes lacèrent à plusieurs reprises des photographies d'Hitler et des principaux chefs nazis que leurs collègues s'évertuent à punaiser sur les murs de leur lieu de travail. Deux d'entre elles, l'une étant membre du groupe Collaboration et l'autre travaillant au bureau d'embauche allemand, finissent par les dénoncer. Les trois femmes sont condamnées à trois mois de prison. Les conditions de détention sont telles que l'une d'elles doit être ensuite internée pendant huit mois dans un hôpital psychiatrique.

Germaine Lelièvre est arrêtée au Mans le 31 janvier 1944. Elle est dirigeante provinciale des Femmes patriotes. Sur ses conseils, des groupes de femmes et des comités de ménagères sont organisés dans de nombreux départements du nord-ouest de la France. Elle collabore aussi à de nombreuses publications clandestines qui incitent hommes et femmes à refuser de travailler pour les Allemands et les exhortent à gagner les maquis. Elle occupe également la fonction d'agent de liaison interrégional de l'Ouest avec les états-majors parisiens. Dénoncée sous la torture par une femme, elle est déportée à Ravensbrück le 15 mai 1944. À sa libération, elle pèse vingt-huit kilos. Elle meurt chez elle le 17 août 1945.

L'aide aux parachutages

Bien que les parachutages soient organisés par des hommes, il est bien rare qu'une ou deux femmes n'y assistent pas. Leur rôle consiste alors à surveiller les alentours ou à baliser le terrain.

À Montaigu, en Vendée, le groupe « Libération » créé par Émile Morillon s'apprête à organiser des parachutages. La fille d'Émile est chargée d'écouter les messages de la BBC. Non loin, aux Herbiers, Madame Chaigneau accueille son neveu Jacques parachuté le 17 août 1943 et membre du réseau Eleuthère. Marguerite Floquet participe à des parachutages en Anjou, Alice Garniel en Bretagne, Jacqueline Courtois en Poitou en compagnie de sa belle-mère Mélanie Courtois très impliquée avec son mari dans la Résistance : « Quand il faisait nuit noire, raconte Jacqueline, nous partions avec des lanternes vers des grands prés situés du côté du Gorde. On entendait l'avion qui tournait au-dessus de notre tête. Vite, on allumait les lampes. L'avion larguait des containers. Les femmes coupaient les fils des parachutes. Les hommes emportaient les armes et les munitions. Le contenu des caisses dépendait de ce que le maquis avait demandé. »

Dans sa Normandie natale, Renée Lessertois s'apprête à vivre « la nuit la plus longue » de sa vie : « Un clair de lune diffuse une lumière douce sur ce vaste champ qui semble endormi, raconte Renée dans "1939-1945 Les années difficiles", les lampes électriques qui le jalonnent ne sont visibles que de l'avion... L'avion est là au-dessus de nos têtes... Il passe une fois, et balance ses containers. Suspendus au bout des grands parachutes blancs, ils tombent doucement et silencieusement jusqu'à ce qu'un bruit mat nous indique qu'ils touchent le sol. Un deuxième passage et un second largage... À une vitesse maximum, les parachutes sont roulés et rangés pendant que les containers, distribués selon un choix fait à l'avance sont embarqués sur les camions et camionnettes qui attendent près des bosquets... Le jour point et nous reprenons la route de Rouen avec précaution... C'était le 30 mai 1944. »

L'aide aux sabotages : l'exemple de Jeanne Bohec

Jeanne Bohec est « bretonne, fille et petite-fille de Bretons », comme elle le dit dans son ouvrage *La Plastiqueuse à bicyclette*. C'est à la poudrerie du Moulin-Blanc à Brest où elle est aide-chimiste qu'elle apprend le 18 juin 1940 l'arrivée imminente des Allemands. Sa décision est prise. Elle embarque pour l'Angleterre où elle s'engage le 6 février 1941 dans le corps féminin des Volontaires françaises. Elle y retrouve d'autres Bretonnes : « Yvette Lhostis, Yvonne Guiziou, Le Quéré, Pessel, Cozic, jolie fille de Locminé, Bondu, Nadine Smith. » Après un entraînement digne des commandos, Jeanne Bohec est parachutée près d'Alençon et gagne la Bretagne où elle enseigne aux résistants la fabrication d'engins de sabotage et le maniement du plastic, des détonateurs et autres crayons à retardement. Elle parcourt la Bretagne à bicyclette. Ses élèves se trouvent à Pipriac, Saint-Brieuc, Mohon, Moréac, Auray, Pontivy, Guéhenno, Quimper... Elle participe également à des actions de sabotage de lignes de chemin de fer et échappe de justesse aux troupes allemandes lors de l'attaque du maquis Saint-Marcel le 18 juin 1944. Pour conclure l'histoire de Jeanne, laissons la parole à Jacques Chaban-Delmas qui, dans sa préface à *La Plastiqueuse...*, écrit : « Jeanne Bohec apporte la preuve éclatante que les femmes sont fort capables d'atteindre un degré de courage, de détermination et d'efficacité accessible à peu d'hommes. »

Vivre aux côtés d'un résistant

« Je voudrais rendre un hommage à celles, mamans, épouses, amies, sœurs de résistants, engagées dans la lutte clandestine qui ont respecté la loi du silence, qui même sous la menace ou la torture ont préféré se taire, qui ont enduré courageusement les affres des absences ou simplement appréhendé l'aube naissante où agissaient de préférence *Gestapo* et Milice ». Par ces magnifiques paroles, Lucien Sommen rend un vibrant hommage aux femmes de résistants dont la peur est le lot quotidien. Certaines ignorent les activités de leurs maris. D'autres les secondent dans les tâches qu'ils doivent accomplir. La majorité sait et se tait.

« Lorsque mon mari est entré dans la Résistance, il me l'a dit. Je l'ai approuvé même si j'avais peur pour lui et pour nos enfants, se souvient Eugénie Soulard. De toute façon, il ne pouvait pas me le cacher. Ses absences étaient fréquentes, longues parfois. Son chef, Gilles, est d'ailleurs venu à la maison. Je le revois encore avec sa cape noire ».

Vivre auprès d'un résistant, c'est accepter la peur, le risque d'une arrestation, voire pire. Édouard Paysan vit à Sées dans l'Orne au début de l'Occupation. C'est un des pionniers de la Résistance dans son département. Un traître le dénonce. Il parvient à s'enfuir mais sa femme et sa fille sont arrêtées, emprisonnées dans un cachot au palais de justice de Rouen puis déportées en Allemagne.

De nombreuses femmes sont confrontées à l'arrestation de leur mari. Les plus vieux mariés de Vendée et de France en 1999, Jeanne et Armand Giraud, deux centenaires, ont vécu ce drame. Armand est instituteur et franc-maçon. Il est révoqué par le régime de Vichy et entre en résistance au sein de l'OCM. Il est arrêté le 12 août 1943. Jeanne reste seule face à son inquiétude pendant vingt et un mois durant lesquels Armand survit à Buchenwald. Apprenant l'arrestation de son époux Alcide, Madame Pautrot quitte Confolens pour Limoges afin de revoir une dernière fois – mais elle l'ignore encore – son mari quelques jours avant qu'il ne soit déporté pour Buchenwald. « J'ai toujours appartenu à un parti d'extrême gauche et je crois le moment venu d'en réaliser les buts, ma décision est définitive et, si je ne reviens pas, je vous demande seulement d'assurer du travail à mes enfants », dit Émilien Tranchant à son patron Louis Deshoulières. À trente-huit ans, il est fusillé. Son épouse reste seule à Chauvigny avec leurs cinq enfants.

Les femmes de déportés mais peut-être encore plus les mères ressentent douloureusement l'incertitude qui pèse sur le décès de leur mari ou de leur fils. La mère de Raymond Parpaillon de Montaigu, mort à Bergen-Belsen aurait dit à des amis : « Le plus terrible, c'est que je ne sais même pas s'il a été mis au four mort ou encore vivant... »

Cette torture morale persiste bien au-delà de la Libération. Autre lieu, autre douleur, celle de la famille Petit de Tonnay-Charente. René Petit est fusillé le 3 septembre 1943 à Rochefort. Son corps n'est ramené qu'en octobre 1945 à Tonnay où se déroulent ses obsèques en présence de sa femme, de sa mère et de ses enfants. Albertine Trécant paye un lourd tribut à la Résistance. Son premier mari est fusillé en 1942. Son second époux décède suite à une blessure qu'il a eue au moment de la Libération.

Depuis le mois d'août 1943, Madame Hatet recherche le cadavre de son mari responsable du mouvement de résistance « Les hussards de la liberté ». Selon quelques-uns, son mari se serait suicidé à Fresnes. Toutefois, l'administration des PTT au service de laquelle travaillait François Hatet dément cette version. Fin 1944, Madame Hatet, qui est commerçante, reçoit la visite d'un gendarme français dont elle sait qu'il a travaillé comme interprète à la *Gestapo*. L'homme lui révèle ce qu'elle soupçonnait déjà : « En août 1943, comme j'allais prendre mon service, une sentinelle allemande m'a dit : « Ils sont furieux.

Ils viennent de trouver le chef des résistants mort dans sa cellule ». Madame Hatet fouille les cimetières jusqu'au moment où elle tombe en arrêt devant la tombe d'un soi-disant Allemand « Frantz Tetah », anagramme de Hatet. Sur la plaque, la date de naissance est celle de son époux. Connaissant maintenant, l'identité de la victime, le fossoyeur remet à Madame Hatet la ceinture de son mari qu'il a conservée soigneusement et lui apprend que « le pauvre homme a été tué à coups de matraque et de barre de fer ».

Fusillées, arrêtées, torturées, déportées

De nombreuses femmes de l'Ouest paient de leur vie notre liberté. Il est malheureusement impossible de toutes les citer. Que les quelques noms qui suivent nous aident à nous souvenir de toutes celles qui sont mortes pour la France : Anne-Marie Mathel fusillée à dix-sept ans, Evelyne Uzel, massacrée le 24 juillet 1944, Agnès de La Barre de Nanteuil, arrêtée le 14 mars 1944, torturée et morte des suites de ses blessures, Annie Pizigot morte à vingt-et-un ans en revenant des camps, Juliette Poirier de Saumur décédée à Auschwitz, Jeanne Genot et ses filles Annie et Marie-Louise.

En 1993, Jean Le Borgne, maire d'Hennebont dévoile une plaque. Désormais, un square de la ville portera le nom d'une jeune héroïne de la Résistance : Anne-Marie Mathel. « Anne-Marie est recrutée par Marie-Anne Gourlay comme agent de liaison. Elle a dix-sept ans... Dans la Résistance, les femmes n'avaient pas uniquement un rôle d'infirmière ou d'agent de liaison. Les femmes, nombreuses, firent aussi le coup de feu contre l'occupant et ce fut le cas pour Anne-Marie Mathel. Ce 26 juillet 1944, l'état-major FTP du secteur était réuni à Keryacunff en

Bubry. Malheureusement, l'un des membres du Conseil Militaire Régional fut pris en chasse dès le départ par un milicien, lequel avait prévenu la *Gestapo.* À cinq heures du matin, tout le monde était encerclé… Anne-Marie Mathel fut fusillée à l'âge de dix-sept ans ce 26 juillet 1944… Se trouvaient également en ce lieu : Marie-Anne Gourlay, Anne-Marie Robic, Marie-Joséphine Kervinio…, torturées et fusillées ».

La plupart des femmes citées dans ce chapitre ont connu l'arrestation, les coups, les tortures, l'emprisonnement dans la prison pour femmes de Rennes, les prisons des grandes villes de l'Ouest, les camps d'internement en France et la déportation comme Hélène-Marie Valette emprisonnée à Poitiers, à Fresnes puis déportée au camp de Ravensbrück et au camp de travail de Torgan, comme aussi Marcelline Le Carrer et Marie Salou.

La prison de Rennes accueille deux cent cinquante internées politiques. Lise London intègre le quartier des nourrices avec son bébé le 25 septembre 1943. Elle y rencontre six politiques : Line Rabatel, Lucienne Rolland, Marguerite Street, Adèle Mijoin, Ninette Lalet et Odette Pourchasse. Elles seront rejointes par Marie Goldfarb et sa petite Claudine. Toutes les deux seront transférées à Auschwitz et gazées. « Claudine avait un an et venait de faire ses premiers pas », écrit Lise London dans son livre de souvenirs : *La mégère de la rue Daguerre.* Odette Dugué évoque également la vie à Rennes dans son ouvrage « De la Roquette à Ravensbrück », les longues journées où les détenues doivent rester immobiles et silencieuses, les ampoules dues aux sabots de bois, les punitions, les colis pillés…, l'enfer en Bretagne.

Dix mille femmes françaises résistantes sont déportées. Peu échappent à la solution finale. « Pour ne pas mourir, il fallait vouloir », affirme Antoine Labussière lorsqu'il retrouve sa terre sarthoise de Clermont-Créans. « Ceux qui avaient mauvais moral étaient presque tous condamnés », estime ce vieux monsieur de soixante-dix-huit ans qui a le triste privilège d'avoir été le doyen des détenus politiques de Buchenwald.

Parmi les centaines de femmes de l'Ouest déportées en Allemagne, peu sont revenues. Simone Le Port est de celles-là. Elle conte son histoire dans les colonnes de *Amis, entends-tu* : « Je suis entrée dans la Résistance comme agent de liaison dans le groupe BOA du Morbilan dirigé alors par mon mari, Julien Le Port... J'ai été arrêtée le 16 avril 1944... Je suis restée volontairement à attendre l'arrivée des Allemands qui commençaient à cerner la maison, pour permettre aux cinq autres membres du groupe de s'enfuir... Ce fut ma première expérience de violence gratuite : être sauvagement battue devant mon tout jeune enfant... Emmenée à la caserne de Pontivy où je fus enfermée dans un cachot pendant huit jours, je dus subir des interrogatoires quotidiens à partir de 7 heures du matin. Puis, je fus transférée à la prison de Vannes et condamnée à mort, peine commuée en déportation sur décision du *Führer* après le débarquement. » C'est alors le départ pour Romainville, le camp de transit : « Première expérience de la promiscuité, mais aussi apprentissage de la solidarité ; se nourrir grâce aux colis de la Croix-Rouge, dormir côte à côte, partager les peurs des bombardements pendant les alertes dans les gares d'Angers, de Tours, essayer de faire passer des messages pour nos familles. » Après un voyage en wagon à bestiaux sous une chaleur accablante, c'est l'Allemagne et tout d'abord le camp de Neu Brème : « Un spectacle hallucinant nous est imposé : des squelettes d'enfants en haillons s'avancent vers nous, mains tendues, mains où nous mettons ce qui nous reste de pain, de gâteaux secs, les quelques douceurs que nous avons pu préserver... Le regard des enfants s'illumine un instant, puis soudain, guettant sans doute cela de leur bloc, une bande de SS surgit, schlagues et bâtons à la main, tape, frappe ces enfants, leur arrache nos pauvres dons, les piétine. Les enfants s'enfuient, les SS se retirent, nous laissant seules, hébétées : plus jamais nous ne serons les mêmes… » Après la vue d'un homme torturé, Simone écrit : « Que dire, plus de cinquante ans après, de l'horreur de ce spectacle… de notre honte à souhaiter qu'un tel traitement nous soit épargné et aussi de la haine qui grandit, qui va devenir, hélas, l'un des ressorts de notre survie, pour que le monde sache, pour que tous ces tortionnaires paient un jour leurs méfaits. » Puis, c'est Ravensbruck, la perte de son identité, Simone est le n° 47358, le « lever vers 3 h 30, l'appel interminable d'une, deux parfois trois heures puis le travail harassant consistant à porter de lourds billots de bois ou rouler des wagonnets remplis de sable, de 6 heures du matin à 6 heures le soir, avec une coupure d'une heure à midi où nous recevions une maigre soupe, et de nouveau, au retour, l'appel sans fin, et enfin le repas du soir distribué par la blockova (chef du bloc), pain, un peu de pâté ou de margarine. Ensuite, nous rejoignions nos châlits où il fallait dormir à deux… Aussi, c'est presque avec joie que nous recevons la nouvelle de notre départ pour Neubrandenbourg ». Là aussi, appel, départ au petit matin pour aller déblayer un terrain d'aviation détruit par les alliés et creuser des tranchées antichar avec, à partir d'octobre 1944, des températures chutant jusqu'à moins 30 °C. « Une des choses qui m'empêcha de m'allonger au fond de la tranchée pour en finir avec la souffrance fut mon attachement pour mes compagnes, notamment Annick (Philouze) et Michou (Micheline Voiturier) […] qu'il fallait surveiller sans cesse pour éviter qu'elles ne s'évanouissent ou pour les prévenir de l'arrivée de l'*Aufseherin* afin qu'elles fissent semblant de piocher… L'appel du soir devenait un supplice, debout, sans bouger, sans parler… La nuit, dans un immense dortoir glacial, aux portes ouvertes malgré le froid, ne nous apportait aucun réel repos, puisque, n'absorbant pour ainsi dire que du liquide, nous devions parfois nous lever, à tour de rôle, plus de dix fois par nuit . » Pour Noël, Simone réussit à fabriquer deux petites croix qu'elle offre à Suzanne Bouvard et Annie Pizigot. Après un court répit passé dans l'usine de fabrication des V1, Simone reprend son travail dans les tranchées. « Un soir, une femme, qui nous paraissait âgée, tomba, roula le long de la colline et fut achevée à coup de crosse... » Quand les SS font évacuer le camp, Simone réussit à s'enfuir avec d'autres femmes. Cachées, habillées et ravitaillées par des STO, elles réussissent à s'en sortir. Pour Simone, c'est le retour à Etel: « Il allait falloir réapprendre le bonheur... des années avant de pouvoir en parler, des années avant de pouvoir dormir sans cauchemars, et, toujours prête à ressurgir la douleur pour toutes ces morts injustes. »

Hélène Venot, nous l'avons déjà rencontrée. C'est cette institutrice jamais à court d'idées qui assure conseils et hébergement aux réfractaires de sa région sous l'œil d'une voisine proallemande. « Les Allemands sont venus me cueillir à la sortie de ma classe. J'avais avec moi mes deux filles de cinq et six ans. Ils m'ont entraînée laissant les petites dans la rue. J'ai juste eu le temps de crier aux voisins. « Occupez-vous de mes enfants ! »

Après un court séjour à la prison d'Orléans, Hélène est transférée à Romainville puis c'est le départ pour l'Allemagne le 13 mai 1944. « Nous étions quatre-vingts dans le wagon à bestiaux. Un bidon d'une cinquantaine de litres servait de tirette. Par terre, il y avait de la paille et on avait reçu un colis de deux kilos pour toute nourriture. Il contenait du sucre, du chocolat, des sardines à l'huile mais pas de boisson. Cinq jours sans boire en plein mois de mai ! Un jour, il a plu un petit peu. On a essayé de récupérer quelques gouttes de pluie dans nos boîtes de sardines vides. Je crois que ça a été le pire de toute ma déportation : la soif. Quand on est arrivées à Ravensburg, on ne tenait pas debout.

Les Allemands nous faisaient déshabiller complètement puis ils passaient devant nous d'un air méprisant. Les pauvres vieilles étaient gênées. Je me souviens d'une agrégée qui disait : "Vous ne pouvez imaginer ce qu'on souffre, nous, avec nos pauvres vieux corps qui tombent." Un jour, ils nous ont allongées sur une table, nous ont fait quitter nos culottes et ont procédé à des prélèvements. Il s'agissait de statistiques : voir sur cent Françaises, combien avaient la syphilis car pour eux toutes les Françaises l'avaient !

Puis, un beau jour, on a été embarquées pour Zwodaw en Tchécoslovaquie. L'air y était sain. C'est peut-être ce qui m'a sauvée. J'étais dans le Kommando volant, bon à tout : terminer la construction du camp, creuser des canalisations dans le granite... En allant au travail, on chantait une chanson qu'ils adoraient parce qu'elle était sur l'air de Lili Marlène mais dont évidemment ils ne comprenaient pas un mot :

"Y'avait un allemand
Qui montait la garde
Comme un grand fainéant
Je lui demande
Pourquoi pleures-tu ?
Il me répond
Nous sommes foutus
On a les Russes au cul
Et les Anglais au-dessus ! "

Tout le jour, on piochait, on remplissait des brouettes de gravats, on déchargeait des wagons de sable mouillé ».

Au camp, trois femmes s'occupent du linge des SS. C'est insuffisant. Hélène se porte volontaire. « Au début, je lavais.

C'était très dur mais au moins, j'étais à l'abri dans un local chauffé. Ensuite, j'ai été repasser dans une pièce à part, où j'étais seule, sans gardienne, avec un poêle qui accélérait le séchage des vêtements. Des SS, qui me faisaient repasser leurs vêtements civils alors que c'était interdit, me donnaient un supplément d'alimentation que je cachais dans une poche que les filles de l'atelier de couture m'avaient fabriquée et le soir on partageait. Ce qui me faisait le plus de mal, c'était de repasser les habits des enfants du commandant. Je pensais à mes filles. Que devenaient-elles ? Au moins deux bébés, deux hommes maintenant, sont nés à Ravensbrück et ont été sauvés. Marie-Jo Chombart de Lauwe les a nourris avec le bouillon des soupes de betteraves fourragères et de légumes. Elle avait fabriqué des biberons avec des gants d'infirmière. C'est incroyable la résistance de ces bébés. À Zwodaw, pas d'enfants, les femmes n'avaient plus de règles. Le samedi et parfois le dimanche, je devais servir la nourriture aux SS de service. Ces jours-là, les autres détenues se partageaient ma gamelle car moi, je prenais une bouchée dans chaque assiette. Malgré ça, on avait faim. Au printemps, celles qui allaient enterrer les mortes récoltaient les ravenelles qui poussaient sur les tombes !

Un jour, grand branle-bas dans le camp. « Faut vingt jeunes pour décharger un wagon de « victuailles » à la gare. » En fait, dans le convoi, il y avait un wagon rempli de femmes qui venaient d'Auschwitz : des mortes, des mourantes, quelques survivantes dont une petite Juive d'une dizaine d'années. On a mis une dizaine de jours à enterrer toutes ces femmes. En attendant, on mangeait notre gamelle devant le tas de cadavres couverts de mouches. On a pris la petite avec nous. Le jour de Pâques, on l'a habillée en civil, avec une jolie robe. Puis les femmes juives ont été appelées. On a supplié le commandant d'épargner la petite. « C'est une Juive. Elle crèvera comme les autres ! » et ils l'ont emmenée.

Un jour, on nous a mis sur la route de la mort, cinq par cinq. Ils nous emmenaient vers un autre camp où il y avait un four crématoire. Et puis, on a fait demi-tour. Et là, l'horreur nous attendait. Au camp, le commandant avait exécuté d'une balle dans la tête toutes celles qui étaient restées à l'infirmerie. Or, au moment du départ vers les fours, j'avais la dysenterie et c'est mon instinct qui m'avait poussée à partir avec les autres. Je venais d'échapper à la mort.

« Ne jamais se laisser abattre », telle pourrait être la devise d'Hélène. « Le matin, je disais à celles qui se plaignaient "chantons !" » Il ne fallait pas se décourager si nous voulions nous en sortir. C'est pourquoi j'ai monté une chorale et le dimanche après-midi nous faisions une petite fête ».

Madeleine Guitton n'a pas la force d'Hélène ni la chance de la rencontrer. Elle est originaire d'un petit village des Mauges, Le Longeron à la limite du Maine-et-Loire, de la Vendée et de la Loire-Atlantique. C'est à Paris où elle a épousé un militant communiste qu'elle est arrêtée en tant qu'agent de liaison du Front national et déportée à Auschwitz puis Birkenau où elle s'éteint en 1943. Son cousin Albert Piffeteau décède aussi dans un camp. Seule sa sœur survit à l'internement en France.

Marthe Delpirou-Baron est avocate. Elle entre en résistance dès le début de l'Occupation au sein du réseau Hector. Dénoncée, elle est arrêtée en juin 1942 et condamnée à deux ans de travaux forcés qu'elle effectue à Lübeck puis à Kottbus. Malgré les privations, les coups, le travail harassant, elle survit et espère revoir sa famille en cet été 1944. Lorsque des soldats allemands viennent la chercher, elle y croit encore. Elle se voit déjà au bord de l'Atlantique, libre. C'est sans compter avec la barbarie de ses tortionnaires. Elle est transférée à Ravensbrück, ce « camp de la mort lente » où des milliers de femmes meurent d'épuisement. Elle s'y éteint le 16 février 1945.

En mai 1945, pour beaucoup l'heure est à la souffrance. Un grand nombre d'hommes et de femmes ne rentrent pas. Le général Audibert, chef militaire de la résistance pour la région ouest qui lui-même arrive de Buchenwald apprend que son épouse est morte de faim dans un camp de concentration. Pour d'autres, c'est l'angoisse, l'inconnu. Des avis de recherche paraissent dans les journaux comme celui-ci dans *La Dépêche des Charentes* le 14 novembre 1945 : « Avez-vous connu Léonne Eugénie Fouchier, née Rivault à Maisoncelles dans les Deux-Sèvres ? Arrêtée le 18-4-1944 à la Gravette de Prailles, incarcérée à Poitiers, puis à Romainville, elle a été dirigée sur Sarrebruck, et a été vue en janvier 1945 à Ravensbrück. »

En revanche, pour d'autres, c'est le retour à la vie. Paulette Hauser et Marcelle Litous de Nantes, Simone Jouin de Saint-Julien-de-Vouvantes, Geneviève Militon de La Baule rentrent de Ravensbruck et d'Auschwitz via la Suède, Madame Rouquier d'Héric passe par Leipzig. D'autres font savoir qu'elles sont vivantes comme Rolande Decombe ou Jeanne Vallant. D'autres enfin retrouvent l'être aimé libéré des camps. Ainsi Paul Francheteau, rescapé de Buchenwald regagne Clisson et Roger Leroux qui a survécu à Schirmeck et Zeller rentre à Lannion.

Jusqu'à la capitulation de l'Allemagne

Des femmes continuent le combat jusqu'à la capitulation de l'Allemagne le 8 mai 1945. Ainsi, Raymonde Folgoas, qui n'a guère plus de quinze ans, lors de son entrée dans la résistance finistérienne en janvier 1941, participe en septembre 1944 aux combats pour libérer la presqu'île de Crozon. Elle « fait le coup de feu, capture des militaires allemands et pénètre avec son unité dans les bases allemandes de Poulmic, Lanvéoc, Le Fret et l'Île Longue ». Après la libération des Côtes-du-Nord, Angèle Le Vézu se porte volontaire en tant qu'assistante sanitaire pour encercler les Allemands dans les poches de Lorient et Saint-Nazaire jusqu'au 10 mai 1945. Suzanne Mathys, quant à elle, participe à la libération de Paimpol et de Guingamp puis rejoint le front de Lorient jusqu'en janvier 1944. « Devenue AFAT, j'ai terminé mon péril en Allemagne », ajoute Suzanne.

Pour conclure, laissons la parole à Marie Divonne qui écrit dans *La Résistance des Charentes* du 18 novembre 1945 : ces femmes « n'étaient-elles pas au village et dans leur maison toujours présentes quand un événement se préparait, qu'on devait héberger en cachette des gars du maquis, les aider, les guider dans leurs coups de mains et détourner par mille ruses l'attention de l'ennemi ? Qu'auraient pu faire les hommes le plus souvent, sans leur patience, leur dévouement, leur courage et leur présence d'esprit ? »

Conclusion

La plupart des femmes dont le témoignage figure dans ce livre sont encore vivantes mais comptent plus de quatre-vingts printemps. Pourtant toutes se souviennent parfaitement de leurs années de jeunesse sous l'Occupation, de leur « vie entre parenthèses » pendant quatre longues années comme dit Yvette Mazeran. Toutes ont été heureuses d'évoquer cette période même si pour certaines ce fut la plus douloureuse de leur vie. Toutes se sont montrées intéressées à l'idée de transmettre leur témoignage rejoignant ainsi le désir de l'auteur de comprendre comment des femmes ont pu survivre et résister dans la peur et le danger permanents.

Leurs tranches de vie sont saisissantes de vérité. Elles nous interrogent, nous leurs filles et petites-filles qui vivons aujourd'hui dans un monde où les guerres, même si elles sont hors de notre territoire, sont toujours présentes : qu'aurions-nous fait à leur place ? Que ferions-nous aujourd'hui si nous étions en situation semblable ? Aurions-nous leur courage ?

Eugénie Berger : morte de peur lors du bombardement de la gare de Poitiers. Coll. auteur.

annexe I

Elles ont participé à la Résistance

Élisabeth de Corta
Marcelle Deschamps
Raymonde Duponchelle
Juliette Gateau
Marie-Thérèse Lambert
Joséphine Rieckert
Jeanne Giraud
Marie Mercier
Marguerite Champion
Mimi Laurent
Marceline Le Carrer
Suzanne Mathys
Bernadette Poisson
Hélène Venot
Marie Rannou
Simone Le Port
Simone Bastien
Marie Follezou
Yvonne Dissoubray
Marcelle Picart
Hélène Le Chevalier
Maria Pradel
Annick Le Guen
Annie Hellequin
Henriette Cockeril
Jacki Le Faucheur
Yolande Ravilly
Ilda Philippe
Jeanne Durand
Charlotte Mathé
Berthe Raimbaud
Marie-Mathurine Anno
Madeleine Le Coq
Marguerite Thomas
Félicie Nicol
Madame Lapierre
Yvonne Stéphant
Louise Montfort
Jacqueline Courtois
Mélanie Courtois
Marie Goupy
Madame Bardeau
Simone Idot
Edith Augustin
Marie Tillet
Mademoiselle de Razilly
Odette Roux
Madame Bloch
Madame Roussel
Monique Bédéric
Louisette Coleterre
Jeanne Bouchard-Derrien
Sœur Marie-Aimée
Jeannine Gainche

Jeannette Voly
Annick Brézulier
Anne-Marie Valette
Simone Lajon
Aminthe Guillon
Yvette Guillon
Élisabeth Dupeyroux
Ginette Lagrega
Lily Noblet
Charlotte de la Débuterie
Marie-Jo Chombart de Lauwe
Madame Audo
Emma Audo
Alice Cailbault
Margot Valina
Jeanne Giraud
Anne-Marie Robic
Anne-Marie Mathel
Marie-Anne Gourlay
Marie-Joséphine Kervinio
Marie Salou
Madeleine Guitton
Marthe Delpirou-Baron
Madame Audibert
Raymonde Folgoas
Les sœurs de la Providence à Alençon
Yvonne Kerbiriou
Les carmélites de Barenton
Madame Cozanet
Alexandrine Tilly
« Camille » Renaud
Mademoiselle Brebion
Madame Berthier
Renée Lessertois
Les augustines de Malestroit
Madame Jacquelin
Marie-Louise Antigny
Marie Lesage
Annette Epaud
Madame Laverret
Paulette Brillouet
Madame Thooris
Marie-Louise Troubat
Madame Duruisseau
Andrée Duruisseau
Germaine Boulvais
Marie Tiffineau
Les hospitalières de Beaupeau
Sœur Cherrer
Léontine Lombard
Nayette Lavigne
Linette Reboisson
Marie Le Fur
Jeanne Canonne
Jacqueline Lévesque
Léone Baugé-Jamain
Renée Moreau
Eliane Devergne
Louise Muller
Simone Bernard
Hélène Bolleau
Angèle Le Vézu
Irma Jouenne
Germaine Lelièvre
Mademoiselle Morillon

Marguerite Floquet
Alice Garniel
Jeanne Bihec
Yvette Lhostis
Yvonne Guiziou
Mademoiselle Le Quéré
Mademoiselle Pessel
Mademoiselle Cozic
Mademoiselle Bondu
Nadine Smith
Simone Cosquéric
Alice Testa
Hélène Le Berre
Jeannette Cadélec-Drévillon
Madame Renault
Madame Guillot-Ragui
Armande Daniel
Louise Le Jeune
Marie Lossouarn
Simone Le Goffic
Yvonne Corcuff
Odette Merrer
Isabelle Duchemin
Josette Bocq
Jeanne Bohec
Madame Texier
Madame Ayet
Madame Kérivel
Madame Malhomme
Madame Avril
Madame Gouret
Madame Billaud
Mademoiselle Clément
Madame Durand
Madame Jarrion
Marcelle Bureau
Madame Varaillon
Emma Bolleau
Marcelle Baron
Madeleine Hervé-Corbineau
Renée Losq
Marie Michel
Andrée Choffat
Ninette Poilane
Madame Perrotin
Madame Le Drogo
Madame Gourin
Camille Champion
Madame Poudoux
Madame Largeau
Hélène Nebout
Louise Jaouen
Huguette Gallais
Andrée Gallais

Renée Moreau et Léone Jamain, résistantes déportées. Coll. auteur.

remerciements

L'auteur remercie toutes les personnes qui ont apporté leur témoignage pour la rédaction de cet ouvrage ainsi que celles et ceux qui l'ont aidé à entrer en contact avec des femmes désireuses de transmettre leurs souvenirs.

Mes remerciements vont tout d'abord aux femmes et aux hommes qui ont accepté d'évoquer leur vie sous l'Occupation :

Colette Adam
Marie-Catherine Argney
Sylvie Abiven-Vinet
Simone Barré
Emile Baudon
Léone Berger
Francine Berger
Josette Bertrand
Denise Blaise (il y a près de 20 ans)
Jeanne Blouin
Ginette Bluet
Paulette Boinot
Georgette Bonnin
Albertine Bonnet
Ernest Brunet
Paulette Brunet
Gisèle Buchemeyer
Anne Carn et sa sœur Yvonne Carn (aujourd'hui décédées)
Rolande Chantrel
Marcelle Chanvallon
Marie Chartier
Marcelle Cirot
Eliane Clerc
Germaine Confolant
Jacqueline Courtois
Madame Demay
Pierre Deville
Paul Durand
Monsieur et Madame Roland Ferry
Marie-Thérèse Fleury
Francette Fillonneau
Yvonne Gilbert
Monsieur Girault
Robert Gousseau
Suzanne Guilloteau
Yvette Herlin
Yvonne Hirrien

Christiane Huchet
Simonne Idot
Léone Jamain
Hervé Le Gall
Maryvonne Le Goff
Anne Le Guen
Marie Le Fol
Madame Lecesne
Renée Lessertois
André et Simone Lévêque
Odette Liège
Marianne Mari (Il y a 25 ans)
Yvette Mazeran
Jacqueline Mémeteau
Huberte Menneteau
Renée Moreau
Denise Olivet
Léone Petit
Andrée Potron
Hélène Robin
Odette Roux
Marcelle Satin
Lucien Sommen
Eugénie Soulard
Béatrice Terny
Marie-Gabrielle Thénaut
Bernadette Thomas
Yvonne Touchet
Michel Valois
Hélène Venot
Adeline Vitré
Germaine Vriet

Merci également à Adèle, Alice, Alix, Alphonsine, Angèle, Andrée, Anne, Annette, Arlette, Armande, Armelle, Augustine, Blanche, Chantal, Charlotte, Christiane, Claire, Céline, Colette, Denise, Edith, Edwige, Eliane, Emilie, Esther, Eugénie, Eulalie, Francette, Françoise, Georgette, Germaine, Hélène, Henriette, Huguette, Josephe, Juliette, Justine, Léone, Léonie, Léone, Louise, Lucette, Lucie, Lucienne, Marcelle, Marguerite, Marie-Annick, Marie-Hélène, Marie-Thérèse, Maryvonne, Maud, Odette, Raymonde, Renée, Rolande, Solange, Suzanne, Yvette. (Ces cinquante-quatre prénoms correspondent à ceux de cent cinquante et une femmes rencontrées dans seize départements.)

Mes remerciements vont aussi à toutes les femmes qui n'ont accepté de livrer leurs témoignages qu'à la condition de conserver l'anonymat.

Merci aussi à toutes celles rencontrées lors de dédicaces en librairie, de conférences ou de salons du livre qui spontanément m'ont apporté de nouveaux témoignages.

Merci aux directrices de foyers logements et de maisons de retraite qui ont recueilli les souvenirs de leurs pensionnaires comme Annick Corbin, directrice du foyer Les Tisons à Coulaines dans la Sarthe ou qui m'ont reçue pour de longues « après-midi mémoire » comme Catherine Baudy, directrice du foyer René Crozet à Poitiers.

Merci aux supérieures et archivistes des maisons religieuses qui ont accepté d'évoquer le rôle des religieuses sous l'Occupation : Les Filles du Saint-Esprit de Brest, Les religieuses bénédictines de Caen, les religieuses du Bon Pasteur d'Angers, les religieuses hospitalières de Beaupreau, les religieuses hospitalières d'Ernée, les religieuses hospitalières de La Flèche.

Merci à la direction et au personnel du Mémorial de Caen, témoins de l'histoire.

Merci encore à tous ceux et celles qui m'ont permis de rencontrer de nouveaux témoins, qui ont évoqué la vie de résistantes aujourd'hui disparues ou qui m'ont transmis des souvenirs écrits par un membre de leur famille. Je veux citer en particulier : les secrétaires ou membres des sections du Parti communiste des Côtes d'Armor, d'Ille-et-Vilaine, du Morbihan, de Charente, notamment André Soury, de Charente-Maritime notamment Jean Matifa, du Maine-et-Loire, en particulier Gwenaelle Daviau et de Loire-Atlantique ; mais aussi Gilbert Gross, un des principaux résistants de Vendée, Guy Hontarrède, historien, Lionel Lévesque, Amaury Venault de Bourleuf, Jean Mergui responsable de la communauté Juive de la Vienne, Jean Mabic président de l'Association Nationale des Anciens Combattants et de la Résistance en Bretagne et tous les secrétaires de mairie qui m'ont gentiment reçue.

Merci enfin à tous ceux qui m'ont permis de faire des copies des documents qu'ils conservent depuis la fin de la guerre et notamment à Francine Berger, Jacqueline Courtois, Pierre Deville, Marie-Thérèse Fleury, Léone Jamain, André et Simone Lévêque, Eugénie Soulard, Hélène Venot et Michel Firmin imprimeur à Loudun depuis plusieurs générations.

Merci à ceux qui ont facilité mes séjours aux archives départementales et en particulier à Anne et Paul Durand, Karine Guillet, Anne et Hervé Le Gall, Claire, Georges, Simone et André Lévêque, Annick et Louis Retailleau.

Merci à Christine Mousset, secrétaire indépendante à Biard, qui a dactylographié ce manuscrit.

Merci à Michel qui m'a accompagné dans le Grand-Ouest à la recherche de témoignages et de documents et qui a participé à la relecture de ce livre.

abréviations utilisées

AFAT : Auxiliaires féminines de l'armée de Terre
BBC : British broadcasting company
DCA : Défense contre avions
FFI : Forces françaises intérieures
FFL : Forces françaises libres
FTP : Francs tireurs et partisans
IS : Intelligence service
LVF : Légion des volontaires français contre le bolchévisme
OCM : Organisation civile et militaire
PNB : Parti national breton
PPF : Parti populaire français
RAF : Royal air force
RNP : Rassemblement national populaire
STO : Service du travail obligatoire

sources

Témoignages recueillis d'octobre 1997 à mars 2002 *(cf. les remerciements)*.

Archives départementales des départements des régions de Basse-Normandie, Bretagne, Pays de la Loire et de Poitou-Charentes.

Journaux :

Les Affiches régionales de l'Ouest
Ami, Entends-tu
L'Angérien Libre
L'Atlantique Gazette du Pays d'Ouest
L'Avenir de l'Ouest
Le Combattant du Poitou
Le Courrier de Jonzac

Le Courrier de l'Ouest (toutes éditions)
Le Courrier de Saint-Nazaire
La Croix du Bocage et du Val de Vire réunis
La Dépêche de Royan
La Dépêche du Centre
La Dépêche Vendéenne
L'Echo de Paimboeuf
L'Eclair de L'Ouest
La Fermière du Centre et Sud-Ouest
Le Journal d'Ancenis
Le Journal de Châteaubriant
Le Journal de l'Ouest
Le Journal des Sables et Courrier de la Vendée réunis
La Liberté d'Aunis et de Saintonge
Le Libre Poitou
Le Mémorial des Deux-Sèvres
Le Messager de la Vendée
La Nouvelle République du Centre-Ouest
Les Nouvelles des Deux-Sèvres
Le Nouvelliste du Morbihan
L'Ouest-Eclair (toutes éditions)
Ouest-France (toutes les éditions)
Le Phare
La Presqu'île guérandaise
La République du Centre
La Résistance de l'Ouest
La Résistance des Charentes
Le Retour
Le Réveil de l'Aunis
La Semaine Catholique de Luçon
Le Télégramme de Brest
L'Union Républicaine de Rochefort
La Vendée Libre
La Voix des Charentes
La Voix des Deux-Sèvres
La Voix du Poilu.

bibliographie

Ouvrages généraux

Amouroux (Henri) 1961. *La vie des Français sous l'Occupation.* Éditions Robert Laffont.

Amouroux (Henri). *La Grande histoire des Français après l'Occupation.* Editions Robert Laffont.

Azema (Jean-Pierre) 1975. *La Collaboration, 1940-1944.* Paris, PUF.

Azema (Jean-Pierre) et Bedarida (François) 1992. *Vichy et les Français.* Paris, Fayard.

Beauvoir (Simone de). *La force de l'âge.* Paris, Gallimard.

Beauvoir (Simone de). *Lettres à Sartre.* Paris, Gallimard.

Bedarida (François) 1992. *Le génocide et le nazisme, Histoire et témoignages.* Presse Pocket.

Bedarida (Renée) 1977. *Témoignages chrétiens 1941-1944.* Paris, les Editions Ouvrières.

Bensimon (Doris) 1987. *Les Grandes rafles.* Toulouse, Privat.

Berger (Klaus) 1982. *Exilés en France.* Maspero.

Bertin (Célia) 1993. *Femmes sous l'Occupation.* Paris, Stock.

Bertin-Maghit (JP). *Le cinéma sous l'Occupation.* Éditions O. Orban.

Blumenkranz (Bernhard) 1972. *Histoire des Juifs en France.* Toulouse, Privat.

Brault (Éliane) 1954. *L'Épopée des AFAT.* Pierre Horay.

Brossat (Alain) 1992. *Les Tondues, un carnaval moche.* Paris, Manya.

Burrin (Philippe) 1995. *La France à l'heure allemande* (1940-1944). Paris, Seuil.

Carré (Lily) 1975. *On m'appelait « La Chatte ».* Albin Michel.

Chatel (Nicole). *Des femmes dans la Résistance.* Paris, Julliard.

COHEN (Albert) 1993. *Persécutions et sauvetages, Juifs et Français sous l'Occupation et sous Vichy*. Paris, Cerf.
COTTA Michèle. *La Collaboration*. Armand Collin.
COUDERT (Marie-Louise) 1983. *Elles, la Résistance*. Messidor - Temps actuels.
COURTOIS (Stéphane) 1980. *Le PCF dans la guerre*. Paris, Ramsay.
DALBO (Charlotte). *Le convoi du 24 janvier*. Ed. de Minuit.
DELARUE (Jacques) 1962. *Histoire de la Gestapo*. Fayard.
DEFORGES (Régine). *La Bicyclette bleue*. Paris, Gallimard.
DREYFUS (François Georges) 1990. *Histoire de Vichy*. Perrin.
DUQUESNE (Jacques) 1966. *Les catholiques français sous l'Occupation*. Paris, Grasset.
DURAND (Yves) 1972. *Vichy, 1940-1944*. Bordas.
DURAND (Yves) 1989. *La France dans la Deuxième Guerre mondiale 1939-1945*. Paris. Armand Colin.
EVRARD (Jacques). *La Déportation des travailleurs français dans le 3e Reich*. Fayard.
FISHMAN (Sarah) 1987. *The wives of french prisonners*. Harvard Archives.
FLORENTIN (Eddy). *Quand les alliés bombardaient la France*. Perrin.
FRANCOS (Ania) 1978. *Il était des femmes dans la Résistance*. Stock.
GRYNBERG (Anne) 1996. *Les Camps de la honte*. Paris, La Découverte.
GUIDEZ (Guylaine) 1989. *Femmes dans la guerre 1939-1945*. Paris, Perrin.
GUIDONI (Pierre) et VERDIER (Robert). *Les socialistes en Résistance 1940-1944*.
JOUBERT (Marie-Agnès) 1999. *La comédie française sous l'Occupation*.
KASPI (André) 1991. *Les Juifs pendant l'Occupation*. Seuil.

KASPII (André) 1992. *Les Juifs de France dans la Seconde Guerre mondiale*. Cerf.

KASPI (André). *La Libération de la France*. Éditions Perrin.

KLARSFELD (Serge) 1993. *Le calendrier de la persécution des Juifs en France, 1940-1944*. Paris FFDJF.

KLARSFELD (Serge) 1992. *L'étoile des Juifs*. Paris, Archipel.

KLARSFELD (Serge) 1978. *Le mémorial de la déportation des Juifs en France*. Paris.

KLARSFELD (Serge) 1983. *Vichy-Auschwitz, le rôle de Vichy dans la solution finale de la question juive en France en 1942*. Paris, Fayard.

Lazare (Lucien) 1993. *Le livre des Justes, histoire du sauvetage des Juifs par des non-Juifs en France, 1940-1944*. Paris, J.-C. Lattès.

MALLOIRE (Albert). *Les Femmes dans la guerre*. Ed. De Louvois.

MISSIKA (Dominique) 2000. *La guerre sépare ceux qui s'aiment*. Paris, Grasset.

MORIN-ROTUREAU (Evelyne) (dir.), 2001. *Combat de femmes 1939-1945*. Éditions Autrement.

MUEL-DREYFUS (Francine) 1996. *Vichy et l'éternel féminin*. Paris, Le Seuil.

NOGUERES (Henri). *La Vie quotidienne des résistants*. Hachette.

NOVICK (Peter) 1985. *L'Épuration française 1944-1949*. Paris, Balland.

OLLIER (Nicole) 1970. *L'Exode sur les routes de l'an 40*. Robert Laffont.

ORY (Pascal) 1977. La France allemande. Paris, Gallimard.

ORY (Pascal) 1976. Les Collaborateurs, 1940-1945. Paris, Seuil.

POZNANSKI (Renée) 1994. *Être Juif en France pendant la Seconde Guerre mondiale*. Paris, Hachette.

ROUSSO (Henry) 1992. *Les Années noires; vivre sous l'Occupation*. Paris, Gallimard.

SCHOR (Ralph) 1985. *L'opinion française et les étrangers 1919-1939*. Paris, Publications de la Sorbonne.

TERRENOIRE (Élisabeth) 1946. *Combattantes sans uniformes*. Bloud et Gay.

TILLION (Germaine) 1973. *Ravensbrück*. Paris, le Seuil.

VAGLIANE-ELOY (Sonia) 1982. *Les Demoiselles de Gaulle*. Plon.

VEILLON (Dominique) 1990. *La Mode sous l'Occupation*. Documents Payot.

VEILLON (Dominique) 1984. *La Collaboration*. Paris, Le Livre de Poche.

VEILLON (Dominique) 1995. *Vivre et survivre en France 1939-1947*. Paris, Payot.

WIERVIORKA (Annette) 1992. *Déportation et génocide. Entre la mémoire et l'oubli*. Paris. Plon.

ZEITOUN (Sabine) 1989. *Ces enfants qu'il fallait sauver*. Paris, Albin Michel.

1939-1945 ; *combats de femmes, Françaises et Allemandes, les oubliées de l'histoire*. Autrement, 2001.

OUVRAGES RÉGIONAUX

AUDOUIN- LE MAREC (Michelle) 1987. *Le Maine-et-Loire dans la guerre 1939-1945*. Horvath.

AUGER (Jack) et MORNET (Daniel). *La reconstruction de Caen*. Éditions Ouest France.

BAUDOT (M.) 1973. *Libération de la Bretagne*. Paris.

BERTIN (F.). *Rennes sous l'Occupation*. Éditions Ouest-France.

BLANDEAU (Lucienne) 1982. *Les sentiers de la Liberté*.

BLOYET (Dominique) *1939-1945 Nantes, La Résistance*. Montreuil-Bellay. Éditions CMD.

BLOYET (Dominique) *1945 Loire-Atlantique, la poche de Saint-Nazaire*. Montreuil-Bellay. Éditions CMD.

BOHEC (Jeanne) 1975. *La Plastiqueuse à bicyclette*. Paris, Mercure de France.

BOHN (Roland), LE BERRE (Alain), LE BARS (Michel) 1994, *Chronique d'hier, la vie du Finistère 1939-1945.*

BOIVIN (M.), BOURDIN (G.), GARNIER (B.), QUELLIEN (J.). *Les victimes civiles de Basse-Normandie*. Éditions du Lys.

BONNET (G) 1993. *Vichy et l'Occupation (1940-1944), le Val de Loire, le Berry, le Poitou des années noires*. Tours, Éditions de la Nouvelle République.

BUREAU DE L'AMICALE DES ANCIENS DU MAQUIS. *1990. 1944 en Montmorillonnais ; Quand tout renaissait à l'espérance.*

BUSSON (Suzanne). *Dans les griffes nazies.*

CABON (Alain). *Brest*. Éditions Ouest-France.

CAILLAUD (Paul) réed. 1978. *Nantes sous les bombardements, Mémorial de la Défense passive*. Nantes, Association Nantes par le Livre.

CALMON (Jean-Henri) 2000. *Occupation, résistance et libération en Vienne en 30 questions*. Geste éditions.

CAPDEVILA (Luc). *Les Bretons au lendemain de l'Occupation.* Rennes, Presses Universitaires.

CARROF (Capitaine) 1954. *Les forces maritimes de l'Ouest 1939-1945*. Vincennes, Service Historique de la Marine.

CHALET (Jean-Anne). *Peau de grenouille. Histoire d'un petit village dans la poche de Saint-Nazaire, août 1944-mai 1945*. Éd. Serge Godin.

CHAUMET (Michel) 1985. *Les Deux-Sèvres dans la Guerre 1939-1945*. Roanne, Éd. Horvath.

CHAUMET (Michel) et Pouplain (Jean-Marie) 1994. *La Résistance en Deux-Sèvres 1940-1944*. Mougon, Geste éditions.

CHAZETTE (A.), Brothe (E.), Reberac (F.). *Charente-Maritime-Vendée, 1939-1945.*

CHEDAILLE (Jean). 25 août 1944. *Le Massacre de Maillé.* Montreuil-Bellay, Éditions CMD.

CORDONNIER (Paul) 1964. *L'arrivée des Allemands dans les départements de l'Ouest en juin 1940*. Chez l'auteur.
Comité du souvenir. Cerizay-Montravers, le drame du 25 août 1944. Hérault.
Coutelle (Robert) 1966 et 1973. *Statistiques de la Déportation. Internés, déportés, fusillés, victimes civiles de la Sarthe.*
CRESSARD (B.) et EUDES (O.). *Nantes sous l'Occupation*. Éditions Ouest-France.
DE BOUARD (Michel) (sous la direction de) 1970. *Histoire de la Normandie*. Toulouse, Privat.
DEBON (André) et PINSON (Louis) 1988. *La résistance du bocage*. Alençon, sans éditeur.
DE HAUTECLOQUE (Françoise) 1945. *La Guerre chez nous, en Normandie 1939-1945*. Éd. Colbert.
DE LA BARRE DE NANTEUIL (Général) 1974. *Historique des Unités Combattantes de la Résistance : Deux-Sèvres, Vendée, Vienne.* Château de Vincennes.
DE MAUPERTUIS (Cécile). *La vie en Normandie 1940-1945*. Caen
FRAMON (Camille) 1984. *Résistance en pays nantais*. La Baule, Éditions les Paludiers.
FRELAUT (Bertrand) 1985. *Les nationalistes bretons de 1939 à 1945*. Éditions Beltan.
GABORIAU (R.) 1993. *1940-1944. Saumur, les bombardements.* Montreuil-Bellay, Editions CMD.
GACHIGNARD (Christiane) 2000. *Occupation, résistance et libération en Charente-Maritime en 30 questions*. Geste éditions.
GASCHARD (R.). *Armée secrète en Vienne Sud à Saint-Savin.*
GASCHE (Etienne) 1997. *1939-1945 Nantes-Destins de Déportés.* Montreuil-Bellay, Éditions C.M.D.
GAYOT (Henri). *Charente-Maritime, Occupation, résistance, libération*. Comité d'histoire de la Seconde Guerre Mondiale.
GELEZEAU (André). *Le Cinquième Siège de La Rochelle. Septembre 1944-mai 1945*. Imprimerie Rochelaise.

GENÊT (Christian). *La Libération des deux Charentes. Soldats en sabots*. Aubin.

GRALL (Jeanne) 1986. *Le Calvados dans la guerre 1939-1945*. Horvath.

HAMON (Kristian) 2001. *Les nationalistes bretons sous l'Occupation*. Éditions An Here.

HENRY (Théo) 1985. *Pont-Scorff 1939-1945*. Mairie.

HONTARREDE (Guy). *Ami, entends-tu ? La Résistance en Charente*. Université Populaire de Ruelle.

HONTARREDE (Guy). *Ruelle sous l'Occupation*.

HONTARREDE (Guy). *Municipalités charentaises dans la tourmente*. Université Populaire de Ruelle.

HONTARREDE (Guy). 1993. *Ces soldats dans nos campagnes. La Wehrmacht en Charente*. Université Populaire de Ruelle.

HOULE (Jacqueline). *La guerre quand on a quinze ans*! Éditions Bertout.

KRETZMEYER (Yves). *Les Ardennais dans la tourmente*.

LABARRAQUE-REYSSAC (Jacques) 1975. *Pluie de fer, pluie de feu, Lorient 1943*. Paris, Carrefour des Lettres.

LABARRIÈRE (Dominique). *Survivre. La vie des Français dans l'Ouest*. Éditions Mémorial Ouest-France.

LAGREGA (Ginette). *Une vie en Sursis*. Estelia Editions.

LANTIER (Maurice). *Saint-Lô au bûcher*. Impr. Jacqueline.

LE BERD (Jean) 1986. *Lorient sous l'Occupation*. Rennes, Ouest-France.

LE BOTERF (Hervé). *La Bretagne dans la guerre*. Éditions France-Empire.

LECLERC (Marcel) 1980. *La Résistance dans la Manche. Réseaux et mouvements*. Cherbourg, Editions de la Dépêche.

LECOUTURIER (Yves) 1988. *La Collaboration 40-44 dans le Calvados*. Horvath.

Lecouturier (Yves) 1990. *Dictionnaire du Calvados occupé*. Caen, Éd. Paradigme.

LECOUTURIER (Yves). *Normandie Gestapo.* Éditions La Mandragore.

LEFAIVRE (François) 1981. *Les Condéens sous l'Occupation.* Condé-sur-Noireau, Ed. Corlet.

LEGRAND (Octave). *Enfin libres. Souvenirs de la Résistance dans le Cotentin.* Coutances.

LE GUENIC (René) 1986. *Les maquisards chez nous en 1944, Gourin, Le Faouët, Guéméné.* Gourin.

LE HYARIC (Roger) 1965. *Les patriotes de Bretagne.* Paris, Editions sociales.

LE JEUNE (Jean). *Des femmes dans la Résistance Côtes-du-Nord.* Cahiers de la Résistance Populaire n° 3/4, mars 1996.

LEMESLE (Michel) 1972. *Chronique d'Angers sous l'Occupation.* Éditions Petit.

LEMESLE (Michel) 1974. *L'Anjou des années 40.* Les Éditions du Choletais.

LEROUX (Roger) 1986. *Le Morbihan en guerre 1939-1945.* Mayenne, Imprimerie de la Manutention.

LESSERTOIS (Renée) 2001. *1939-1945, les années difficiles, le courage et l'espoir.* Rouen, chez l'auteur.

LEVY (Paul) 1995. *Un camp de concentration français : Poitiers 1939-1945.* Paris, SEDES.

LEVY (Paul) et BECKER (Jean-Jacques) (dir.) 1999. *Les Réfugiés pendant la Seconde Guerre mondiale.* Confolens, Centre Régional d'Histoire de la Mémoire.

LEVY (Paul) 2000. *Élie Bloch, être Juif sous l'Occupation.* Geste éditions.

LILIENFELD (JM) 1966. *La Résistance et la répression dans le Calvados 1940-1944.* Caen.

LOCTEAU (Jean) 1996. *Je jouais à la guerre.* La Crèche, Geste éditions.

MANZION (Gustave) 1984. *Agonie d'une ville, Lorient 1940-1944.* Lorient, Université du Temps Libre.

MARCHAND (Raymond) 2000. *Le temps des restrictions, la vie des Angevins sous l'Occupation.* Château-Gontier, Cheminements.

MARMOT (R.) 1990. *Saumur de la Drôle de guerre à l'Occupation.* AMS.

MAZELINE (André) 1947. *Clandestinité. La Résistance dans le département de l'Orne.* La Ferté Macé, Ed. Romagné.

MELIN (Jacques) 1992. *Mes souvenirs d'Iteuil, 1939-1945.* Ed. J. Melin

MERLET (R.) 1992. *Mortagne-sur-Sèvre 1940-1990 – 50 ans d'histoire et de petites histoires.* Hécate.

MIOCQUE (Marcel) 1994. *Houlgate sous l'Occupation.* Condé-sur-Noireau, Ed. Corlet.

MORDAL (Jacques) 1965. *Les Poches de l'Atlantique.* Presses de la Cité.

MOREAU-GENÊT 1983. *Les deux Charentes sous l'Occupation.* Gémozac.

NELSON (Nathalie) 2001. *Le foin coupé sent bon.* Geste éditions.

NEU (Marcel) 1983. *L'évacuation en Lorraine 1939.* Sarreguemines, Éd. Pierron.

NOCQUET (Gérard) 1976. *La Vendée sous l'Occupation allemande, 1940-1944.*

NOCQUET (Gérard) 1994. *La Vendée Libérée.* L'Etrave.

NOCQUET (Gérard) 1996. *La Vendée de l'Occupation à la Libération.* Recherches vendéennes, n° 3, SEV.

PAILHES (Gontran). *Rouen et sa région pendant la guerre.* Éditions Bertout.

PECHEREAU (André) 1983. *Les Vendanges de Miranda.* Les Sables-d'Olonne, le Cercle d'Or.

PELLETIER (Yannick) (sous la dir.) 1990. *Histoire de la Bretagne et des Bretons.* Nouvelle Librairie de France.

PERON (François). *Brest sous l'Occupation.* Éditions Ouest-France.

PERRAUD-CHARMANTIER 1947. *La Guerre en Bretagne, récits et portraits.* Nantes, Ed. Aux Portes du Large.
PERRET (Jacques). *Une famille dans le débarquement.* Editions Tirésias.
PICARD (Roger) 1984. *La Vienne dans la guerre, 1939-1945.* Horvath.
PICARD (Roger) 1994. *Hommes et combats en Poitou, 1939-1945.* Martelle.
PICARD (Roger) et RAGAULT (G) 1976-1987. *La Vienne pendant la guerre.* Dossiers pédagogiques, CRDP Poitiers.
PICHAVANT (René). *Les Clandestins de l'Iroise.* Édition Morgane.
PICQUENOT (André) 1983. *Cherbourg sous l'Occupation.* Tours, Ed. Ouest-France.
PINSON (L.) et DEBON (A.) *La Résistance dans le bocage normand.* Éditions Tirésias.
PILVEN LE SEVELLEC (Jeannine et Yves) 1995. *Les délaissés de la Libération. La Poche de Saint-Nazaire.* Ouest Éditions et Université Inter-Ages de Nantes.
POUPLAIN (Jean-Marie) 1988. *Les enfants cachés de la Résistance.* La Crèche, Geste éditions.
POUPLAIN (Jean-Marie) et CHAUMET (Michel) 2000. *Occupation, résistance et libération en Deux-Sèvres en 30 questions.* Geste éditions.
PROUST (H.), LARIGNON (G.) et LAMOTTE-D'INCAMPS (C.) 1985. *Les Rézéens dans la Seconde Guerre mondiale.* Ed. Ville de Rezé.
QUELLIEN (Jean). *La Normandie au cœur de la guerre.* Éditions Mémorial Ouest-France.
RICHARD (Thibault) 1998. *Les Normands sous l'Occupation, Vie quotidienne et années noires.* Condé-sur-Noireau, Editions Charles Corlet.
ROTOWSKI (V.), GIULIANO (G.), LAMBERT (J.) 1990. *Les Ardennais dans la tourmente, de la mobilisation à l'évacuation.* Charleville, Éditions Terres Ardennaises.

RUFFIN (Raymond) 1977. *La Résistance normande face à la Gestapo*. Paris, Presses de la Cité.

SIGOT (Jacques) 1983. *Un camp pour les Tsiganes, Montreuil-Bellay*. Ed. Walada.

SOULARD (Clément) 1985. Mémoires de guerre. (Dactylographié).

SOULARD (Isabelle) 1999. *Poitevines et Vendéennes sous l'Occupation*. La Crèche, Geste éditions.

SUIRE (P.) 1970. *Déporté toujours*. Niort.

Taboureau (R.) 1987. *Carnet de route, Résistance Mellois-Civraisis-Ruffecois-Sauzé-Vaussais.*

TAPON (Roger). *Histoire et activité du groupe Tapon.*

THOMAS (Georges-Michel) et LE GRAND (Alain) 1987. *Le Finistère 1939-1945*. Editions de la Cité.

THOMAS (Patrick). 1940-1944. *Nantes, Les Bombardements.* Montreuil-Bellay, Éditions CMD.

TROUSSARD (Raymond) 1981. *L'armée de l'ombre. Le maquis charentais « Bir Hackeim » 1943-1945*. Angoulême.

VADON (Jacques) 1994. *Les Ardennes dans la guerre 1939-1945.* Roanne, Horvath.

VIGILE (Jean) 1980. *Les mouvements de collaboration dans l'Orne 1940-1944*. Alençon, chez l'auteur.

table des matières

QUATRIÈME PARTIE : Les femmes dans la tourmente

Geste éditions
Centre routier – 79260 LA CRÈCHE
Tél. : 05 49 05 83 50 (commercial)
05 49 05 37 22 (éditions)
www.gesteditions.com

Fondée en 1968, l'UPCP (Union pour la culture populaire en Poitou-Charentes-Vendée) a pour but de défendre et promouvoir la culture poitevine-saintongeaise entre Loire et Gironde. L'action de l'UPCP et de ses associations adhérentes prend en compte les diverses composantes de cette culture, comme la langue régionale, les savoirs et savoir-faire populaires, les coutumes, l'histoire, la vie sociale et économique.
L'UPCP organise la recherche et la formation, favorise l'expression et la création. Elle revendique auprès des pouvoirs publics une meilleure reconnaissance de l'identité culturelle régionale, comme facteur de dynamisme social et économique. Afin de développer ses propres moyens d'actions, l'UPCP a créé **Geste** éditions (société anonyme).

Maquette et mise en pages : Marie Biraud

Achevé d'imprimer sur les presses
d'OFFSET CINQ ÉDITION
ZI de la Gare
85150 LA MOTHE-ACHARD

Dépôt légal : 3e trimestre 2002